教育部哲学社会科学研究后期资助项目

A Study on the Concept of a Community with a

Shared Future
for Mankind
from the Perspective of Marxist Philosophy

人类命运共同体
理念的
马克思主义哲学基础研究

董 楠/著

社会科学文献出版社
SOCIAL SCIENCES ACADEMIC PRESS (CHINA)

序　言

当今世界百年未有之大变局加速演进，世界进入新的动荡变革期。人类又一次站在历史的十字路口，何去何从取决于各国人民的抉择。以习近平同志为主要代表的中国共产党人，坚定不移地站在历史正确的一边，站在人类文明进步的一边，以深邃的历史视野，深广的世界眼光，深厚的人民情怀，倡导和弘扬和平、发展、公平、正义、民主、自由的全人类共同价值，积极推动构建人类命运共同体，为世界和平发展和人类文明进步指明了前进方向，为当今动荡不安的世界注入了更多确定性和稳定性。

推动构建人类命运共同体并不是一个简单的口号，而是具有深厚哲学底蕴和深刻时代内涵的重大命题。马克思恩格斯的共同体思想奠定了人类命运共同体理念的理论基石，其内含的理论精髓同人类命运共同体价值理念具有本质上的一致性，是推动构建人类命运共同体的指导思想。中国共产党人胸怀天下，"为人类谋进步、为世界谋大同"的初心使命及其伟大实践，积累了人类命运共同体建设的宝贵经验。中华民族传统文化中的"和合"思想、"大同"理念和"协和万邦"情怀，是推动构建人类命运共同体的重要思想文化资源。

董楠博士的著作《人类命运共同体理念的马克思主义哲学基础研究》，从历史、理论、现实三者统一的整体维度，系统梳理和比较深入地研究了人类命运共同体理念的发展理路和科学内涵，重点从马克思主义哲学的世界观、历史观、价值论和认识论四重维度，分析研究人类命运共同体理念的历史背景、科学内涵、理论价值和实践意义，彰显人类命运共同体理念的理论逻辑、历史逻辑和实践逻辑。该书在结构安排上还可以完善，在理论内容阐释方面还可以进一步深化。该书是一部从理论和实践结合上，从马克思主义哲学视域研究重大现实问题的好书，值得一读。

袁银传：武汉大学马克思主义学院教授、博士生导师

2023 年 7 月 19 日于武昌东湖珞珈山

前　言

习近平总书记在党的二十大报告中对时代大势作出研判，指出："当前，世界之变、时代之变、历史之变正以前所未有的方式展开。一方面，和平、发展、合作、共赢的历史潮流不可阻挡，人心所向、大势所趋决定了人类前途终归光明。另一方面，恃强凌弱、巧取豪夺、零和博弈等霸权霸道霸凌行径危害深重，和平赤字、发展赤字、安全赤字、治理赤字加重，人类社会面临前所未有的挑战。"① 面对机遇与挑战并存、困难与希望同在的国际局势，人类迫切需要一种新思想来破解世界难题，改善全球治理，指明发展方向。鉴于此，以习近平同志为核心的党中央以统筹全局的战略思维，宽广深邃的历史视野，积极进取的创新精神，勇于担当的大国胸怀，立足中国而又面向世界，总结历史而又放眼未来，基于唯物史观社会共同体的思想理论，结合党的几代领导人提出的国际战略思想，在研究新情况、解决新问题的过程中不断进行实践探索和理论创新，深刻阐发了同心构建人类命运共同体的重要思想，形成了具有中国风格和气魄的现代话语体系，体现了当代共产党人的全球视野、人类情怀与使命担当。

人类命运共同体理念是一种全球价值观，既涵盖了相互依存的国际权力观、共同利益观，还包括可持续发展观和全球治理观，为建设更加美好的世界提供了中国方案。然而，由于西方世界对中国能力和意图的怀疑与对人类命运共同体的不解，占有优势话语地位的西方发达国家对人类命运共同体的态度从起初的有意忽视、不经意赞同到现在明确抵制，使得人类命运共同体理念的国际传播屡屡受阻。"理念引领行动，方向决定出路。"②

---

① 习近平：《高举中国特色社会主义伟大旗帜 为全面建设社会主义现代化国家而团结奋斗——在中国共产党第二十次全国代表大会上的报告》，人民出版社，2022，第60页。

② 《习近平谈治国理政》第2卷，外文出版社，2017，第539页。

1

政治理念建构在哲学思想基础上，只有深入挖掘人类命运共同体理念的哲学根基和丰富内涵，才能深刻领悟其战略价值和国际意义，展现人类命运共同体理念对马克思主义哲学的原创性贡献，并在强化提升"一带一路"等外交倡议的同时深化政策的国际认同感和实践有效性，提升我国国际话语权和国际形象，助力人类命运共同体的构建。为此，本书紧紧围绕习近平总书记关于人类命运共同体的重要论述和马克思主义理论的核心要义，立足于"两个大局"同步交织、相互激荡的时代背景，开启多角度全方位的整体性研究。在系统阐释人类命运共同体理念的发展理路和概念内涵的基础之上，从马克思主义世界观、历史观、价值论、认识论四大视域对人类命运共同体理念展开系统性的哲学解读。围绕"何以产生"从马克思主义世界观阐明人类命运共同体理念提出的必然性和合规律性；紧扣"何以合理"从马克思主义历史观审视人类命运共同体理念的理论体系的严谨性与科学性；着眼"有何价值"从马克思主义价值论解读人类命运共同体理念展现出的价值超越；聚焦"何以实现"从马克思主义认识论探析人类命运共同体理念的实践本质和发展规律。

世界观是人们关于世界的总体的和根本的看法，马克思主义世界观是把唯物主义和辩证法有机地统一起来的科学世界观。在辩证唯物主义理论中，人、自然、社会之间存在普遍联系，也内含多样化的矛盾关系。在这些关系中，不仅要聚焦事物的矛盾统一，还要强调矛盾的主要次要之分，以及矛盾双方的主要方面和次要方面之分，继而在对国际政治新形势准确研判以及人与自然关系深刻剖析的基础上促进人类社会的整体发展。从哲学范畴来讲，所有共同体都有整体性的价值追求，伴随着全球化的逐步演进和全球治理的深入推进，人类的整体性特征日益突出，而这也成为人类命运共同体存在的根基。在人类共同命运面前，民族国家自身的利益考量退居次位，和谐世界成为各国的理想追求和奋斗目标。在人与自然的关系上，资本主义工业文明所带来的人与自然关系的异化不可持续，推动构建人与自然生命共同体的时代价值和人类意义不断彰显。作为马克思主义国际关系及生态思想的理论创新，人类命运共同体理念致力于破除"合作悖论"，内含丰富的辩证统一性：在国家利益协调上体现出民族国家利益与人类共同利益的辩证统一；在人与自然关系上展现出经济社会发展与生态环境保护的辩证统一；在权责平衡上表现出全球治理话语权与大国责任担当的辩证统一；在原则秩序上呈现出维护国际法原则与完善国际规则的辩证统一；在文化价值上显示出多元文化共生与共同价值追求的辩证统一，既是推进中国特色大国外交的根本遵循，也是完善全球治理的重要途径。

马克思主义历史观是由马克思提出的关于社会发展一般规律的科学，被称为唯物史观，或历史唯物主义。历史唯物主义是透析当今国际局势演变与人类未来发展问题的基本手段和重要遵循。"在历史唯物主义的理论阐述中全面深入地检视、反思和批判资本主义世界秩序是构建人类命运共同体的本质性前提。"[①] 世界历史、分工、交往、共同体等概念是历史唯物主义的关键范畴，从这些范畴出发，可以发现：其一，人类命运共同体理念符合世界历史发展的客观规律，是历史向世界历史转变的历史必然，是保障世界和平与发展的现实需要，也是实现全人类共同价值的正确选择；其二，人类命运共同体理念体现世界发展实践的必然选择，既是人类交往日益密切的历史必然，也是对马克思主义交往理论与构建人类命运共同体实践关系的生动展现；既体现世界分工发展的必然选择，也是建立国际政治经济新格局的现实表态；既是突破全球困境的应时之举，也是促进世界和平与发展的持久动力；其三，人类命运共同体是"虚幻的共同体"走向"自由人的联合体"的必经之路。基于历史、现实和未来的三重视角，人类命运共同体理念展现出同马克思主义相承接的世界眼光和人类情怀，确证了马克思主义"自由人的联合体"思想的时代性、科学性与价值性，是民族史向世界史转变规律的形象表达，也是实现马克思最高理想的必由之路。

从马克思主义价值论出发，构建人类命运共同体是为世界人民谋福祉的伟大行动，是应对国际局势变化的价值表达，是于现实生活中所造就的价值导向课题。作为统筹"两个大局"的中国方案，人类命运共同体理念彰显了中国参与全球治理过程中始终坚持并时刻践行的价值主旨，其价值主体、价值目标和价值评价涵盖了和平共处五项原则、和平与发展的时代主题、国际新秩序理论、和谐世界理念、新型国际关系学说等基本理念和原则规范，是马克思主义理论在外交领域的创新发展。从价值主体来看，

---

① 刘同舫：《构建人类命运共同体对历史唯物主义的原创性贡献》，《中国社会科学》2018 年第 7 期。

人类命运共同体涉及多元的价值主体，包括个人主体、民族国家主体和人类社会主体，多元价值主体催生了既相互区别又紧密联系的价值目标，彰显了以习近平同志为核心的党中央为人民谋幸福、为世界谋大同、为人类谋进步的价值追求。其一，人是一切价值活动的出发点，也是一切价值运动的归宿。人类命运共同体不仅依靠每一个人的努力去构建，发展成果也要让每一个人参与共享，实现人的安全、平等和全面发展成为人类命运共同体理念的价值目标和根本追求。其二，民族国家依旧是国际交往最为重要的价值主体，构建人类命运共同体需要各国的携手合作与相互支持，齐心协力共建持久和平、普遍安全、共同繁荣、开放包容、清洁美丽的世界。其三，人类社会是人类命运共同体关涉最多的价值主体，"命运与共"的价值选择超越了西方个人私利至上的"冲突对抗"型价值判断，将实现人类解放和人类幸福作为类主体的重要价值追求，"在那里，每个人的自由发展是一切人的自由发展的条件"①。为评价价值目标是否达成，价值主体还需依据特定标准展开价值评价，人类命运共同体理念追求中华优秀传统文化和全人类共同价值相统一的价值评价，将公正价值和兼爱理念推展至民族国家之间，形成了包含天下为公与公平正义、和而不同与多元并存、和谐共生与和平发展等的复合价值评价标准，实现了对西方"我优你劣、非此即彼"单一价值评价的全面超越，符合人类社会发展大势和世界人民的共同期盼，有着重要的时代价值和人类意义。

实践是马克思主义认识论的核心和基石，人类命运共同体归属于实践理念的范畴，是"自由人的联合体"理想的当代表达，是科学社会主义的理论逻辑同"两个大局"同步交织、相互激荡的现实逻辑相结合的产物，是以习近平同志为核心的党中央所构想的、能够指引人类走进理想社会的行动指南。不管是从理论概念的创制、理论应用于实际困境，还是理论指向改变世界来看，人类命运共同体理念都应被视为一种全球治理的实践观念。作为一种实践观念，人类命运共同体理念充分展现了理论发展的辩证运动，先是利用辩证思维剖析全球化的本质规律，在理性思考中增强思想自觉，而后基于马克思主义"分娩论""逆向选择法"发现新世界秩序的"潜在"，在批判现实中勾画美好未来，最后依托马克思主义需要理论创建

① 《马克思恩格斯文集》第2卷，人民出版社，2009，第53页。

实践观念，在科学前瞻中实现价值追求。在"理论观念—实践观念"的形态跃迁过程中，人类命运共同体理念还展现出诸多理论特质：认识内容上综合统一与系统开放的有机统一；认识功能上现实超越与实践趋向的有机统一；认识资源上理性精神与感性情愫的有机统一。在当下阶段，唯有通过实践活动将"理想的图景"转化为"物质的力量"，在具体时代条件的基础上对马克思主义理论范式进行重构与革新，才能实现全球治理实践中马克思主义的在场，丰富中国特色大国外交的思想内涵，彰显中国化马克思主义的普遍性意义。

马克思主义是彻底而严整的科学体系，基于马克思主义世界观、历史观、价值论和认识论对人类命运共同体理念的哲学剖析构成了一个内涵丰富、逻辑严密、系统完整的科学理论体系，且统一于唯物史观。人类命运共同体理念遵循了以唯物辩证法为核心的世界观逻辑，展现了事实与价值辩证统一的价值论关切，揭示了以能动实践为基础的认识论理路，蕴含丰富的理念创新。一是遵循了以唯物辩证法为核心的世界观逻辑，通过对"世界怎么了"的本体论追问，"人类向何处去"的发展方向预判，以及"我们怎么办"的科学回答生动展现了人类命运共同体理念的世界历史思维、理性认知过程和重大时代价值。二是展现了事实与价值辩证统一的价值论关切，人类命运共同体理念在理论逻辑层面实现了主体与客体的辩证统一，在价值逻辑层面实现了真理观和价值观的辩证统一，在实践逻辑层面实现了价值塑造与实践引领的统一，彰显了人类命运共同体理念的发展逻辑、辩证思维、伦理意蕴和实践本质。三是揭示了以能动实践为基础的认识论理路，人类命运共同体理念的提出源自统一战线和对外交往的多重经验，在马克思主义共同体思想的指引下不断推进"真正的共同体"的具体化，又在实践中不断开创中国特色大国外交新境界，实现了从认识到实践再到认识的螺旋式上升和波浪式前进，助力中国外交实践达至新高度。

守正创新，正道致远。人类命运共同体是中国化马克思主义在世界历史观意义上的元哲学创造，是对新全球化时代世界图景的全新构想，拓展了唯物史观的叙事主题和全球视野，开辟了马克思主义理论的崭新境界。通过对其进行哲学解读深刻揭示这一理念提出的必然性、科学性、战略价值和实践意义，为构建人类命运共同体奠定了极为深厚的思想根基，给予了异常丰富的理论内涵和至关重要的哲学引思，铺就了一条通往理想世界的现实道路。

目　录

第一章　人类命运共同体理念的理论概述

人类命运共同体理念是习近平新时代中国特色社会主义思想的有机组成部分，是中国在新时代处理国际关系、参与全球治理、构建国际秩序的重要依归，拥有丰厚、坚实的思想基础。从表面上看，构建人类命运共同体是对当下现实问题的解决，但是从更深层次进行探究就会发现，人类命运共同体理念的提出有着深厚的生成基础，一方面立足于世界紧密相连、全球问题剧增的国际背景和中国道路成功实践的国内背景，另一方面继承并发展了中华优秀传统文化、中国共产党历届领导人外交思想和马克思主义共同体思想。正是在对国际国内复杂形势科学认知和优秀理论传承发展的基础上，人类命运共同体理念得以出场并展现出丰富的科学内涵。

第一节　相关基础概念的界定

"人类命运共同体"与"共同体""命运共同体"的概念密切相关又有所差异，从某种意义上说是在前人思想基础上提出的一个新概念，具有极为丰富的科学意蕴和理论内涵。在"两个大局"同步交织、相互激荡的时代背景下，要实现人类命运共同体理念的当代重构，首要的便是廓清相关基础概念并对重要理论进行具体阐释。

一　共同体

"共同体"在本质上是个系统的、有机的集合概念，是基于某种共同特性而构建的组织或者团体，其内在的各部分或者子系统都涵盖了整体或者母系统的"类"本质特征。从整体性的视角探析"共同体"，可以发现个体之间或部分之间的差异性必然统归于集体的共同性之中。"共同体"这一概念在政治思想史上一直都是关注的焦点，发展至今已产生诸多内涵。一方

1

面，人们对"共同体"概念的界定常探常新，在使用"共同体"一词的过程中不断丰富和扩展其内涵，使其具有现代意义；另一方面，人们对这一概念的演变、发展又缺乏深入的探讨，从而导致不同话语体系、话语环境之间对"共同体"没有达成一致的认知和理解。"共同体"是"人类命运共同体"的核心词，不理解"共同体"，就无法理解"人类命运共同体"。因此，有必要对"共同体"这一概念的产生、发展展开详细的历史考证，以便真正理解"共同体"这一概念，从而更好地把握人类命运共同体的深刻内涵。

"共同体"概念经历了从传统向现代转化的过程，如果不了解传统语境中的"共同体"，就很难理解现代语境中的"共同体"对传统"共同体"的继承和超越。只有在继承和超越传统的基础上，现代语境中的"共同体"概念才能得以建构。最初的"共同体"概念强调"共同性"，这种"共同性"有很强的约束力，是人类早期自然形成的生存状态的一种呈现。"共同体"一词源于古希腊语"Koinonia"，在希腊哲学语境里，共同体被看作社会团体、联合体、集团等社会形态，具有互依互存、互联互通、公共属性等重要意蕴。柏拉图（Plato）、亚里士多德（Aristotle）等人将城邦与共同体看作其哲学思想中极为重要的理论基石，政治共同体在正义原则的指引下得以确立和建构。亚里士多德在《政治学》中描述了"共同体"的多种形式，人们由于某种"共同利益"或"共同生活"而产生了"共同体"，其所反映的"共同性"是一种"自然"的共同性，意在通过群体活动来谋求共同的"善"和"利"。由于共同体中的人们有着共同利益，常常共同行动，其社会属性也就更加明显，"人类在本性上，是一个政治动物"①。从政治层面来看，这种社会性往往体现在早期社会团体衍生的城邦发展转变为人区别于动物的天然场所。这种共同体在继承了部分自然属性的同时进一步表现出人基于自身目的将呈散落状的村落凝聚成某种社会团体，即城邦，并且将寻求"善业"作为毕生归宿，自发地维护城邦内部的生活需求和安定团结②。斯多葛学派则试图构筑一种宇宙城邦，芝诺（Zeno）指出："并

---

① 〔古希腊〕亚里士多德：《政治学》，吴寿彭译，商务印书馆，2009，第7页。
② 〔古希腊〕亚里士多德：《政治学》，吴寿彭译，商务印书馆，2009，第3~7页。

没有偶然这样一种东西，自然的过程是严格地为自然律所决定的。"① 自然律渗透在万事万物当中，是一种正当的理性，同宇宙的主宰者宙斯构成同一性。

　　在古罗马，"共同体"最早出现于思想家西塞罗（Cicero）《论义务》一书当中。西塞罗受斯多葛主义的影响，认为国家是人民的共同事务，"人民"并非随意产生的集合，而是众多自愿遵守同一套法律以及维护共同利益而联合起来的社会团体②。"人民"自动联合形成共同体，构成国家的原因在于人本性中对孤独的排斥，这种天性使得人们自愿结成共同体。此外，西塞罗还将"共同体"看作人和神灵共同组建的社会③。在 6~9 世纪，"共同体"意味着具有公共特性的一种团体会议，其所代表的含义是："一个由个体组成的团体，这些个体，通过他们基于他们之间相互联系的共同行为，构成了一个或多或少制度化了的群体。"④ 这里强调"共同体"是依赖政治发展而渐成的社会实体，后泛指社会群体。到了 11~13 世纪，"共同体"渐渐表现为"公社"的形式，强调基于共同誓约的一种社会团体，实质上是将和平的制度现实化和具体化，追求一种防御性的目的。直至 14 世纪，原始的公社形式逐渐被以社会团体、行业协会、商业工会以及同业公会为代表的共同体所取代，这些共同体以职业联合会的形式整合了旧式地方自治制度，使得原有公社形式逐渐退出历史舞台⑤。也是在这一时期，奥雷姆（Oresme）将"共同体"同"城邦"之间的关系作了区分，提出了"城市共同体"的主张。他指出古典城邦共同体强调内部秩序的构建，是理想的国家形态，而城市是一种自然交换的场所，人注定要生活在城镇共同体当中。奥卡姆（Ockham）从人类出发，认为世界上唯一真实存在的是个体，共同体是由个体的整体所构成的，并提出"人类共同体"的概念⑥。马西留

---

① 〔英〕罗素：《西方哲学史》（上），何兆武、李约瑟译，商务印书馆，1963，第 325 页。
② 〔古罗马〕西塞罗：《论共和国　论法律》，王焕生译，中国政法大学出版社，1997，第 39 页。
③ 〔英〕彼得·甘西：《反思财产——从古代到革命时代》，陈高华译，北京大学出版社，2011，第 240 页。
④ 〔英〕J. H. 伯恩斯主编《剑桥中世纪政治思想：350 年至 1450 年》（下），郭正东等译，生活·读书·新知三联书店，2009，第 711~712 页。
⑤ 〔英〕J. H. 伯恩斯主编《剑桥中世纪政治思想：350 年至 1450 年》（下），郭正东等译，生活·读书·新知三联书店，2009，第 713 页。
⑥ 〔英〕J. H. 伯恩斯主编《剑桥中世纪政治思想：350 年至 1450 年》（下），郭正东等译，生活·读书·新知三联书店，2009，第 731 页。

（Marsilius）在亚里士多德《政治学》相关理论之上提出"完善的共同体"这一概念，强调共同体自身的自然基础，表现为共同的意志，并借由理性和技艺获取城邦的地位，这种理解表明共同体已经渗透了人的意志，其存在也依托于人的意志①。这一观点进一步影响了邓斯·司各脱（Duns Scotus），邓斯·司各脱提出具有约定特征的"市民共同体"，认为共同体是陌生人基于特定目的而构成的约定共同体，这种共同体带有参与性质，表明此时对共同体的理解开始走向契约共同体的道路。当然，在中世纪，还存在教会这一脱离尘世的共同体，也即"信仰者共同体"。

在近代，伴随自由主义、理性主义以及个人主义的勃兴，社会契约共同体的思想得到不断完善和发展。文艺复兴后，马基雅维利（Machiavelli）强调"共同体"的构建依靠人的自身意志，他摒除了"共同体"内含的伦理道德功能，将其从神学和伦理的双重束缚下解放出来，置于价值中立的立场进行探析。这种思想深刻地影响了霍布斯（Hobbes），霍布斯认为公民是理性的存在者，必须通过订立契约，放弃自己的某些权利，建立一个牢固的政治共同体。他提出："由群聚的人同意授予主权的某一个或某些人的一切权利和职能都是由于像这样按约建立国家而得来的。"② 卢梭（Jean Jacques）在霍布斯的基础上对此展开进一步的说明，他认为："创建一种能以全部共同的力量来维护和保障每个结合者的人身和财产结合形式，使每一个在这种结合形式下与全体相联合的人所服从的只不过是他本人，而且同以往一样的自由。"③ 此时人已经从自然状态下的绝对自由发展成契约规制下的社会自由，人不能再顺从本能而活、凭激情而行，而是成为一种"类存在"。在这里，个人私利不能凌驾于社会利益之上，个人意愿不能跨越团体意志的界限。反之，整体利益的维护和团体意志的实现也是为个体服务的。在以法律为纽带的契约共同体中，人与人之间是一种和谐共生的平等关系，而非有高低贵贱之分的等级关系④。与霍布斯的自然状态论不同，洛克强调社会契约必须征得统治者的同意才能成立并且维持下去。由

---

① 〔英〕J. H. 伯恩斯主编《剑桥中世纪政治思想：350 年至 1450 年》（下），郭正东等译，生活·读书·新知三联书店，2009，第 727 页。
② 〔英〕霍布斯：《利维坦》，黎思复、黎廷弼译，商务印书馆，1985，第 133 页。
③ 〔法〕卢梭：《社会契约论》，李平沤译，商务印书馆，2011，第 18～19 页。
④ 尚杰：《西方哲学史 学术版》第 5 卷，人民出版社，2011，第 279~280 页。

于他所处的时代是英国资产阶级上升期，资产阶级凭借大量财富构筑起各式共同体，通过共同体对抗政府以获取更大利益和更多作为人的权利的让渡。因而削弱了"契约共同体"的绝对权威，将其转化为"安全和秩序共同体"。孟德斯鸠（Montesquieu）则从法的精神出发探讨共同体理论，强调以契约法的精神所构筑的共同体是最好的共同体。与工业革命发起国——英国相比，德国是一个后起的资产阶级国家，虽然在经济上滞后，但是在思想上极为先进。面对国家分裂的社会现状，德意志的哲学家们希望通过成立联盟来化解诸侯国之间的对抗与冲突，以减少不必要的内耗。康德（Kant）在《永久和平论》中提出建立自由国家联盟制度，以此实现人类的永久和平，其为未来永久和平世界设计的国际法基本准则，标志着他已经从柏拉图对人类理想社会构想走向了对理想社会的制度安排。[1] 黑格尔（Hegel）从议会（国会）中发现了国家、市民社会与家庭之间的对立，指出："自由恰恰是通过对个人主观冲动的限制而实现的，由于国家是客观精神，所以个人本身只有成为国家成员才具有客观性、真理性和伦理性。"[2] 要用绝对国家观念扬弃家庭和市民社会，并在此基础上构建一种具有普遍意义的伦理共同体。施蒂娜（Stirner）等人则试图通过建立联盟的方式来解决资产阶级的内部矛盾。这些思想都遭到马克思、恩格斯的深刻批判，他们在《德意志意识形态》中使用了"共同体"一词，并对"虚假的共同体"和"真正的共同体"进行了区分。在马克思主义的理论体系中，资本的趋利性和剥削性造就了物象化的"抽象的共同体"。国家整体利益同个体利益之间的不可调和呈现为一种"虚幻的共同体"来延续其阶级统治。为此，马克思、恩格斯揭开了资本主义剥削的秘密，打破了资产阶级的虚幻枷锁，彰显了人的主体性和类本质，开创了"真正的共同体"。

德国著名社会学家滕尼斯（Tonnies）在《共同体与社会》中区分了"共同体"和"社会"。他认为"共同体"与"社会"皆属人类的生活样态，区别在于"共同体"基于"自由意志"，在其团体内部有着更加亲密的自然情感，是具有持久性和稳定性的生活样态；"社会"则基于"理性意

---

① 舒远招：《康德的永久和平论及其对构建当代人类命运共同体的启示》，《湖北大学学报》（哲学社会科学版）2017 年第 6 期。

② 《黑格尔法哲学原理》，贺麟等译，商务印书馆，1961，第 254 页。

志",是一种具有暂时性和表面性的共同生活①。滕尼斯眼中的"共同体"并非一群为了共同利益而聚集在一起的个人,它强调成员彼此之间更为深刻的成员资格获取、身份认同以及权利行使和义务承担,个人只是由于生活在特定共同体中,才逐渐形成了共同利益的观念。与滕尼斯相比,涂尔干(Durkheim)对"共同体"有着更集中的研究范围和更明确的研究途径。他指出"共同体"并非社会结构或具象实体,而是人与人互动中所展现的特性。他在《社会分工论》中以法律类型作为区分社会团结的实证,将其划分为机械团结和有机团结。他认为"机械团结"对应的是集体意识高度统一的低级的环节社会,有机团结则是以高度的社会分工为基础的差异性显著的高级组织社会,原始的机械团结方式必然走向更高级的有机团结方式②。

在一些学者看来,"社会"是令人惧怕的,而"共同体"则是让人安全的。正如齐格蒙特·鲍曼(Zygmunt Bauman)指出的那样,共同体既能够为人提供"一个温馨而又舒适的场所",又能够使人们在其中"互相依靠对方"③。可见,从精神满足来看共同体的生活样态是我们苦苦追寻的。安东尼·柯恩(Anthony Cohen)拒绝将共同体实体化,他在《共同体的符号结构》一书中提到,不要把共同体理解为建立在地方性基础之上的社会互动网络,而要更多地关注共同体对于人们生活的意义以及它们各自认同的关联性。本尼迪克特·安德森(Benedict Anderson)在《想象的共同体》中从历史学和人类学的角度,论证了作为共同体的"民族"是如何通过符号和认知媒介而被建立起来的。通过现代传播手段,共同体的造就渐渐摆脱了地理约束,即使是相距遥远的居民依旧可以凭借被强化的传播符号而将自身归属于某一能共享价值观和利益基础的社会群体。因此,即使将共同体看作主观想象产物,也不能忽视其客观特征属性④。

进入现代社会,一方面,随着通信技术的迅速发展、互联网平台的广

① 〔德〕斐迪南·滕尼斯:《共同体与社会——纯粹社会学的基本概念》,林荣远译,商务印书馆,1999,第 54 页。
② 〔法〕埃米尔·涂尔干:《社会分工论》,渠敬东译,生活·读书·新知三联书店,2017,第 134 页。
③ 〔英〕齐格蒙特·鲍曼:《共同体》,欧阳景根译,江苏人民出版社,2007,第 2~3 页。
④ 〔美〕本尼迪克特·安德森:《想象的共同体》,吴叡人译,上海人民出版社,2016,第 8~12 页(导读部分)。

泛普及，出现了网络社区、虚拟社区、想象的社区等现代新型共同体，它们以网络为载体，摆脱了时间、空间的约束，表现出极强的"脱域"①。另一方面，共同体在现今社会条件下的意义已不仅是为人类的生存发展和自我实现提供自由空间，更是对全球化所造就的归属危机的一种合理回应。总之，"共同体"概念在实践中不断发展，不断生成新的内涵，已经上升为一种全球性的普遍价值。

二　命运共同体

"命运共同体"一词最初提出是为了解决台湾问题，党的十七大报告指出："十三亿大陆同胞和两千三百万台湾同胞是血脉相连的命运共同体。"②为了促进两岸合作，就必须加强双方之间的沟通交流，了解彼此的文化习俗，在相互承认的前提下扩大交往，在推动发展的过程中加强合作，进而形成"命运共同体"。2011年9月国务院发布的《中国的和平发展》白皮书提出："不同制度、不同类型、不同发展阶段的国家相互依存、利益交融，形成'你中有我、我中有你'的命运共同体。""命运共同体"被看作中国外交的创新探索，强调"要以命运共同体的新视角，以同舟共济、合作共赢的新理念，寻求多元文明交流互鉴的新局面，寻求人类共同利益和共同价值的新内涵，寻求各国合作应对多样化挑战和实现包容性发展的新道路。"③

"命运共同体"区别于滕尼斯所定义的"共同体"，滕尼斯认为"共同体"乃自发形成，而"命运共同体"则是人为构建。"命运共同体"相对于"共同体"多了一个前提限定，进一步规范了"共同体"的价值主体及行为指向，即"命运"。"命运"是指生死、贫富和一切遭遇④，是生命发展的客观规律。命运一般是由定数和变数两个方面构成，从某些层面来看，命运具备不可抗拒的性质，但是其中同样存在可以创造的因素。它深刻彰显了生命发展的客观现实规律和因果必然联系，其决定性力量隐藏于人类本身之中。在不同的背景下，价值主体会依据客观条件的差异而产生迥然不

---

① 脱域：社会关系从彼此互动的地域关联中脱离出来，而获得一种不受地域限制的自由。
② 《胡锦涛文选》第2卷，人民出版社，2016，第648页。
③ 中华人民共和国国务院新闻办公室：《中国的和平发展》，人民出版社，2011，第23~24页。
④ 中国社会科学院语言研究所词典编辑室编《现代汉语词典》，商务印书馆，1983，第797页。

同的表现形式，使得最终的发展态势也呈现出明显的差异。因此，可以说"命运共同体"理念不仅内含极为密切的物理联系，其主体本身也有着极为契合的内在联系，此外还涵盖了主体对前途命运的共同诉求。构建"命运共同体"也必然要遵循"命运"的发展指向，有关人类命运的现实问题，说到底，就是关于自然的命运、社会的命运、个人的命运、人类的命运的"命运之争"。从人类社会层面进行探究，可以发现"命运共同体"类似于那种将顺应生命发展客观规律作为重要价值指向的社会有机体。马克思特别强调了生产力和生产关系、经济基础和上层建筑的矛盾运动对现实社会发展的重要决定作用，并据此作出人类社会终将走向共产主义的科学推断，而以"自由人的联合体"为未来指向的人类命运共同体便是依据人类社会发展的客观规律所提出的。现如今，资本主义和社会主义两制并存，世界不稳定性不确定性增加，经济全球化将整个世界变成"地球村"，虽然社会生产力得到了持续不断的发展，但资本主义发展达到其内在张力极限，显露诸多弊端。在此背景下，人类命运共同体所倡导的发展方式契合唯物史观，顺应了"命运"的必然指向。

人们因共同利益而自发集结形成共同体，其发展关乎每个个体的未来。因此，由"命运"和"共同体"组成的"命运共同体"，更加注重集体的意识形态，表达的是集体成员生死相依以及休戚与共的状态。"命运共同体"不是一种富国利己的理念，它更加注重群体以及团体的共同利益，是共同发展以及共赢理念的集中体现，从其本质上来看甚至有一种有福同享、有难同当的共同体观念。在国际关系中，民族国家之间相互联系所构成的"命运共同体"代表着更加密切的安全与经济关系。① 生动展现为国与国之间涵盖政治、经济、文化、社会、生态等领域的紧密合作，当面临共同的危机与挑战时能够团结应对，面对重大国际问题时能够共同进退。党的十八大以来，习近平总书记在不同场合提出了不同的"命运共同体"，从不同层次、不同领域、不同地域进一步深化其概念、扩展其意义、丰富其内涵，不断开创中国特色大国外交新局面。

---

① 徐进、郭楚：《"命运共同体"概念辨析》，《战略决策研究》2016 年第 6 期。

三 人类命运共同体

人类命运共同体意"在追求本国利益时兼顾他国合理关切,在谋求自身发展中促进各国共同发展"①,从人类整体利益出发,建立合作而非对抗的关系,秉持开放而非封闭的理念,寻求共赢而非零和的结果,实现一体化而非碎片化的目标。这一新时代的共同体理念为推动完善全球治理、建设更加美好的世界指明了正确方向,成为引领时代潮流和人类文明进步方向的鲜明旗帜。

当今人类同住"地球村",在历史与现实相交汇的时空里共同生产生活,使得各国各地区之间彼此依存程度不断加深,逐渐形成"一荣俱荣、一损俱损"的命运共同体。命运共同体奠定了人类命运共同体的根基,构建人类命运共同体的前提条件和必要准备便是打造命运共同体。从普遍到具体,人类命运共同体导向多种类型的共同体,例如"中国-东盟命运共同体""中巴命运共同体""中非命运共同体""中拉命运共同体""亚太命运共同体"等,均服从和服务于人类命运共同体这一理想图景的构建。习近平总书记最初提出亚洲各国要"牢固树立命运共同体意识,顺应时代潮流,把握正确方向,坚持同舟共济,推动亚洲和世界发展不断迈上新台阶"②。不久后又在博鳌亚洲论坛2015年年会上对如何通过构建亚洲命运共同体来推动构建人类命运共同体展开了详细介绍。从构建双边命运共同体的初级范畴过渡到区域命运共同体的中级阶段,再到人类命运共同体的高级目标,习近平总书记立足于全人类共同发展的宽广视野来看待中国同世界的联系,探讨民族国家间的关系,真切展望了人类未来发展的美好场景。作为单独概念,习近平总书记将"人类"作为"命运共同体"的前缀,既回答了"为谁构建"也回答了"谁来构建"的问题,进一步明确了构建主体和受益主体。此处的"人类"意指全体世界人民,无论是哪个国家、民族、区域乃至个人都将成为人类命运共同体建设成果的最终受益者。如今的世界早已进入全球化的时代,各民族国家生活在同一个地球上,虽有着

---

① 《习近平谈治国理政》,外文出版社,2014,第331页。
② 习近平:《共同创造亚洲和世界的美好未来——在博鳌亚洲论坛2013年年会上的主旨演讲》,人民出版社,2013,第4页。

种族、文化、宗教信仰和意识形态的差异，但依旧存在一致的利益目标和共同的价值追求。为此，人类命运共同体表现出三个显著特征。第一，维护共同利益。要重视全人类共同利益的维护和共同目标的达成，坚决反对利用对抗冲突的方式谋求个己私利。第二，倡导和谐共生。在世界各国相互依存的现实背景下，没有哪个国家能够唯我独尊、单打独斗，也没有哪个国家能够独善其身、包打天下。第三，努力寻求共识。面对全球性危机愈演愈烈、世界不稳定不确定性因素增多的国际社会现状，各国要努力在价值观、伦理观以及治理观上寻找最大公约数，共同应对人类所面临的危机与挑战。

人类命运共同体理念在不同领域、不同地域、不同阶段有着丰富内涵，其具体内涵在党的代表大会和习近平总书记系列重要讲话中得以生动呈现。党的十八大报告明确提出人类命运共同体的理念，指出："要倡导人类命运共同体意识，在追求本国利益时兼顾他国合理关切，在谋求本国发展中促进各国共同发展，建立更加平等均衡的新型全球发展伙伴关系，同舟共济，权责共担，增进人类共同利益。"[①] 而后，国家主席习近平在第七十届联合国大会一般性辩论上进一步阐述了人类命运共同体"五位一体"的总布局和总路径，即"我们要建立平等相待、互商互谅的伙伴关系""我们要营造公道正义、共建共享的安全格局""我们要谋求开放创新、包容互惠的发展前景""我们要促进和而不同、兼收并蓄的文明交流""我们要构筑尊崇自然、绿色发展的生态体系。"[②] 2017 年 1 月，国家主席习近平在联合国日内瓦总部发表演讲，进一步为我们勾画了人类命运共同体在各个领域所追求的理想目标及其实现路径，即"坚持对话协商，建设一个持久和平的世界""坚持共建共享，建设一个普遍安全的世界""坚持合作共赢，建设一个共同繁荣的世界""坚持交流互鉴，建设一个开放包容的世界""坚持绿色低碳，建设一个清洁美丽的世界"[③]。

总体而言，人类命运共同体诞生于世界百年未有之大变局的新时期和

① 胡锦涛：《坚定不移沿着中国特色社会主义道路前进　为全面建成小康社会而奋斗——在中国共产党第十八次代表大会上的报告》，《人民日报》2012 年 11 月 18 日。
② 《习近平谈治国理政》第 2 卷，外文出版社，2017，第 523~525 页。
③ 习近平：《习近平主席在出席世界经济论坛 2017 年年会和访问联合国日内瓦总部时的演讲》，人民出版社，2017，第 29 页。

中国特色社会主义新时代，为全面推进中国特色大国外交，推动构建新型国际关系，促进全球治理体系变革，继而为中华民族伟大复兴注入巨大能量、为建设和谐世界赋予强劲动力、为完善全球治理贡献中国方案、为变革国际秩序贡献中国智慧、为解决人类问题彰显大国担当的价值共同体。

第二节　人类命运共同体理念的发展理路

马克思指出："人们自己创造自己的历史，但是他们并不是随心所欲地创造，而是在直接碰到的、既定的、从过去承继下来的条件下创造。"[①] 人类命运共同体理念作为马克思主义哲学思想创新发展的重要内容，是遵循提出、形成、发展的逻辑进路，有着深刻的现实基础、理论渊源和哲学依据的，蕴含丰富的时代内涵和哲学意蕴。

一　现实背景

习近平总书记在党的二十大报告中对国际形势作出重要判断，指出："当前，世界百年未有之大变局加速演进，新一轮科技革命和产业变革深入发展，国际力量对比深刻调整，我国发展面临新的战略机遇。"[②] 然而，在经济全球化深入推进的同时世界经济发展不稳定、不确定、不平衡的发展态势不断加剧，在世界多极化持续演进中西方单边主义、保护主义、霸权主义肆意横行，在文化多样化迅速发展中"西化"与"民族化"的矛盾日益凸显，在社会信息化加速推进中科技、网络、生态等领域的非传统安全威胁持续蔓延，唯有对此类阻碍世界历史向前发展的现实因素有着清晰认知，才能对人类命运共同体理念的生成逻辑、内部脉络和时代意蕴有着准确把握。

（一）经济全球化与单边主义

经济全球化在第二次世界大战后，特别是 20 世纪 90 年代展现出飞速发

[①]　《马克思恩格斯文集》第 2 卷，人民出版社，2009，第 470~471 页。
[②]　习近平：《高举中国特色社会主义伟大旗帜　为全面建设社会主义现代化国家而团结奋斗——在中国共产党第二十次全国代表大会上的报告》，人民出版社，2022，第 26 页。

展的趋势。如今,它是"世界发展的客观进程,是在现代高科技的条件下经济社会化和国际化的历史新阶段"①。在西方,经济全球化起初仅仅被看作一场经济上的革命②。后来,随着全球化进程的深入推进,人们对其认识也有了进一步的发展,安东尼·吉登斯(Anthony Giddens)就曾指出,全球化是"世界范围内的社会关系的强化,这种关系以这样一种方式将彼此相距遥远的地域连接起来,即此地所发生的事件可能是由许多英里以外的异地事件而引起的,反之亦然"③。这一变化不仅存在于经济领域,而且覆盖到人类生活的各个方面,对政治、文化、社会、生态、信息等领域都产生着巨大影响。

经济全球化从本质上来说是自然历史过程与社会历史过程的辩证统一。通过对资本主义体系的形成发展进行深入分析,可以看出经济全球化不仅是一场由发达资本主义国家发动且受其主导的经济运动,同时也体现了资本主义经济关系和经济矛盾在全球范围的扩展及深化。在全球化时代的资本主义社会,资本变得更加地集中,为数不多的大银行基本掌控着全社会的货币资本。在此背景下,资本主义民主、法制也产生了一些新变化,如工人政党合法存在,在一些国家甚至还可以入阁参政,在思想文化方面也展现出多元化的发展态势。但是,资本主义政治制度的基本特征没有变,资本主义国家政治、经济的幕后操纵者总是大的垄断财团。也就是说,经济全球化是西方大国主导的全球化,是资本主义向全世界扩散的过程。不言而喻,这一过程实际上充斥着国际垄断资产阶级的政治、经济以及文化霸权。吉登斯强调,经济全球化不过是现代性从西方社会向全球的扩展,因此它的影响就绝不仅仅限于经济方面,"它主要指的是时空转换"④,即资本主义的全球扩张和资产阶级意识形态的广泛传播。由此可见,如今的全球化依旧是少数人的全球化,仅仅能满足少数人的利益诉求。

随着经济全球化的深入推进,发达资本主义国家所掌控的国际政治经

① 汪道涵:《序:全球化与中国经济》,载雅克·阿达著《经济全球化》,何竟、周晓幸译,中央编译出版社,2000,第 I — II 页。

② Richard Longworth, *Global Squeeze: The Coming Crisis for First World Nations* (Lincolnwood, Ill.: Contemporary Books, 1988), p. 7.

③ 〔英〕安东尼·吉登斯:《现代性的后果》,田禾译,译林出版社,2000,第 56~57 页。

④ Anthony Giddens, *Beyond Left and Right, The Future of Radical Politics* (Cambridge: Polity Press, 1994), p. 4.

济秩序日益向自身倾斜，世界极化现象更趋严重，发达国家与发展中国家的贫富差距日益扩大。第二次世界大战结束后，一些资本主义国家迅速崛起，很大程度上是建立在剥削、压榨广大发展中国家的基础上。如今，随着现代科学技术的迅速发展以及经济全球化时代的到来，并非每一个人都能从中受益，相反的是，世界发展过程中的不平衡问题愈加严重。国际垄断资产阶级在极力缓和国内矛盾和应对各种危机的同时，将这些矛盾和危机转嫁给了广大的第三世界国家，加重了对当地人民的掠夺和剥削。与此同时，西方发达资本主义国家为追求本国利益，倚仗自身雄厚的经济力量以及先进的技术优势，不断掌控国际经济组织，持续抢占国际市场，通过各种手段进行非等价交换，破坏性地掠夺发展中国家的各种资源。广大发展中国家在获取有限的资金、技术的同时，成为它们获取廉价资源的主要区域、攫取高额收益的投资场所以及消化发达国家剩余产品的外延市场。在全球化时代，发达资本主义国家同广大发展中国家之间的矛盾日益凸显。

2008 年国际金融危机爆发以来，世界经济遭受重创，进入深度调整的"新平庸"状态。由于全球贸易受到需求锐减、成本上升、摩擦频现等周期性和结构性因素影响，贸易增长速度持续低迷，世界各经济体经济态势逐渐分化。面对全球贸易推动经济增长的局势不再明朗，各个国家都寄希望于通过保护本土产业来扭转经济颓势。近年来西方国家掀起的以保护主义、分离主义为特征的"逆全球化"潮流，不仅极大地威胁经济全球化的深入发展，而且使全球贸易摩擦和民族国家冲突持续上演。Global Trade Alert 的统计数据显示，自 2010 年以来，以美国为代表的西方发达资本主义国家实施的贸易保护主义政策措施呈几何倍数增长。仅在 2015 年，美国就推出了90 项贸易歧视措施，位居各国之首，成为反对贸易自由化最为强烈的国家[①]。贸易保护主义以及由此带来的贸易摩擦成本极大地损害了全球价值链贸易，并进一步影响了全球经济形势的发展。在欧洲，2008 年国际金融危机引发了主权债务危机，各国经济出现大规模衰退，欧盟对部分国家的经济援助未能缓解危机，主权债务危机的扩张蔓延迅速演变为欧元危机和欧洲一体化危机。欧元的早产、欧盟共同财政政策的不足、外交与安全一体化建设的缺乏以及司法同内务合作的延迟造成欧洲难以在世界发出一个声

---

① 张茉楠：《保护主义能逆转全球化吗？》，《华夏时报》2017 年 3 月 27 日。

音，展开一致行动。与此同时，在欧洲一体化进程中，各成员国多样性的文化与对欧洲的认同渐渐产生了分歧，伴随着欧洲经济不断衰退，欧盟机构改革进程滞后，这些矛盾被进一步激化，各成员国之间冲突不断，在共同应对外部问题时互相推诿指责，也使成员国不断产生脱离欧盟会使本国获得更好发展的想法。① 在 2016 年 6 月 23 日，英国举行了全民公投，最终以 51.9% 的比例，决定脱离欧盟，使得欧洲一体化进程出现重大变数②。

由此可见，经济全球化的发展是世界历史发展的必然，是不可抗拒的时代潮流，然而它在促进世界经济发展、国家财富增长和国际贸易繁荣的同时并未能保证所有国家都能公平地分享到经济全球化所带来的红利，具体到不同的国家、企业和个人，其利益得失又表现出极大的不平衡性。如今，频出的政治"黑天鹅事件"带来的不确定因素直接影响到了全球经济的发展，使处于艰难复苏中的世界经济再次出现了不确定性。因此，在逆全球化、贸易保护主义潮流涌动的当下，如何改变国际经济秩序，使经济全球化朝着更加公正、合理、均衡的方向发展；如何平衡民族化与全球化的关系，在顺应全球化浪潮的同时维护民族利益和民族特性；如何抵抗贸易保护主义的逆流，推进世界经济的可持续发展，都成为新时代发展所面临的困境。面对严峻的形势和巨大的挑战，追求和平、发展、合作、共赢的人类命运共同体理念成为应对西方国家单边主义行径、矫正国际政治经济秩序、改善全球治理的必然选择。

（二）世界多极化与霸权主义

世界多极化指的是一定时期内在国际舞台有着重要影响的国家和国家集团相互作用、相互影响，使世界朝着多极化方向发展的一种态势。经济全球化进程的深入推进带动了各国经济的发展进步，然而这种发展是不平衡的，一部分国家借助经济全球化的宝贵机遇进一步提升了本国实力，使世界政治力量对比出现巨大变化，原来那种由一国来主导国际形势、左右

---

① 田小惠、杨羽茜：《法国国民阵线的转型及原因探析》，《当代世界与社会主义》2018 年第 3 期。

② 《英国公投全部计票结束 脱欧阵营以 51.9% 得票率获胜》，搜狐网，https：//www.sohu.com/a/85788469_ 344767，最后访问日期：2023 年 9 月 4 日。

他国发展的局面已经过时，世界多极化成为当今世界政治格局最重要的发展趋势。

国际政治格局从两极向着多极化方向演变其实是第二次世界大战后世界历史运动的一种基本趋向，从具体表现来说可以划分为三个并行发展的历史过程：资本主义阵营从美国的霸主统治渐变成为美、日、欧的三足鼎立；社会主义阵营逐渐从意识形态的论战当中走向政治分裂；第三世界国家通过发动"不结盟运动"发挥出制衡两极的重要作用。这些力量形成合力推动着世界朝着多极化的方向发展。然而，美国同苏联的关系作为冷战格局的中枢仍极大地影响着世界政治格局。直至 20 世纪 80 年代，苏联由于不堪军备重负决定实行全面收缩政策，两极格局难以为继，最终，德国的统一宣告冷战结束。自诩胜利者的美国认为冷战结束后的国际政治秩序也应由其掌控，于是造就了美国统治下的单极世界。作为"全球霸主"，美国企图通过军事威慑或武力攻击，将为其所掌控的世界贸易组织、世界银行和国际货币基金组织当作诱饵，以"人权"、"民主"和各类制裁进行威胁，要求世界各国都服从美国的利益和意愿。美国凭借其绝对的经济、军事、技术优势，不断强化以其为核心的世界体系，为此不断巩固北约军事集团，打着"自由、和平、民主"的幌子干涉他国内政，甚至以武力相威胁。为了维持自身的国际霸主地位，美国从未弱化对军事力量的投入。在冷战结束后，依旧保持对外的军事侵略和战争掠夺，从入侵巴拿马到发动海湾战争，从军事干涉索马里到发动对科索沃和南联盟的空袭行动，再到后来发动的阿富汗战争、伊拉克战争。"9·11"事件使美国可以以"反恐"的名义任意挑起战争，就算"9·11"事件从未发生，美国也同样会发动阿富汗和伊拉克战争，反恐只是名义，掠夺才是目的①。这表明，以美国为代表的西方发达资本主义国家始终以本国利益为中心，以维护霸权为宗旨，为此不惜以他国的灾难与苦痛作为代价。

进入新时代以来，国际力量对比呈现出"东升西降"的态势，国际金融危机导致众多发达国家经济体濒临破产，经济实力相对削弱，而新兴的"金砖五国"撼动着现存的世界格局，"东盟"推动着东南亚世界的崛起，

---

① 参见〔美〕瓦西利斯·福特卡斯等《新美帝国主义》，薛颖译，世界知识出版社，2006，第 16 页。

"亚投行"影响着美元主导的世界经济体系，世界向着多极化方向发展，国际关系向着民主化方向前进。尽管如此，发达国家在短期内主导和影响世界的能力仍未发生根本变化。西方大国还在不断强化其在新一轮贸易规则中的话语权，美国推动的 TTIP 谈判，以高端开放为契机，企图掌控和影响下一轮国际贸易规则主导权。同时，"新干涉主义"抬头，美国及其盟国以人道主义和捍卫西方共同的价值观为借口，肆意干涉别国内政，挑战和否定发展中国家的主权、生存权和发展权。这些国家抱着霸权主义、强权政治和冷战思维不放，以构筑有利于西方的国际关系新秩序为根本目的来展开外交①。

总体而言，当今国际格局正经历着极为重大的调整和变革，世界向着多极化的方向前进，大国关系朝着复杂化的方向发展，霸权主义和强权政治依旧是困扰世界最为重要的国际问题，而崛起中的发展中国家也有着强烈的改革不平等国际秩序的政治诉求，他们渴望改变大国主导国际关系的局面，促进国际关系民主化的真正实现，这使得国际矛盾斗争持续升级，国际秩序重构时不我待。为此，有学者提出，倘若"现实能够借助于比国家更庞大的区域共同体或国际组织来增进安全"②，则这种安全感就会使得久居战乱环境与恐怖主义氛围中的人对于新共同体有着充分信心与自觉信赖。显然，这种单边主义和霸权主义所引发的不安全感需要通过构建依托于信任感建立的人类命运共同体才能得以消减。

（三）文化多样化

文化多样化，是指人类文化在其表现形式上的丰富多彩。随着经济全球化的深入发展，世界文化多元共生发展的历史进程从未改变或者中止，相反的是，各民族文化在全球范围内的碰撞和交流进一步推进了世界文化的共生发展。如今，人类社会进入工业文明阶段，借助于现代化的交通和通信工具，不同文化间的交流得以在更广的范围和更高的层次上展开，它们相互借鉴、取长补短，在共同发展的过程中产生了相互依存的共生性，

---

① 董楠、袁银传：《构建人类命运共同体的世界图式》，《学习与实践》2017 年第 12 期。
② 曹泳鑫：《国际秩序分层与新的国际关系体系——构建中国国际关系体系的三个利益层面》，《现代国际关系》2005 年第 6 期。

多元文化共生成为全球化语境下文化发展的真实状态和普遍现象①。

　　全球化趋势的加强使经济、文化的边界逐渐模糊，经济、文化形态的结构走向开放，经济、文化主体的自由度增加，且创造力增强。各种意识形态、价值取向、思想观念相互交汇，他们或融合，或碰撞，或排斥，或吸纳，或颠覆，最终动摇了过去的价值取向和思想观念，给西方国家进行文化殖民以可乘之机。在民族主义者看来，全球化意味着在世界范围内推行一种相同的文化、宗教信仰、意识形态以及政治经济制度，是一种建立高度同质化的、资本和分工控制的全球政治经济文化体系的行动。全球资本主义打着建立世界经济共同体的旗号，实际上却是要建立一个意识形态和文化价值观上具有高度同质性的世界。自由主义所追求的政治理想乃是确保人们的自由竞争，然而西方发达资本主义国家却以经济全球化和现代化的名义，向世界推销西方的文化和价值观，通过牺牲大多数人的文化权力来实现少数大国的利益。

　　在西方国家特别是美国看来，自己的价值观和体制普遍适用，这种强势文化借助于经济上的强力向弱势文化施加影响，使之趋同于强势文化。这样，在"普世价值"这面大旗下，世界文化将越来越走向趋同，民族文化的特征越来越模糊。塞穆尔·亨廷顿（Samuel Huntington）曾说过："普世文明的概念是西方文明的独特产物。19世纪，'白人的责任'的思想有助于为西方扩大对非西方社会的政治经济统治作辩护。20世纪末，普世文明的概念有助于西方对其他社会的文化统治和那些社会模仿西方的实践和体制的需要作辩护。"②宣扬所谓的"普世价值"根本目的是用西方价值观来取代其他民族价值观，以"普世价值"的名义推销背后的资本主义制度，"是双重标准掩盖下的霸权行径：一方面利用'普世价值'到处标榜民主、自由、平等、博爱、人权等政治理念；另一方面为了达到自己的政治目的，不惜使用武力干涉他国内政"③。

　　西方发达资本主义国家所倡导的全球化其实就是某一种价值观的全球化，是一种霸权的结束和另一种霸权的开始，其目的就是消灭"多元化"。

---

① 董楠、袁银传：《构建人类命运共同体的世界图式》，《学习与实践》2017年第12期。
② 〔美〕塞穆尔·亨廷顿：《文明的冲突与世界秩序的重建》，周琪、刘绯、张立平、王圆译，新华出版社，2002，第55页。
③ 项久雨：《看清"普世价值"的伪善本质》，《人民论坛》2018年第6期。

阿里夫·德里克（Arif Dirlik）说："全球化本身在许多方面正是美国的经济和文化霸权的另一种表达方式，因而实际上充当了向全世界输出美国的经济、政治和文化实践的借口。甚至多元文化主义也以与此相一致的方式扼制了文化上的差异。"① 西方发达国家通过经济全球化，在增强国家间经济依存度和推进世界市场同质化的同时，强制性地将西方文化思维和行为规则作为世界的普遍准则，嵌入了经济全球化进程。对于处于弱势地位的发展中国家而言，既无法拒绝经济全球化带来的经济发展的诱惑，又不得不面临被纳入西方规定的秩序和原则当中的危险，被迫接受内在化的"文化帝国主义"的压制和领导。为此，如何破除文明隔阂、协调文明冲突，成为主导世界文明发展方向、保护民族文化遗产的关键所在。唯有秉持"和而不同"的理念，坚持"求同存异"的方针，遵循"包容互鉴"的原则，积极打造多元文化共生的人类命运共同体，才能使世界变得丰富多彩、欣欣向荣。

（四）社会信息化与话语霸权

社会信息化指在信息化时代，最大限度地开发各种信息资源，不断提升信息技术在各个领域的应用水平，为社会提供更迅捷更优质的产品和服务，继而使人类的生产和生活广泛实现信息化的过程。在后现代时期，信息革命已成为时代的重要特征之一，信息网络的开放、自由、透明等特性，成为不同意识形态、文化价值和经济模式交汇的平台，各种类型的信息传递方式深刻地影响着社会交往和人员往来。如今，随着全球化的发展和信息技术的不断升级，全球资讯跨过国家主权的阻隔和意识形态的门槛，让世界人民的沟通和交流变得更加便利和高效。

进入信息时代以来，"信息"已经演变为国家利益和国家安全的核心组成部分。一个国家信息技术的发展水平，一个国家所获取的信息量，以及这个国家对这些信息的控制和使用，日益成为衡量国家实力、影响国家安全的关键要素。"谁能占有信息社会，谁就能称雄全球以至整个宇宙。不难预料，占有或垄断信息资源，必然会成为世界各国的奢望，攫取信息资源

---

① 〔美〕阿里夫·德里克：《寻找认同的西方》，载王宁编《全球化与文化：西方与中国》，北京大学出版社，2002，第123页。

赖以生存的信息空间以拓展各自的信息疆域，必然会成为世界各国的战略目标。"① 随着社会信息化的发展和网民规模的不断扩张，西方国家开始将互联网看作意识形态渗透的重点，以美国为代表的西方大国借由在综合国力和信息技术上的巨大优势，持续不断地向外扩展信息边疆，将互联网变成他们推行霸权主义和强权政治的重要手段。对于西方发达国家来说，信息网络促使这些国家的政治、经济、文化等价值观能够得到迅速的传播与推广，使其霸权意图得以很好地贯彻，让所谓的"普世文明"成为全球的主流。以美国为代表的西方大国极力推行媒介帝国主义，试图进行一场静悄悄的和平演变。2019 年 2 月，特朗普签署了美国 AI 国家计划，白宫发布的新闻稿称，"我们必须确保人工智能的发展继续受到美国人的聪明才智的推动，反映出美国的价值观，并为美国人民的利益服务"②，以此来巩固话语霸权，确保全球霸主地位。

对于非西方国家而言，信息网络使"全球性"与"本土性"的矛盾更加凸显，出现了"挑战"与"机遇"并存的局面。就像迪特·森格哈斯（Dieter Senghas）所说："非西方社会的文化内在冲突出现了两种发展情况：其一，鉴于卓有成效的社会经济发展，文化领域的现代化得到加速，因为它是建立在巩固的物质现代化的基础之上。其二，鉴于社会经济发展遇到了问题，文化发展也进一步陷入混乱之中。"③ 一方面，发展中国家可以最大限度地发挥信息传播技术和网络新媒体所带来的巨大优势，不断缩小同发达国家在信息技术和数字媒介等方面的巨大差距，更加积极地参与到全球信息传播和处理的过程当中，以此推动政治全球化、经济全球化、文化全球化乃至舆论全球化的健康发展。另一方面，全球信息传播过程在很大程度上会使得一部分有着先进信息传播技术和丰富信息资源的国家不断提升自身在信息传播和控制方面的优势地位，使非西方国家的"本土性"受到"全球性"覆盖的威胁。在《大众传播与美利坚帝国》一书中，赫伯特·席勒（Herbert Schiller）指出，以美国为首的西方国家，利用自身的优

---

① 黄立军编著《无影无形的"第五边疆"：信息边疆》，新华出版社，2003，第 23 页。
② 《特朗普签署行政令刺激美国对人工智能投资》，环球网，http://smart.huanqiu.com/ai/2019-02/14291535.html? agt=46，最后访问日期：2023 年 9 月 2 日。
③ 〔德〕迪特·森格哈斯：《文明内部的冲突与世界秩序》，张文武等译，新华出版社，2004，第 5 页。

势，尤其是资金和科技上的优势，迫使发展中国家输入西方的传播科技和设备，并一同接受所附带的电视节目，否则就不给予资金和技术支持。这样，那些发展中国家，尤其是贫穷国家，就不得不对外国节目供应商大开方便之门。随同西方传播技术和资金而来的，是西方电视节目的意识形态，而这一点对发展中国家的影响是巨大和深远的。他在书中这样描述："美国在全球传播领域日益增长的影响力所造成的文化后果将更加深远。更加广阔的市场给美国广播商和电影制作商带来的经济利益显而易见。但更为重要的是美国商业传播媒介在美国组织及其价值观向国际社会每一个角落扩张和传播过程的先锋角色，即使这一点尚未被充分认识。"① 而现实证明美国的确因此极大地扩大了文化影响力，牢牢掌握着国际话语权，使得发展中国家的本土意识形态和文化价值观或抗争，或动摇，或调适，甚至裂变。为此，需要构筑一种新的制度理念能够发挥网络信息手段的积极效用，破除西方的话语霸权和舆论优势，维护世界文明的多样性和包容性。

值得注意的是，随着信息技术的发展和大数据时代的来临，货币、社区、政府等传统实体存在都可以转化为现代虚拟存在。人类社会已经发展成为涵盖实体和虚拟双重空间的多维共同体。无论在世界何处发动网络攻击，都会给他国乃至世界造成巨大的经济和精神损失，从2006年的"熊猫烧香"病毒到2017年的"比特币勒索病毒"，伴随着互联网对人们日常生活的渗透，全球网民陷入一种"被支配"的恐惧，病毒轻易地击溃了政府、银行、医院、学校等各种公共机构网络办公系统，严重影响人们正常生活的同时，也带来了难以计数的经济损失。面对跨越时空的网络安全问题，无国界合作成为应对网络黑客攻击、维护网络空间安全、构建良好网络秩序的必要之举。

伴随世界多极化、经济全球化、文化多样化、社会信息化的深入发展，当今世界面临的不稳定性不确定性突出，各种非传统安全威胁持续蔓延，人类面临许多共同挑战。"没有哪个国家能够独自应对人类面临的各种挑战，也没有哪个国家能够退回到自我封闭的孤岛"② 。然而，西方发达资本

---

① 〔美〕赫伯特·席勒：《大众传播与美利坚帝国》，刘晓红译，上海译文出版社，2006，第87页。
② 《习近平谈治国理政》第3卷，外文出版社，2020，第46页。

主义国家主导下的现行国际制度无法有效应对全球性问题的蔓延，西方国家宣扬的价值观无法适应 21 世纪世界各国多样化发展的现实需要。面对国际形势的深刻变化和中国改革发展所面临的新形势、新任务，以习近平同志为核心的党中央深入思考人类前途命运，秉承和平发展理念，提出人类命运共同体这一伟大构想，为推动全球治理朝着更加公正合理的方向发展贡献了中国智慧，提供了中国方案。

二　理论来源

党的十八大以来，习近平总书记以卓越的政治家和战略家的宏大视野和战略思维，高瞻远瞩地提出了人类命运共同体的伟大构想。作为习近平新时代中国特色社会主义思想的核心概念之一，习近平外交思想的重要组成部分，人类命运共同体理论体系有着深刻的思想渊源。它汲取了中华优秀传统文化的精髓，发展了中国共产党人的国际战略思想，传承并创新了马克思主义经典作家共同体思想，是维护世界和平、促进共同发展的必然选择，是完善全球治理、建设美好世界的行动指南，是当代中国对世界发展作出的重要思想贡献和理论贡献，已经成为引领时代潮流和人类文明进步方向的鲜明旗帜。

（一）中华优秀传统文化

历史证明，中华优秀传统文化是中华民族最重要的精神基因，是中华民族最根本的文化软实力，也是中华民族最强大的精神动力。绵延几千年的传统文化铸就了中华民族的精神支柱，构建了中华民族的精神家园，在历史长河中起着教化民众、激励民心、凝聚民族的重要作用。"中国优秀传统文化的丰富哲学思想、人文精神、教化思想、道德理念等，可以为人们认识和改造世界提供有益启迪，可以为治国理政提供有益启示，也可以为道德建设提供有益启发。"① 正是这种深植于中华民族基因中的优秀传统文化，影响着中国的社会发展和国家治理，为人类命运共同体这一大国外交战略的提出奠定了深厚的思想基础。

---

① 习近平：《在纪念孔子诞辰 2565 周年国际学术研讨会暨国际儒学联合会第五届会员大会开幕会上的讲话》，人民出版社，2014，第 7 页。

1. "和合"思想

中华传统文化具有内敛与和平的特性，"和平、和睦、和谐的追求深深植根于中华民族的精神世界之中，深深溶化在中国人民的血脉之中"①。爱好和平的思想造就了中华民族强不凌弱、敦厚平和的民族性格，这自古就是中国人治理国家的基本理念。"和"字最早发现于甲骨文之中，是中国文化最核心的内涵，具有和睦、和善、和平与和谐之意；"合"字于金文中最早出现，其意常指汇合、联合和融合。此后，"和合"一词在诸多典籍中频繁出现，贯穿于源远流长的中国古代思想文化发展历程之中，而其中所蕴含的"天人合一的宇宙观、协和万邦的国际观、和而不同的社会观、人心和善的道德观"②，有着极强的理论普适性与实践指导性。

首先，"和合共生"有着和平、和睦之意，体现了人与人、国与国之间应和平共处的交往之道，《论语·学而篇》指出："有子曰：礼之用，和为贵。先王之道，斯为美，小大由之。"③ 肯定了"和"在解决问题中所起到的重要作用，同时倡导仁、义、礼、智、信、忠、孝、恕的优良品质，这些都是实现和谐人际关系的道德典范，运用于国际关系中也应成为国与国交往的基本准则。"天人合一"反映了人与自然和谐的发展。荀子曾说："列星随旋，日月递照，四时代御，阴阳大化，风雨博施，万物各得其和以生，各得其养以成"④，阴阳二气化生万物，风雨恩泽大地万物，万物得到了和气而生成，各自得到了风雨的滋养而生长，其中蕴含了天地和谐共生的理念。其次，"和谐"具有仁义的含义，体现了"统治国家"的概念。孔子倡导"仁者爱人"，他认为一个人只有对他人有仁爱之心，才能主动承担起自身社会责任，才能成为一个对社会有用的人。具体而言，仁爱之心就体现为："夫仁者，己欲立而立人，己欲达而达人。"⑤ "己所不欲，勿施于人"⑥。可见，"仁"包含推己及人，设身处地为他人着想的意思。在构建人类命运共同体的过程中，中国始终坚持共商共建共享，绝不将自身意志强

① 《习近平谈治国理政》，第265页，外文出版社，2014。
② 习近平：《在中国国际友好大会暨中国人民对外友好协会成立60周年纪念活动上的讲话》，《人民日报》2014年5月16日。
③ 杨伯峻：《论语译注》，中华书局，2015，第8页。
④ （清）王先谦：《荀子集解》，中华书局，2018，第365页。
⑤ 《论语·大学·中庸》，朱熹集注，上海古籍出版社，2013，第80页。
⑥ 《论语·大学·中庸》，朱熹集注，上海古籍出版社，2013，第188页。

加给别国，更不会干涉他国内政，而中国不称霸、不扩张的决心也正是对儒家"仁爱"思想的当代承袭与创新。最后，"和"的核心是"和而不同"。"和"意味着世间万事万物都是由不同方面、不同要素构成的统一整体，意味着协调不同的人、事、物，使之达到和谐均衡。"和"是矛盾的对立统一体，追求内在的和谐统一，而非表象上的相同和一致。和而不同的理念已经深深融入中国的外交政策，奠定了中国独立自主和平外交政策的基石，造就了人类命运共同体理念的包容性和多样性，为推动世界朝着更加开放包容普惠平衡共赢的方向发展发挥着重要作用。

"和合"思想饱含中华民族世代对美好、和谐世界的至高祈求，成为中国外交的重要源泉和宝贵财富。从倡导和平共处五项原则到主张国际关系民主化，从坚定不移走和平发展道路到推动建设和谐世界，都是对传统"和合"文化在外交领域的创造性转化和创新性发展。

2. "大同"理念

作为中国古代传统文化的重要组成部分，"大同"社会体现着古代中国人民对理想生活的向往，承载着历代中华儿女对美好生活的渴求与追寻，在一定程度上具有世界主义的情怀与诉求。特别是在世界乱象弥漫的当下，人们对理想社会的渴求更加迫切。构建人类命运共同体从国内外形势与世界人民需要出发，不仅是通往理想社会的可行之路，也是对"大同"思想的生动践行。

《诗经·魏风·硕鼠》一文中提到的"乐土"、"乐国"和"乐郊"无不体现了人们对理想国土的美好愿景，继而引发后人对世界大同的无尽向往。《礼记·礼运》描绘了社会历经的三个阶段。最低阶段是"乱世"，而后进入第二阶段"小康"，最后进入"大同世界"，孔子对大同世界的描述是这样的："大道之行也，天下为公，选贤与能，讲信修睦。故人不独亲其亲，不独子其子，使老有所终，壮有所用，幼有所长，矜寡孤独废疾者，皆有所养。男有分，女有归。货恶其弃于地也，不必藏于己；力恶其不出于身也，不必为己。是故，谋闭而不兴，盗窃乱贼而不作，故外户而不闭，是谓大同。"[①] 可见，大同世界体现了人们对国家善治的向往、对更好社会秩序的追求以及更和谐社会关系的期盼。

---

① （西汉）戴圣编《礼记·礼运》，中华书局，2017，第110页。

数千年来，大同思想一直影响着中国人民对理想社会的现实追求。在《天朝田亩制度》中描绘了理想天国"无处不均匀，无人不饱暖"的美好图景；康有为在《大同书》中提出建立一个"天下为公，无有阶级，一切平等"的"极乐世界"①；孙中山将"天下为公"作为民主革命的重要准则，认为"民生主义就是社会主义，又名共产主义，即是大同主义"②。由此可见，尽管不同阶段对大同社会的描述不尽相同，但都表达了中国人民对理想社会的期许。伴随全球化大势的深入推进，这一理念所包含的价值意蕴也逐渐凸显。"大同"理念反对仅局限于一人、一地和一国的狭隘的世界构造观，倡导立足于全人类的高度来审视世界未来走向，彰显了对人类集体命运的内在关切，展现出宽阔的历史观视界，更为人类命运共同体理念的提出提供了深厚的思想文化给养。正如习近平总书记在党的十九大报告中指出："大道之行，天下为公。站立在九百六十多万平方公里的广袤土地上，吸吮着五千多年中华民族漫长奋斗积累的文化养分，拥有十三亿多中国人民聚合的磅礴之力，我们走中国特色社会主义道路，具有无比广阔的时代舞台，具有无比深厚的历史底蕴，具有无比强大的前进定力。"③

3. "天下"情怀

儒家思想强调"穷则独善其身，达则兼济天下"④，表达了中国人以天下为己任的使命感。"天下"即"普天之下"之意，看似普通，实则蕴含中华民族勇于担当的责任感。中国强调"协和万邦"的王道，而不是"以力假人"的霸道，统治者要加强自身修养，以理服人、以德化人。从"修身、齐家、治国、平天下"的人生情怀到"先天下之忧而忧，后天下之乐而乐"的政治抱负，再到"为万世开太平"的博大胸襟，无不体现出中华民族"天下兴亡、匹夫有责"的勇敢担当与伟大情怀。尽管"天下"在古代指称"中国"居多，但中华民族绝非仅重视本民族发展的民族，中国也绝非只关注本国复兴的国家，而是饱含"天下"情怀。"家国天下"的宽广胸襟与责任担当在中华民族悠久的发展历程中得以传承，成为中华民族极为珍贵的

---

① 康有为：《大同书》，上海古籍出版社，1956，第71页。
② 孙中山：《孙中山选集》（下），人民出版社，2011，第832页。
③ 习近平：《决胜全面建成小康社会　夺取新时代中国特色社会主义伟大胜利——在中国共产党第十九次全国代表大会上的报告》，人民出版社，2017，第70页。
④ 《孟子·尽心上》，方勇译注，中华书局，2016，第292页。

精神禀赋和文化遗产，表现出一种极为宏大的世界历史观和整体性的思维模式，这与人类命运共同体理念所蕴含的互依互存、休戚相关、荣辱与共的基本理念有着内在的契合性。改革开放以来，中国实现了从站起来、富起来到强起来的伟大飞跃，但是中国并未止步于自身发展，而是将发展成果更多惠及世界，为建立一个远离贫困、安定祥和、共同繁荣的世界贡献中国智慧和中国力量。作为中国特色大国外交实践的伟大结晶，人类命运共同体理念体现了"天下为公""和衷共济"的济世情怀，是一个负责任的大国为世界和平与发展贡献的正能量，这一传承了中华优秀传统文化精髓的重要思想也必将得到世界各国人民的支持和认同。

（二）中国共产党人的外交思想

中国共产党几代领导人都坚持以马克思主义为指导思想，汲取中华民族优秀传统文化的精华，结合我国社会主义现代化建设的实际需要，在新中国成立以来70多年的外交实践中积累经验，形成并发展了一系列的外交理念，包括"独立自主""和平共处""和平发展""和谐世界""国际新秩序"等。构建人类命运共同体是中国特色大国外交理论体系的重要组成部分，它的形成离不开中国外交理论和实践的深刻影响，梳理新中国成立以来中国外交的发展脉络，对于深入领会人类命运共同体思想的理论传承和实践创新有着重要意义。

1. 和平共处五项原则

1953年12月，周恩来总理在会见印度代表团，就中印两国在西藏边疆地区的关系问题进行会谈时首次提出和平共处五项原则，即"互相尊重主权和领土完整、互不侵犯、互不干涉内政、平等互利、和平共处"①。这五项原则是国与国之间交往合作时应遵循的基本原则和首要准则，在提出之初便得到了印度、缅甸等周边国家政府的高度认同和支持，而后渐渐被世界上大多数国家所接受，成为处理对外关系的重要准则，不断被纳入双边声明和双边协定当中。在和平共处五项原则发表60周年纪念大会上，习近平总书记就指出："今天，我们共同纪念和平共处五项原则发表60周年，就是要探讨新形势下如何更好弘扬这五项原则，推动建立新型国际关

---

① 《周恩来外交文选》，中央文献出版社，1990，第91页。

系，共同建设合作共赢的美好世界。"① 和平共处五项原则发展至今已成为中国特色大国外交的重要遵循，对人类命运共同体理念的产生和发展作出了重大贡献，也成为构建人类命运共同体的基本原则，具有重要的指导意义。

人类命运共同体理念继承和发展了"和平共处五项原则"。首先，它发展了"和平共处五项原则"中维护国家主权的原则，进一步丰富了主权原则的科学内涵。一是倡导对外主权的平等，强调全人类的命运由世界各国人民一同掌握，国际性的事务由各国共同协商处理，各国主权范围内的事务则由各国自己去管。二是重视维护对内主权，认为各国无论大小、强弱、贫富一律平等，均享有选择自身发展道路的权力，反对他国对本国内政的干涉，维护国际公平正义。三是主权内涵从单纯强调权利到兼顾权利和义务，提倡各国主动承担国际责任，共同推动人类社会的发展进步。尤其是面对治理赤字、信任赤字、和平赤字、发展赤字四大挑战，各国都应树立责任意识，主动承担相应责任和义务。其次，人类命运共同体理念延续了为发展中国家发声的坚定立场，强调要推动南南合作和南北对话，推动发达国家承担更多责任，建立更加平等、更加均衡的全球发展伙伴关系，为发展中国家维护自身利益、实现更好发展构建更适宜的国际环境，进一步夯实世界经济健康发展的重要基础。再次，人类命运共同体理念拓展了"和平共处五项原则"中的和平共处原则。人类命运共同体理念所倡导的积极的和平安全观不同于以往传统的安全观，这一安全观强调要从避免冲突的消极和平转向持久安定的积极和平，不但要求各国尽量免于武装斗争和军事冲突，而且要求各国能够积极主动地采取防御型措施来避免战争冲突的产生，借由缔造和平协定和裁撤军队等方式来降低冲突发生的概率。"我们呼吁各国珍惜难能可贵的和平和安宁，为维护全球和地区稳定发挥建设性作用。各国都应该坚持联合国宪章宗旨和原则，坚持多边主义，通过对话协商解决分歧和争端，寻求而不是破坏共识，化解而不是制造矛盾，推动国际秩序朝着更加公正合理的方向发展。"② 最后，人类命运共同体理念

---

① 习近平：《弘扬和平共处五项原则　建设合作共赢美好世界——在和平共处五项原则发表60周年纪念大会上的讲话》，人民出版社，2014，第3页。

② 《习近平外交演讲集》第1卷，中央文献出版社，2022，第429页。

丰富了"和平共处五项原则"中的平等互利原则，积极倡导合作共赢的发展观，构建人类命运共同体不仅要实现双边的平等互利，更要实现在平等基础上以双赢、共赢和多赢为目标的合作发展、共同发展以及可持续发展，强调"各国在谋求自身发展时，应该积极促进其他国家共同发展，让发展成果更多更好惠及各国人民"[①]。虽然当今国际形势发生了深刻变化，但是和平共处五项原则仍具有很强的生命力，随着中国在国际社会的代表性和话语权不断上升，和平共处五项原则的理论和实践也要获得相应的提升。为此，作为中国参与全球治理的重要方案，继承并发展了"和平共处五项原则"的人类命运共同体理念将进一步获得国际社会的广泛认同。

2. 国际新秩序理论

自邓小平同志提出改革开放的伟大构想以来，中国的经济迅猛发展，国际地位显著增强，国际话语权不断提升。与此同时，作为世界上最大的发展中国家，中国积极参与国际事务，持续推动国际交流与合作，助力国际秩序朝着更加公正合理的方向发展，赢得了国际社会广泛赞誉。20世纪80年代以来，邓小平同志在"三个世界"划分理论和"永远不称霸"外交宗旨的科学指引下，理性分析国际局势，作出了和平与发展是时代主题的重要判断。如今，世界正处于大发展、大变革、大调整时期，世界和平、国家安全、经济发展、文化繁荣、生态美好成为人类的共同理想和普遍追求。在此背景下，构建何种国际秩序来满足人们的共同期待成为世界各国人民共同关注的核心问题之一。邓小平同志顺应人民期待提出要建立国际新秩序，他指出："世界上现在有两件事情要同时做，一个是建立国际政治新秩序，一个是建立国际经济新秩序。"[②] 在邓小平理论的科学指引下，以江泽民同志为核心的党中央，准确把握时代主题，理性看待国际纷争，科学分析发展方向，全方位地审视战争与和平因子的增减，深刻阐释国际新秩序理论并不断推动国际政治经济新秩序的建立。江泽民同志多次主张，应该在和平共处五项原则的基础上，互相尊重、平等相待，建立"和平、

---

① 习近平：《弘扬和平共处五项原则建设合作共赢美好世界——在和平共处五项原则发表60周年纪念大会上的讲话》，人民出版社，2014，第8~9页。

② 《邓小平文选》第3卷，人民出版社，1993，第282页。

稳定、公正、合理的国际新秩序"①。具体来说，这一新秩序应当包含以下内容："各国政治上应相互尊重，共同协商，而不应把自己的意志强加于人；经济上应相互促进，共同发展，而不应造成贫富悬殊；文化上应相互借鉴，共同繁荣，而不应排斥其他民族的文化；安全上应相互信任，共同维护，树立互信、互利、平等和协作的新安全观，通过对话和合作解决争端，而不应诉诸武力或以武力相威胁。反对各种形式的霸权主义和强权政治。"②

国际新秩序理论超越了传统意义上的民族国家交往理论，强调要积极推动世界走向多极化，尊重各国及其人民的意愿和利益，使得兼顾利益驱动和命运趋同的和平共处五项原则历经国际局势风云变幻依旧屹立不倒。它将独立自主的发展理念和互惠互利的国际关系升华为合作共赢的更高追求，在共同打造一个和平发展和自由美好的新世界上作出了极为重要的历史性贡献。习近平总书记提出的人类命运共同体理念顺应时代潮流，继承并发展了国际新秩序理论，认真规划中国与世界发展的正确方向，强调各国之间要和平共处，和睦相处，跨越意识形态和社会制度壁垒，促进民族国家之间相互尊重、平等相待的良性互动。如今，中国在依靠科技创新推动自身力量发展的同时，积极参与国际事务、承担大国责任，用实际行动改变不公正不合理的国际政治经济秩序，推动经济全球化和世界多极化向前发展，展现了一个负责任大国的宏伟担当。

3. 和谐世界理论

进入 21 世纪以来，以胡锦涛同志为总书记的党中央顺应求和平、谋发展、促合作的时代潮流，深刻洞察国际新形势，在科学分析当今世界所面临的机遇和挑战的基础上，指出世界人民应团结合作，共同建设持久和平、共同繁荣的"和谐世界"，进一步深化并发展了国际新秩序理论。胡锦涛先是在 2005 年的亚非峰会上提出"尊重文明、宗教、价值观的多样性，尊重各国选择社会制度和发展模式的自主权，推动不同文明友好相处、平等对话、发展繁荣，共同构建一个和谐世界"③ 的重要理念。而后又在联合国成

---

① 中共中央文献研究室编《江泽民思想年编 1989-2008》，中央文献出版社，2010，第 277~278 页。
② 《江泽民文选》第 3 卷，人民出版社，2006，第 566~567 页。
③ 《十六大以来重要文献选编（中）》，中央文献出版社，2006，第 850~851 页。

立 60 周年首脑会议上提出构建"和谐世界"的倡导,即"以平等开放的精神,维护文明的多样性,促进国际关系民主化,协力构建各种文明兼容并蓄的和谐世界。"① 在党的十七大报告中,胡锦涛指出,推动建设持久和平、共同繁荣的和谐世界,"应该遵循联合国宪章宗旨和原则,恪守国际法和公认的国际关系准则,在国际关系中弘扬民主、和睦、协作、共赢精神。政治上相互尊重、平等协商,共同推进国际关系民主化;经济上相互合作、优势互补,共同推动经济全球化朝着均衡、普惠、共赢方向发展;文化上相互借鉴、求同存异,尊重世界多样性,共同促进人类文明繁荣进步;安全上相互信任、加强合作,坚持用和平方式而不是战争手段解决国际争端,共同维护世界和平稳定;环保上相互帮助、协力推进,共同呵护人类赖以生存的地球家园"②。党的十八大报告又一次指出:"要和平不要战争,要发展不要贫穷,要合作不要对抗,推动建设持久和平、共同繁荣的和谐世界,是各国人民共同愿望。"③"我们主张,在国际关系中弘扬平等互信、包容互鉴、合作共赢的精神,共同维护国际公平正义。平等互信,就是要遵循联合国宪章宗旨和原则,坚持国家不分大小、强弱、贫富一律平等,推动国际关系民主化,尊重主权,共享安全,维护世界和平稳定。包容互鉴,就是要尊重世界文明多样性、发展道路多样化,尊重和维护各国人民自主选择社会制度和发展道路的权利,相互借鉴,取长补短,推动人类文明进步。合作共赢,就是要倡导人类命运共同体意识,在追求本国利益时兼顾他国合理关切,在谋求本国发展中促进各国共同发展,建立更加平等均衡的新型全球发展伙伴关系,同舟共济,权责共担,增进人类共同利益。"④ 可以看出,"和谐世界"理念是对国际新秩序理论的深入推进和创新发展,它在内容上覆盖了政治、经济、文化和安全四大领域,详细描绘了中国外交所要实现的具体目标,这对于推进新型国际关系的构建,发展中国特色大国外交,开启中国外交新局面具有极为深远的历史意义和现实意义,也为人类命运共同体理念的提出指明了发展方向、奠定了思想基础、提供了理论前提。

　　一是人类命运共同体理念的提出进一步推动"和谐世界"从理念变为

---

① 《十六大以来重要文献选编(中)》,中央文献出版社,2006,第 997 页。
② 《十七大以来重要文献选编(上)》,中央文献出版社,2009,第 36 页。
③ 《十八大以来重要文献选编(上)》,中央文献出版社,2014,第 36 页。
④ 《十八大以来重要文献选编(上)》,中央文献出版社,2014,第 36~37 页。

现实，为解决当今世界各种治理问题、应对各类矛盾冲突规划了现实路径。伴随全球金融危机的深层次影响持续显现，民族主义和民粹主义卷土重来，霸权主义和强权政治不断抬头，传统安全和非传统安全威胁叠加交织，"和谐世界"理念的提出成为解决上述问题的重要法宝，为维护世界和平稳定局面，促进各国共同发展提供了重要指引，人类命运共同体理念的提出更是为"和谐世界"的构建提供了具体方案和实践路径。二是人类命运共同体理念进一步发展并完善了"和谐世界"的话语体系。在回应"中国威胁论""中国霸权论"等抹黑中国的言论时，始终强调中国的发展对世界各国而言不是威胁而是机会，与西方国家所鼓吹的"修昔底德陷阱"不同，中国将始终坚持走和平发展道路，与各国携手应对全球性的问题和挑战，共享发展成果，共建美好家园。冷战结束后，尤其是进入21世纪以来，国际形势发生了广泛而深刻的变化，但和平与发展仍然是时代主题，各国更加深刻地认识到人类社会的前途命运紧密相连，"和谐世界"的构建不仅是国际社会的共同心愿，更是推进各国共进式发展的必然选择。

当今世界正处于百年未有之大变局，各国面临着诸多需要共同应对的风险与挑战，世界离不开中国，中国也离不开世界。"和谐世界"思想作为人类命运共同体理念的思想基础和重要内容，是中国共产党在构建国际新秩序中的伟大创举，是中华优秀传统文化中"和合"思想在国际问题解决中的有效运用，更是世界各国人民共同追求的美好未来图景。

（三）马克思共同体思想

马克思共同体思想的产生有着极为丰富的思想资源，它批判地继承了古希腊哲学中的城邦概念、近代西方契约共同体思想、黑格尔的世界历史理论等，其中，费尔巴哈（Feuerbach）的"类"学说是其极为重要的思想资源。马克思认为人的本质在其现实性上是一切社会关系的总和，因此，人的生存必须依赖于一定形式的共同体，但这并不是由人的某种抽象本性决定的，而是由现实的人的生产和生活决定的。他在《黑格尔法哲学批判》导言中指出："人不是抽象的蛰居于世界之外的存在物。人就是人的世界，就是国家，社会。"① 体现出人必须通过国家、社会乃至世界等共同体才能

---

① 《马克思恩格斯文集》第1卷，人民出版社，2009，第3页。

存在的本质属性。"只有在共同体中,个人才能获得全面发展其才能的手段,也就是说,只有在共同体中才可能有个人自由。"① 马克思共同体思想作为马克思主义理论的重要组成部分,深刻揭示并回答了人的发展、社会的发展以及个体与社会的发展等重要问题。

马克思认为人要生存必须依赖群体合作,继而自发集结成为共同体,依据社会现实和人的需求变化可以将共同体分为"自然共同体"、"虚假的共同体"和"真正的共同体"。"自然共同体"中社会成员能够共享集体的劳动成果,但是个人的正当利益被抹杀,每个成员成了群体的附庸。进入资本主义社会,随着分工和私有制的发展,"自然共同体"逐渐解体,出现了资本主义"虚假的共同体"。作为"虚假的共同体"的基本形式,资本主义国家表面上代表着成员集体形象、维护社会公共利益,实则凌驾于公权力之上,是统治阶级进行阶级统治的工具。个体在"虚假的共同体"中并没有获得预期的自由,相反,特殊利益的让渡仅仅换来了自身的异化存在。马克思、恩格斯在对"自然共同体""虚幻的共同体"进行批判的基础上作出了"人的本质是人的真正的共同体"② 这一科学判断。在"真正的共同体"中,人与人的关系不再是压迫与被压迫的关系,摆脱阶级束缚的人将实现由地域性的个人向全面性的自由人转变。"真正的共同体"是实现人的自由而全面的发展,是和谐、平等、友善的共同体,它不仅是人们孜孜以求追寻的伟大理想,更是人们用梦想来观照现实的参照标尺。人类命运共同体理念构绘了未来人类发展的理想蓝图,展现了中国的发展理念对于人类整体发展的深切体认,其所倡导的"自由""平等""和谐"等价值追求同马克思、恩格斯的共同体思想相连相通,是人类命运共同体理念的重要哲学渊源。

总之,以习近平同志为核心的党中央提出的人类命运共同体理念上承中华优秀传统文化精髓,下接中国外交实践探索成果和马克思主义基本原理内核,在研究新情况、解决新问题的过程中不断进行实践探索和理论创新,对建立国际秩序新理论、开创中国外交新局面、推动各国的共进式发展作出了新的理论诠释,无论是在理论上还是在实践上都堪称伟大的创新。

---

① 《马克思恩格斯文集》第 1 卷,人民出版社,2009,第 571 页。
② 《马克思恩格斯全集》第 3 卷,人民出版社,2002,第 394 页。

三　形成脉络

人类命运共同体理念是经过不同时间、不同场合的多次提及和阐释得以形成的。在这一过程中，人类命运共同体理念的内涵逐渐确立并丰富起来。按照人类命运共同体理念在不同阶段呈现出的特点，可以将人类命运共同体理念的形成发展过程分为以下几个阶段：一是萌芽阶段，以党的十八大为界，党的十八大之前是人类命运共同体理念的萌芽时期；二是形成阶段，党的十八大标志着人类命运共同体理念正式形成；三是深化阶段，从党的十八大以后，人类命运共同体理念不断丰富和发展。

（一）萌芽阶段：实现两岸互惠融通的"命运共同体"

"命运共同体"一词在我国政府文件中的首次使用是在党的十七大报告中，报告指出："十三亿大陆同胞和两千三百万台湾同胞是血脉相连的命运共同体。凡是对台湾同胞有利的事情，凡是对维护台海和平有利的事情，凡是对促进祖国和平统一有利的事情，我们都会尽最大努力做好。我们理解、信赖、关心台湾同胞，将继续实施和充实惠及广大台湾同胞的政策措施，依法保护台湾同胞的正当权益，支持海峡西岸和其他台商投资相对集中地区经济发展。两岸同胞要加强交往，加强经济文化交流，继续拓展领域、提高层次，推动直接'三通'，使彼此感情更融洽、合作更深化，为实现中华民族伟大复兴而共同努力。"[1]此时提出"命运共同体"一词，旨在解决台湾问题。"命运共同体"是中国共产党从历史和现实出发，对海峡两岸同胞关系所作的准确判断，不仅展现了我们党推动两岸交往交流深入发展的基本方针，而且指明了两岸同胞加强沟通、促进合作、增进友谊的正确道路，体现了中国共产党对台政策的基本方向。

在第二轮中美战略与经济对话中，"命运共同体"被首次应用于中国外交活动。中美战略与经济对话是中美双方就事关两国关系发展的战略性、长期性、全局性问题而进行的战略对话。2009年7月27日，首轮中美战略与经济对话在华盛顿举行；2010年5月24日，第二轮中美战略与经济对话

---

① 胡锦涛：《高举中国特色社会主义伟大旗帜 为夺取全面建设小康社会新胜利而奋斗——在中国共产党第十七次全国代表大会上的报告》，《人民日报》2007年10月25日。

在北京举行，对话中，双方就中美关系、国际地区及全球性问题进行了深入探讨，双方还就能源安全、气候变化、联合国维和、反恐等问题交换了意见。在此次对话中，中方提出"命运共同体"一词来推进中美经贸合作关系的发展。

2011年9月，国务院新闻办公室发布《中国的和平发展》白皮书，对中国和平发展道路的开辟、中国和平发展的总体目标、中国和平发展的对外方针政策、中国和平发展的必然性以及中国和平发展的世界意义进行了详细阐释，再次向世界郑重宣示，中国始终不渝走和平发展道路，在以和平方式实现自身发展的同时，致力于维护世界和平，推进各国共同发展。白皮书对当前的国际关系作了恰当的概括："不同制度、不同类型、不同发展阶段的国家相互依存、利益交融，形成'你中有我、我中有你'的命运共同体。"① 在新的世界环境、历史条件下，中国如何做才能更好地坚持和平发展道路呢？"我国以命运共同体的新视角，同舟共济、合作共赢的新理念，寻求多元文明交流互鉴的新局面，寻求人类共同利益和共同价值的新内涵，寻求各国合作应对多样化挑战和实现包容性发展的新道路。"② 这一提法为推进中国特色大国外交提供了新思路，也为建立公正合理的新型国际关系指明了新方向。

由此可见，在党的十八大以前，"命运共同体"一词已在中国的内政外交中得到应用，并受到一定关注。但此时，"命运共同体"仅被看作词语，还未形成话语体系，其思想也还处于萌芽阶段，有待发展成熟。

（二）形成阶段：促进各国合作共赢的"人类命运共同体"

党的十八大报告提出要继续推进人类和平与发展的崇高事业，报告分析了国际局势的变化，指出虽然和平与发展是时代主题，但是仍然存在诸多不安定因素，因此，中国要进一步弘扬平等互信、包容互鉴、合作共赢的精神，共同维护国际公平正义。报告指出："平等互信，就是要遵循联合国宪章宗旨和原则，坚持国家不分大小、强弱、贫富一律平等，推动国际关系民主化，尊重主权，共享安全，维护世界和平稳定。包容互鉴，就是

---

① 中华人民共和国国务院新闻办公室：《中国的和平发展》，人民出版社，2011，第24页。
② 中华人民共和国国务院新闻办公室：《中国的和平发展》，人民出版社，2011，第24页。

要尊重世界文明多样性、发展道路多样化，尊重和维护各国人民自主选择社会制度和发展道路的权利，相互借鉴，取长补短，推动人类文明进步。合作共赢，就是要倡导人类命运共同体意识，在追求本国利益时兼顾他国合理关切，在谋求本国发展中促进各国共同发展"①，可以说，党的十八大报告从和平发展与人类命运共同体的关系出发，将"人类命运共同体"提升到了国家外交战略的高度，成为人类命运共同体理念正式提出的重要标识，也成为中国外交政策的基本遵循。

2013 年 3 月 23 日，国家主席习近平在莫斯科国际关系学院发表了题为《顺应时代前进潮流　促进世界和平发展》的演讲。他讲道："这个世界，各国相互联系、相互依存的程度空前加深，人类生活在同一个地球村里，生活在历史和现实交汇的同一个时空里，越来越成为你中有我、我中有你的命运共同体。"② 此后，习近平总书记又在多个场合频繁使用"命运共同体"一词，使人类命运共同体理念不断得到丰富和发展。

2015 年 9 月，国家主席习近平在第 70 届联合国大会上发表了题为《携手构建合作共赢新伙伴　同心打造人类命运共同体》的演讲，呼吁世界各国要继承和弘扬联合国宪章的宗旨和原则，构建以合作共赢为核心的新型国际关系，打造人类命运共同体。习近平向各国发出倡导："我们要建立平等相待、互商互谅的伙伴关系""我们要营造公道正义、共建共享的安全格局""我们要谋求开放创新、包容互惠的发展前景""我们要促进和而不同、兼收并蓄的文明交流""我们要构筑尊崇自然、绿色发展的生态体系。"③ 此次讲话既阐发了人类命运共同体理念的科学内涵，也指出了构建人类命运共同体的现实路径，科学地回答了"建设什么样的世界，怎样建设世界"这一时代课题，意味着人类命运共同体理念逐渐走向成熟。

（三）深化阶段：推动构建内涵丰富的"人类命运共同体"

从党的十八大至党的二十大，人类命运共同体从理念到行动，从目标到路径，从单一词语到理论体系不断丰富发展，实现了马克思主义中国化

① 胡锦涛：《坚定不移沿着中国特色社会主义道路前进 为全面建成小康社会而奋斗——在中国共产党第十八次全国代表大会上的报告》，《人民日报》2012 年 11 月 18 日。
② 《习近平谈治国理政》，外文出版社，2014，第 272 页。
③ 《习近平谈治国理政》第 2 卷，外文出版社，2017，第 525 页。

新的飞跃。2017 年 10 月，党的十九大报告总结了十八大以来构建人类命运共同体所取得的成效，"倡导构建人类命运共同体，促进全球治理体系变革。我国国际影响力、感召力、塑造力进一步提高，为世界和平与发展作出新的重大贡献"①，并将"坚持和平发展道路，推动构建人类命运共同体"② 确立为新时代中国外交工作的基本方略、习近平新时代中国特色社会主义思想的重要组成部分。报告指出："我们呼吁，各国人民同心协力，构建人类命运共同体，建设持久和平、普遍安全、共同繁荣、开放包容、清洁美丽的世界。"③ 这就为人类命运共同体从抽象理念转为具体行动指明了方向。同时，"人类命运共同体"也被写入新修改的《中国共产党章程》，表现出中国共产党人对人类美好未来的向往和追求，彰显了中国共产党维护世界和平、促进共同发展的使命担当。

2017 年 12 月，习近平总书记在中国共产党与世界政党高层对话会上发表了题为《携手建设更加美好的世界》的主旨讲话，他从当前人类的联系空前紧密这一事实出发，分析了构建人类命运共同体的必要性，总结了自人类命运共同体理念被提出以来，中国为构建人类命运共同体所作的努力和已经取得的成效。同时，习近平总书记再次呼吁各国共同努力，建设一个远离恐惧、普遍安全的世界；一个远离贫困、共同繁荣的世界；一个远离封闭、开放包容的世界；一个山清水秀、清洁美丽的世界。习近平总书记也指出，构建人类命运共同体是一个历史性的过程，需要锲而不舍的努力，构建人类命运共同体也是人类共同的事业，需要各国人民共同的参与④。这次讲话表明，在中国共产党的正确领导下，人类命运共同体理念正从理论走向实践，从中国走向世界，从蓝图走向现实。

2018 年 3 月，第十三届全国人民代表大会第一次会议通过《中华人民共和国宪法修正案》，"推动构建人类命运共同体"被写入新修改宪法的序言中，这是继 1982 年《中华人民共和国宪法》（以下简称《宪法》）之后，

---

① 习近平：《决胜全面建成小康社会　夺取新时代中国特色社会主义伟大胜利——在中国共产党第十九次全国代表大会上的报告》，人民出版社，2017，第 7 页。

② 习近平：《决胜全面建成小康社会　夺取新时代中国特色社会主义伟大胜利——在中国共产党第十九次全国代表大会上的报告》，人民出版社，2017，第 57 页。

③ 《习近平谈治国理政》第 3 卷，外文出版社，2020，第 46 页。

④ 参见习近平：《携手建设更加美好的世界——在中国共产党与世界政党高层对话会上的主旨讲话》，人民出版社，2017，第 4~8 页。

第一次对外交政策方面的内容进行调整和完善。这一修改使"推动构建人类命运共同体"正式上升为国家意志，成为我国外交政策的最高法律遵循，成为新时代中国外交工作的崇高目标。将"人类命运共同体"写入《宪法》，是把党和人民创造的伟大成就和宝贵经验上升为国家意志，使得中国外交政策更具连贯性、稳定性，体现了中国希望与世界各国实现双赢、多赢、共赢的坚定立场，有助于准确把握国际局势的变化发展和演进规律，为我国经济社会发展创造良好的发展环境和广阔的发展空间，为维护世界和平与促进共同发展贡献中国智慧和中国方案。

在纪念马克思诞辰 200 周年大会上，习近平总书记指出："我们要站在世界历史的高度审视当今世界发展趋势和面临的重大问题，坚持和平发展道路，坚持独立自主的和平外交政策，坚持互利共赢的开放战略，不断拓展同世界各国的合作，积极参与全球治理，在更多领域、更高层面上实现合作共赢、共同发展，不依附别人、更不掠夺别人，同各国人民一道努力构建人类命运共同体，把世界建设得更加美好。"[1] 这表明中国共产党对建设美好世界的自觉担当，对马克思主义最高价值追求的遵循和坚守，也意味着我们对人类命运共同体理念的认知已经从政策层面深入哲学内里，能站在唯物史观的高度审视构建人类命运共同体的理论与实践。

在党的二十大报告中，习近平总书记准确把握全球发展大势，指出："当前，世界百年未有之大变局加速演进，新一轮科技革命和产业变革深入发展，国际力量对比深刻调整，我国发展面临新的战略机遇。同时，世纪疫情影响深远，逆全球化思潮抬头，单边主义、保护主义明显上升，世界经济复苏乏力，局部冲突和动荡频发，全球性问题加剧，世界进入新的动荡变革期。"[2] 在此背景下，必须"促进世界和平与发展，推动构建人类命运共同体"[3]。一方面，呼吁"世界各国弘扬和平、发展、公平、正义、民主、自由的全人类共同价值，促进各国人民相知相亲"[4]，确证了人类命运

---

① 习近平：《在纪念马克思诞辰 200 周年大会上的讲话》，人民出版社，2018，第 22~23 页。

② 习近平：《高举中国特色社会主义伟大旗帜　为全面建设社会主义现代化国家而团结奋斗——在中国共产党第二十次全国代表大会上的报告》，人民出版社，2022，第 26 页。

③ 习近平：《高举中国特色社会主义伟大旗帜　为全面建设社会主义现代化国家而团结奋斗——在中国共产党第二十次全国代表大会上的报告》，人民出版社，2022，第 60 页。

④ 习近平：《高举中国特色社会主义伟大旗帜　为全面建设社会主义现代化国家而团结奋斗——在中国共产党第二十次全国代表大会上的报告》，人民出版社，2022，第 63 页。

共同体的道义性，奠定了构建人类命运共同体的价值认同基础；另一方面，将推动构建人类命运共同体明确为中国式现代化的本质要求之一，进一步阐明了新形势下构建人类命运共同体的时代意义、精神实质和实现路径，彰显了新时代中国外交的天下情怀，成为引领时代潮流和人类前进方向的鲜明旗帜。

第三节　人类命运共同体理念的科学内涵

党的十八大以来，习近平总书记在多个场合呼吁要顺应和平、发展、合作、共赢的时代潮流，加强国际交流与合作，积极构建共商共建共享的人类命运共同体，其科学内涵也在此过程中得到进一步丰富和发展，具体来说，在国际政治上"建立平等相待、互商互谅的伙伴关系"，在国际安全上"营造公道正义、共建共享的安全格局"，在经济发展上"谋求开放创新、包容互惠的发展前景"，在文化繁荣上"促进和而不同、兼收并蓄的文明交流"，在生态治理上"构筑尊崇自然、绿色发展的生态体系"①。这些倡议阐发了人类命运共同体理念"五位一体"的深刻内涵，回应了当前大变革时期的时代需要，为解决人类共同面临的危机与挑战贡献了中国智慧，为建设人类理想世界描绘了美好蓝图。

一　平等相待、互商互谅的伙伴关系

在国际政治上，人类命运共同体理念倡导建立平等相待、互商互谅的伙伴关系。强调国与国之间要相互尊重、平等协商，坚持主权平等原则，坚决摒弃冷战思维和强权政治，加强同各国政党和政治组织的交流合作，"走对话而不对抗、结伴而不结盟的国与国交往新路"②。

现有国际政治秩序主要是以西方价值观为主导建立的，"即以西方的民主标准判断国际行为的合法性，以西方的人权观为制定国际规范的原则，

---

① 习近平：《携手构建合作共赢新伙伴 同心打造人类命运共同体——在第七十届联合国大会一般性辩论时的讲话》，《人民日报》2015年9月29日。
② 习近平：《决胜全面建成小康社会 夺取新时代中国特色社会主义伟大胜利——在中国共产党第十九次全国代表大会上的报告》，人民出版社，2017，第59页。

以西方的自由市场经济原则指导国际经济规则的改革"①。这种建立在以西方为中心的双重标准上的国际秩序，难以体现世界多极化的发展要求和时代需要，制约着新兴国家的发展和国际问题的解决。历史和实践都表明，国强必霸不是历史定律。当今世界，霸权主义的老路不仅走不通，而且一定会碰得头破血流。面对西方国家长期以来奉行的单边主义外交策略，习近平总书记率先将建立伙伴关系确定为国家间交往的指导原则，强调"要在坚持不结盟原则的前提下广交朋友，形成遍布全球的伙伴关系网络"②。在国际关系中，伙伴关系是一种比一般合作关系更为密切、更为成熟的关系，具有平等性、和平性和包容性三个基本特征。它遵循协商与合作的基本精神，提倡民族国家之间要相互尊重、平等对话和互利共赢，要求国与国之间以维护合作友谊和发展共同利益为最终目的。在全球化的时代，世界要发展亟须构建起守望相助、合作共赢、开放多元的全球伙伴关系网络。只有摒弃制度模式偏见，超越意识形态藩篱，才能打开协商谅解的大门，推动平等相待、互商互谅的新型国际关系的构建。新型国际关系的构建将实现人类共同利益看作处理国际关系的重要前提，不断推进民族国家之间的协调与合作。

具体来说，这种关系是对话而不对抗的新型关系，要求在求同存异中扩大全球利益。当今国际体系和国际秩序正发生着前所未有的变革，各民族国家之间的相互联系和依存关系都达到空前的程度，这使得对抗和冲突面临高昂的代价，"和则两利、斗则两伤"逐渐成为世界的普遍共识和最佳选择。面临新的时代境遇，习近平总书记提出要走对话而不对抗的国与国交往新路，在处理中国同西方国家的关系时，要超越意识形态的藩篱，跨越经济制度的壁垒，克服发展模式的差异，坚持以对话解决争端、以协商化解分歧，唯有如此才能维护世界和平大局，扩展各国共同利益，最终实现互利共赢。

这种关系是结伴而不结盟的新型关系，要求在平等协作中应对共同挑战。新型国际关系以共同利益为基础，以实现人类共进式发展，构建命运共同体为目标，意图打破由于国家结盟而造成民族冲突的历史魔咒，推动

---

① 阎学通：《无序体系中的国际秩序》，《国际政治科学》2016年第1期。
② 《习近平谈治国理政》第2卷，外文出版社，2017，第444页。

人类共同问题的及时有效解决。如今，"全球性经济危机周期性爆发、世界经济增长动能不足、贫富分化日益严重等发展问题让任何一国都难以独善其身；地区争端、跨国贩毒、核扩散威胁、恐怖主义活动等安全威胁让世界各国难以独自应对；地震、海啸等自然灾害以及臭氧空洞、全球变暖等生态危机需要全体国家协商采取行动；寨卡病毒、埃博拉病毒、中东呼吸综合症等重大传染性疾病的区域性爆发需全人类团结应对"①。唯有在相互尊重、平等协商的前提下构建广泛而坚固的新型伙伴关系，团结起来共同应对全球性的危机与挑战，才能开创世界繁荣发展的美好明天。

这种关系是依存而不依附的新型关系，要求在相互尊重中实现自主发展。当今国际社会在全球化的作用下变得高度依存，然而这种依存关系是以相互尊重、平等合作为基本前提的，通过协商对话、人员往来、互通有无，"建设持久和平、普遍安全、共同繁荣、开放包容、清洁美丽的世界"②。如今，我国所推动构建的新型国际关系要以尊重各国选择自身发展道路的自由为核心，在反抗霸权主义、强权政治的同时统筹兼顾各方利益，在促进自身发展的同时不能忽视人类的共同发展，继而实现双赢、多赢、共赢。

这种关系是互惠而不互害的新型关系，要求在互信互利中促进各国繁荣。在当今国际交往中，坦诚相待、互信互利是基本前提，要构建以合作共赢为核心的新型国际关系只有心怀"我为人人"的义利观才能收获"人人为我"的共赢局面。在这种互信互利的理念指引下，我国发起了"一带一路"的伟大倡议，提出建立亚洲基础设施投资银行、金砖国家新开发银行，设立丝路基金等，不断培育和发展互助互利、合作共赢、和谐共生的全球共享机制，继而使所有参与国都能分享到共同发展的成果，推动世界朝着更加开放、包容、普惠、平衡、共赢的方向发展，为促进各国的持久繁荣与共同发展贡献中国智慧，提供中国方案。

在美国纽约联合国总部举行的第七十届联合国大会一般性辩论时，习近平指出："我们要继承和弘扬联合国宪章的宗旨和原则，构建以合作共

---

① 董楠、袁银传：《构建人类命运共同体的世界图式》，《学习与实践》2017 年第 12 期。
② 习近平：《决胜全面建成小康社会 夺取新时代中国特色社会主义伟大胜利——在中国共产党第十九次全国代表大会上的报告》，人民出版社，2017，第 58～59 页。

赢为核心的新型国际关系，打造人类命运共同体。"[①] 表明新型国际关系同人类命运共同体紧密关联，新型国际关系的构建将以实现人类命运共同体为努力方向和目标模式。当今世界已经形成了你中有我、我中有你的命运共同体，各国之间在发展以及安全问题上紧密相连，没有哪个国家能够独善其身，也没有哪个国家能够包打天下，构建以合作共赢为核心的新型国际关系能够进一步约束以美国为代表的西方国家的霸权主义行径，全方位地维护世界和平、促进共同发展，"让和平的薪火代代相传，让发展的动力源源不断，让文明的光芒熠熠生辉"[②]。

二 公道正义、共建共享的安全格局

在国际安全上，人类命运共同体理念致力于营造公道正义、共建共享的安全格局，为此要树立共同、综合、合作、可持续的新安全观，"坚持以对话解决争端、以协商化解分歧，统筹应对传统和非传统安全威胁，反对一切形式的恐怖主义"[③]。

在构建普遍安全的世界时，一个基本的理念是安全从本质上讲应该是非对抗性的、非零和性的；安全从维度上讲应该是综合性的，不仅仅只包括传统的军事安全，而且还包括非传统安全；安全从时间上讲不仅仅是当前重要的，而且在未来一段时间内均处于重要地位。面对错综复杂的国际安全局势，唯有坚持新安全观才能摆脱利己主义的束缚，为构建共商共建共享的人类命运共同体提供安全保障。新安全观强调共同、综合、合作、可持续，其实质是超越单方面安全范畴，以团结合作寻求共同安全。当今世界各国交往频繁，摩擦在所难免，需要超越冷战思维，摒弃以对抗求安全的思想。从低敏感领域入手，经过坦诚深入的对话沟通，增强战略互信，建立超越意识形态和社会制度的合作关系。同时不断扩大合作领域、创新安全合作机制，以合作谋和平、以合作促安全。中国提出的新安全观，既针对传统的威胁，也针对非传统的威胁；既包括军事安全问题，也包括非军事安全问题，这种应对安全问题的创新思路，实际上是将国家安全与国

---

① 《习近平谈治国理政》第 2 卷，外文出版社，2017，第 522 页。
② 《习近平谈治国理政》第 2 卷，外文出版社，2017，第 539 页。
③ 《习近平谈治国理政》第 3 卷，外文出版社，2020，第 46 页。

际安全紧密联系在一起，把中国面对的威胁与人类面临的共同威胁结合在一起，强调"国家无论大小、强弱、贫富，都应该做和平的维护者和促进者，不能这边搭台、那边拆台，而应该相互补台、好戏连台"，① 进而实现安全上的共建共享。特别值得注意的是，进入信息化时代以来，网络安全问题日益凸显，全球互联网治理体系变革进入关键时期。为此，国家主席习近平在致第四届世界互联网大会的贺信上强调要将新安全观应用于网络安全问题的解决上，通过"发展共同推进、安全共同维护、治理共同参与、成果共同分享"② 的基本方式与国际社会一道构建网络空间命运共同体。新安全观适应了全球化时代国际安全变化的需要，具有极强的时代性与针对性，为推动建设公正合理的国际安全秩序指明了方向。

习近平总书记指出："纵观人类文明发展进程，尽管千百年来人类一直期盼永久和平，但战争从未远离，人类始终面临着战火的威胁。"③ 只有始终坚持共同、综合、合作、可持续的新安全观，积极营造公平正义、共建共享的安全格局，努力打造开放多元的全球伙伴关系网络，才能共同应对人类面临的各种挑战。如今，中国坚持多边主义原则，维护开放型多边贸易体制，反对单边主义和贸易保护主义，积极打造上海合作组织等合作平台，超越了崇尚丛林法则的达尔文主义和国家利益优先的霸权主义等陈旧观念，确立了国与国交往应当遵循的基本准则，在国际上获得广泛认同和支持。通过不断发展完善开放多元的全球伙伴关系网络，中国期望同世界各国一道实现共商、共建、共有、共享、共赢的可持续发展，这也必将给国际社会带来极为宝贵的发展机遇。

三　开放创新、包容互惠的发展前景

在经济发展上，人类命运共同体理念谋求开放创新、包容互惠的发展前景。为此，始终坚持正确的义利观，秉承合作共赢的基本理念，发扬开放精神，促进贸易和投资自由便利化，主动提供和培育公共产品，"推动经

---

① 《习近平谈治国理政》，外文出版社，2014，第 331 页。
② 习近平：《致第四届世界互联网大会的贺信》，《人民日报》2017 年 12 月 4 日。
③ 《习近平谈治国理政》第 3 卷，外文出版社，2020，第 433 页。

体现出的合作共赢、开放包容、持久和平的理念更多，国际关系以及国际秩序也就更为稳固；当国与国交往中所展现的丛林法则、零和博弈、冷战思维更多，国际关系和国际秩序也会充斥着冲突和对抗。面对当今世界不稳定性不确定性突出，各种国际问题迭出不穷的真实现状，各国唯有从人类命运共同体的新视角出发，秉承合作共赢的共同利益观，扩大利益交汇点，深化利益交融格局，才能真正实现双赢、共赢、多赢①。

四 和而不同、兼收并蓄的文明交流

在文化繁荣上，人类命运共同体理念强调促进和而不同、兼收并蓄的文明交流，充分尊重世界文明的多样性，"以文明交流超越文明隔阂、文明互鉴超越文明冲突、文明共存超越文明优越"②，让文明互学互鉴成为"增进各国人民友谊的桥梁、推动人类社会进步的动力、维护世界和平的纽带"。③

亨廷顿的"文明冲突论"认为未来的国际冲突主要源自文化，全球政治冲突将产生于不同文明的国家和集团之间，文明的冲突必将主宰全球政治。当前拥有不同文明的共同体在交往、交流和交融的过程中促进了文化的一体化，而国与国之间又有着越来越多相互重叠的共同利益，使得不同文明之间难以产生如同西方中世纪时期的民族仇恨。"世界上有200多个国家和地区、2500多个民族、多种宗教。不同历史和国情，不同民族和习俗，孕育了不同文明，使世界更加丰富多彩。文明没有高下、优劣之分，只有特色、地域之别。文明差异不应该成为世界冲突的根源，而应该成为人类文明进步的动力。"④ 唯有树立平等、互鉴、对话、包容的新文明观，才能增进各国深厚友谊、助力世界团结合作、推动人类共同发展。

人类命运共同体理念是对"人类社会向何处去"这一时代命题的深邃思考，是对建设一个更加美好世界给出的中国方案，其生长点在于"求同

① 董楠、袁银传：《构建人类命运共同体的世界图式》，《学习与实践》2017年第12期。
② 习近平：《高举中国特色社会主义伟大旗帜 为全面建设社会主义现代化国家而团结奋斗——在中国共产党第二十次全国代表大会上的报告》，人民出版社，2022，第63页。
③ 习近平：《出席第三届核安全峰会并访问欧洲四国和联合国教科文组织总部、欧盟总部时的演讲》，人民出版社，2014，第15页。
④ 《习近平主席在出席世界经济论坛2017年年会和访问联合国日内瓦总部时的演讲》，人民出版社，2017，第28~29页。

存异"，在承认各国国情千差万别的同时强调人类具有共同的发展目标和价值追求。习近平总书记科学把握人类文明进步大势，始终遵循和平共处、和谐共生的交往法则，深刻阐发平等、互鉴、对话、包容的新文明观，为推动人类社会进步开辟了新道路，为建设和平美好新世界凝聚了新共识。具体来说，习近平总书记提出的新文明观有着三个极为重要的特征。其一是多样性，世界各民族的文明发展都源于人类创造。因此，在维护自身文明不受侵犯的同时也应对其他文明保持尊重，要坚持开放包容、互学互鉴，共同保护人类文明的多样性。其二是平等性，马克思、恩格斯认为，世界各民族文化之间，没有贵贱优劣之分，都为人类文明进步作出了不可替代的贡献，"直到现在每个民族同另一个民族相比都具有某种优点。但是，如果批判的预言是正确的，那么任何一个民族同另一个民族相比都将不会具有某种长处"①。因此，要坚持马克思主义的民族平等观，以平等、谦虚的态度对待每一个国家、每一个民族的文明。其三是包容性，文明具有独特性，既是人们的劳动成果也是智慧结晶，理应获得世界各国、各民族珍视，如果大家都能以开放包容的态度展开交流互鉴，那么"文明的冲突"在很大程度上能够避免。

以色列著名学者耶尔·塔米尔（Yael Tamir）认为："如果没有其他文化可以提供比较和对照、人们可以从中学习或借用到自己的文化中的话，那么人们就只能批判性地反思他们的文化了，在这个意义上说，文化的多样性获得了一种内在的价值。"② 世界文明的多样性，是人类世界存在的基本形态，是人类文化存在的基本样态，也是促进人类社会不断前进的动因。人们无论何时都能感受到不同文化传统的叠加影响。在经济全球化的时代背景之下，世界文化多元共生发展的历史进程并未改变，不仅于此，各民族文化的交往、交流和交融为世界文化的多元发展提供了重要机遇。习近平总书记曾说过："文明是多彩的，人类文明因多样才有交流互鉴的价值。阳光有七种颜色，世界也是多彩的。"③ 文明的魅力在于其拥有多样性、平等性及包容性，各民族的文明应当在竞争比较中取长补短、在求同存异

---

① 《马克思恩格斯文集》第 1 卷，人民出版社，2009，第 354 页。

② Y. Tamir, *Liberal Nationalism*, Princeton: Princeton University Press, 1993, p. 30.

③ 习近平：《在联合国教科文组织总部的演讲》，《人民日报》2014 年 3 月 28 日。

中共同发展，而非不断排斥甚至取代异族文明以实现单一文明称霸的目的。如今，人类文明的秩序便是在不同文明的交流互鉴中形成的，随着各民族国家日益形成紧密联系的命运共同体，文明间的交流互鉴已成为社会进步的重要推力。

在当今急剧变化的国际形势中，文明多样性的日益凸显、文明交往的日趋频繁，是时代发展的主潮流。世界文化多元共生发展的历史进程并未改变，不仅于此，各民族文化的交往、交流和交融为世界文化的多元发展提供了重要机遇，而傲慢与偏见已成为文明交流的最大障碍。各国要充分尊重世界文明多样性，以"海纳百川，有容乃大"的气度加强文明对话，让各民族的文明在竞争比较中取长补短、在求同存异中共同发展，共同为推动人类文明的发展进步不懈努力。

五　尊崇自然、绿色发展的生态体系

在生态治理上，人类命运共同体理念主张构建尊崇自然、绿色发展的生态体系，要求坚持环境友好，牢固树立尊重自然、顺应自然、保护自然的意识，强调国际社会携手同行，"合作应对气候变化，保护好人类赖以生存的地球家园"①。

马克思主义生态观认为人是自然的一部分，因此必须尊重自然，顺应自然，保护自然，绝不能凌驾于自然之上。回顾现代化发展历史，工业化的发展在给人类带来巨大的物质财富的同时也引发了严重的生态危机，服从于资本无限增值和利润最大化的生产必然导致人对自然资源的无限滥用和疯狂掠夺。为此，每一个国家在重视经济发展的同时也应关注生态环境的保护，走可持续发展道路，实现人与自然的和谐共生。现如今，超越环境承载力的开发和破坏行为给全球带来了生态危机，而不平衡的发展更是加剧了这一危机。《成长的极限》一书描述了人类生存与发展的不可持续性。为了使其论点明晰，该书提出了"生态足迹"的概念，所谓生态足迹是指"资源的开发、污染物的排放、能源的使用、生物多样化的遭到破坏、

---

① 习近平：《决胜全面建成小康社会 夺取新时代中国特色社会主义伟大胜利——在中国共产党第十九次全国代表大会上的报告》，人民出版社，2017，第59页。

城市化及有形物质成长造成的结果等所构成的整体效应"①。按照生态足迹测量法，在新旧千禧年之际，人类的需求已经超过地球限度的20%。由此可见，全球的经济与社会发展早已面临困境，这不仅是"过冲"性的发展所导致的，更重要的是发展的不平衡。一般而言，富国的生态足迹远比穷国来得大，就大部分的金属而言，工业化国家的人均使用率是非工业化国家的八至十倍，而"根据《联合国气候变化基础公约办公室》所提之报告，温室气体的污染问题持续严重化，全球每年排放179亿3100万吨温室气体中，单单美国即达70亿6700万吨，占了四成"②。在资本主义社会当中，资产阶级将实现利润最大化看作最大动力，由其自利本性所带来的资本主义生产方式造就了对无产阶级以及自然界的双重剥削，这是资本主义工业化过程所引发且难以在内部解决的矛盾③。为了扭转这一局面，必须极为重视生态环境的承载力，将发展的规模和速度控制在生态可承载范围内，要认识到西方发达资本主义国家不受约束的扩张式增长方式必须改变，特别是要对发达国家与发展中国家进行区别对待，将更为广阔的发展空间留给广大发展中国家，以此来满足底层人民和困难阶层的基本生活需要。

西方发达国家在近代工业化的发展历程中，对发展中国家欠下了大量的生态债务，至今这个债务仍在快速增长。而这种行为也具有一定的反噬作用，它在侵占了发展中国家的资源、破坏了发展中国家环境之余，使自身面临巨大的环境危机，气候变暖、空气污染、海洋枯竭、生物多样性减少等一系列影响地球居民的生态问题也在不断地干扰着西方发达国家的生存与发展。面对全球生态危机强大而持续的威胁，人类纷纷意识到加强生态治理已成为当务之急。然而，在关于治理责任和义务的分担问题上，各民族国家之间却迟迟达不成共识，主要原因在于西方发达国家不仅不愿承担自身责任和义务，还不断将生态责任推卸给广大的发展中国家。由此可见，要使全球生态治理能够顺利开展，厘清各民族国家的责任和义务是关

---

① 〔美〕唐妮菈·米道斯、〔挪〕乔詹·兰德斯、〔美〕丹尼斯·米道斯：《成长的极限》（三十周年最新增订版），高一中译，（台北）脸谱出版，2007，第105页。
② 〔美〕唐妮菈·米道斯、〔挪〕乔詹·兰德斯、〔美〕丹尼斯·米道斯：《成长的极限》（三十周年最新增订版），高一中译，（台北）脸谱出版，2007，第17页。
③ 李猛：《共同体、正义与自然——"人与自然是生命共同体"与"人类命运共同体"生态向度的哲学阐释》，《厦门大学学报》（哲学社会科学版）2018年第5期。

键。发达国家要主动承担历史性责任，改变不合理的生产和消费方式，减少对全球自然资源的过度消耗，并从资金和技术等方面支持发展中国家，帮助它们增强可持续发展能力。而发展中国家也应根据本国国情，制定并实施可持续发展战略。世界各国共商对策，统一行动，共同治理，构筑全球生态文明体系，打造生态共同体。

生态问题这一复杂而重大的全球性问题的解决，需要全球共识、全球行动，建构多样而畅通的对话渠道，建设灵活而务实的对话机制。"建设生态文明关乎人类未来。国际社会应该携手同行，共谋全球生态文明建设之路，牢固树立尊重自然、顺应自然、保护自然的意识，坚持走绿色、低碳、循环、可持续发展之路。在这方面，中国责无旁贷，将继续作出自己的贡献。同时，我们敦促发达国家承担历史性责任，兑现减排承诺，并帮助发展中国家减缓和适应气候变化。"[1] 各国政府，特别是西方发达资本主义国家的政府要不断超越民族利己主义的思想束缚，正视人类共同命运问题，为改善地球环境加强国际合作。其中，国际组织为国际合作建立了广泛的平台，具有不可替代的作用。"要充分发挥联合国和各类国际环境保护组织的作用，建立和完善生态治理和可持续发展的有效机制。面对生态环境问题对人类构成的严重威胁，面对国际社会的强烈呼声，联合国要在维护世界和平与安全的同时，推动自身机构的改革与职能的创新，充分发挥自身在全球生态治理中的引领作用。通过不断创建全球生态治理的对话平台，动员国际社会各方面力量投入拯救地球的行列，共商共治，保护好人类赖以生存的地球家园。"[2]

总之，国际社会各方要有保护地球的责任意识，大国的道义担当至关重要。只有世界各国共商对策，统一行动，"共同保护不可替代的地球家园，共同医治生态环境的累累伤痕，共同营造和谐宜居的人类家园，"[3] 构筑全球生态文明体系，才能打造人与自然生命共同体，推动人类社会的可持续发展，让人人都享有绿水青山。

---

① 习近平：《携手构建合作共赢新伙伴 同心打造人类命运共同体——在第七十届联合国大会一般性辩论时的讲话》，《人民日报》2015年9月29日。
② 董楠、袁银传：《构建人类命运共同体的世界图式》，《学习与实践》2017年第12期。
③ 《习近平谈治国理政》第3卷，外文出版社，2020，第435页。

第二章 人类命运共同体理念的马克思主义世界观审视

马克思主义的世界观是唯物辩证法的世界观，从方法论角度，便是运用辩证思维审视事物及其相互联系，并在此基础上揭示事物运动变化发展的规律和趋势。马克思认为黑格尔哲学最伟大的成就就是阐发了辩证法的核心思想即对立统一规律，认为自然界和人类社会的发展变化既贯穿了内在联系，也充满了矛盾运动，正因为世界充满了矛盾运动，事物内部以及事物之间存在对立统一，人类才需要运用辩证法来分析和解决问题。在辩证唯物主义理论中，人、自然、社会之间存在普遍联系，也内含多样化的矛盾关系。在这些关系中，不仅要看到事物的矛盾统一，更要突出矛盾的主要和次要之分，矛盾双方的主要方面和次要方面之分，继而在对国际政治新形势准确研判以及人与自然关系深入分析的基础上促进世界的整体发展。随着全球化的不断演进和全球治理的深入推进，人类的整体性特征日益凸显，而这也成为人类命运共同体存在的根基。也正是基于人们对一致性的要求变得日益突出，人类命运共同体理念超越了狭隘的民族国家视角，顺应人类自身发展规律和时代发展大势，构建出一条能够使世界更加平等、更加包容、更加有予发展的新发展道路。

第一节 普遍联系特征的客观反映

人、自然和社会是一体的，它们共处于紧密的内在联系中，形成一个相互作用、相互影响的有机整体。在某种意义上，这个整体可以被称为"人类社会有机体"。一个和谐发展的"人类社会有机体"是人类理想，也是共产主义社会的应然状态。马克思曾热情地描绘了共产主义社会的美好蓝图："共产主义是对私有财产即人的自我异化的积极的扬弃，因而是通过人并且为了人而对人的本质的真正占有；因此，它是人向自身、也就是向社会的即合乎人性的人的复归，这种复归是完全的复归，是自觉实现并在以往发展的全部财富的范围内实现的复归。这种共产主义，作为完成了的自然主义，等于人道主义，而作为完成了的人道主义，等于自然主义，它是人和自然界之间、人和人之间的矛盾的真正解决，是存在和本质、对象化和自我确证、自由和必然、个体和类之间的斗争的真正解决。"① 在这里，马克思明确指出共产主义社会的特征便是人、自然、社会的和谐发展。人是自然界长期发展的结果，社会是人们交互作用的产物，自然是人和社会存在的物质条件，人和社会的存在与发展依赖于自然界，同时，人又以其社会性活动影响和改变自然界。如今，随着社会信息化的飞速发展和经济全球化的深入推进，国际社会日益形成"你中有我、我中有你""一荣俱荣、一损俱损"的有机整体，人、自然、社会的关系也受到广泛关注。

一 各国之间的彼此依存

基于马克思主义辩证法，所谓矛盾的辩证统一性指的是矛盾双方相互渗透、相互贯通，且在一定条件下可以相互转化的客观特性，展现出辩证统一的关系。一个国家如若单纯强调自身的独立性和至上性来攫取最大利益、寻求最大价值，即使在某一阶段或者某一方面获得了更多的眼前利益，但从长远来看，这一行为是不可持续且易破坏团结的，阻碍了人类走向"自由人的联合体"理想社会。人类命运共同体理念的提出立足于当今世界各国相互依存、同舟共济、荣辱与共的现实背景，主张在扩大联系的基础上共建利益命运共同体、责任共同体和命运共同体，造就全人类共同发展、万物和谐共生的美好世界。

在辩证唯物主义理论中，各国之间是相互联系的有机整体，任何一个国家的发展都离不开世界的整体性发展，且这一趋势随着经济全球化迅速推进而不断强化。在1845年《德意志意识形态》中，马克思提出工业化的发展和交往范围的扩大推动历史从区域史走向世界史。大工业"它首次开创了世界历史，因为它使每个文明国家以及这些国家中的每一个人的需要

---

① 《马克思恩格斯文集》第1卷，人民出版社，2009，第185页。

的满足都依赖于整个世界，因为它消灭了各国以往自然形成的闭关自守的状态"。① "过去那种地方的和民族的自给自足和闭关自守状态，被各民族的各方面的互相往来和各方面的互相依赖所代替了。"② 在世界市场形成的基础之上，整个世界日益形成一个整体。如今，这一趋势仍在不断地打破地域、国家、民族、宗教乃至意识形态的界限，推动世界朝着一体化方向前进。在这一过程中，民族国家的部分原则开始消解，各国之间的界限变得模糊，全球范围内的各个国家在政治、经济、文化、外交、生态等诸多领域形成了紧密而又复杂的联系。

全球化的发展使得世界成为"一荣俱荣、一损俱损"的整体性存在，但这并不妨碍在国际事务中处于主导地位的西方社会坚持个人主义的价值理念，这种个人主义强调个人价值，推崇自我实现。当然，个人主义走到极致，也会导致自私自利，甚至不择手段。具体到对外政策领域，则是本国利益至上，不惜践踏国际准则，我行我素，漠视他国利益。国家具有个体性和排外性，排外性与排外性相碰撞的结果就是冲突。列宁指出："资产阶级和资产阶级民主派的民族主义，口头上承认民族平等，行动上则维护（常常暗中，背着人民）一个民族的某些特权，并且总是力图为'自己的'民族（即为本民族的资产阶级）获得更大的利益，力图把各民族分开，划清它们之间的界限，力图发展民族的特殊性等等。"③ 面对激烈的国家竞争，以美国为代表的西方发达资本主义国家采取单边主义和霸权主义行动，为满足自身利益置他国乃至世界利益于不顾，他们无视规则甚至践踏国际公认准则，扰乱全球治理，破坏国际秩序，损害他国特别是发展中国家的发展权益。

实际上，全球化的浪潮和人类共同面临的危机与挑战使得整个世界紧密相连，西方单一中心的发展道路难以为继。如今，"世界面临的不稳定性突出，各种非传统安全威胁持续蔓延，人类面临许多共同挑战"④。西方发达国家为了自救，不得不将自身的安全考虑与发展中国家的发展规划相联系。生态灾难、气候变化、粮食危机、难民危机、恐怖主义、核扩散、网

---

① 《马克思恩格斯文集》第 1 卷，人民出版社，2009，第 566 页。

② 《马克思恩格斯选集》第 1 卷，人民出版社，2012，第 404 页。

③ 《列宁全集》第 24 卷，人民出版社，2017，第 250 页。

④ 董楠、袁银传：《构建人类命运共同体的世界图式》，《学习与实践》2017 年第 12 期。

络安全等全球性问题频发都对人类构成严峻的安全威胁，没有人可以独善其身，也没有一个国家可以置身事外。在其保证安全与繁荣的努力中，现代国家已经变得越来越彼此依赖。"民族国家对于'确定性、安全性和归属感'的呼求"①，意味着西方历来奉行的单边主义理念终将宣告破产。

　　矛盾规律即对立统一规律是唯物辩证法的实质和核心，斗争性和同一性是矛盾的基本属性。对抗性矛盾决定了斗争冲突是解决矛盾的主要方法，而同一性矛盾决定了团结合作是解决矛盾的主要方法。如今，人类社会的各个方面都有着"你中有我，我中有你"的包含和渗透关系，在经济发展、安全维护、全球治理等方面拥有着广泛的共同利益，此时大量存在的是非对抗性矛盾，同一性变成矛盾的主要方面，合作也就成了解决矛盾的主要方法。因此，人类命运共同体理念倡导合作的正和博弈，在不影响他国利益的情况下实现共进式发展，使共同体的整体利益得到充分实现。在全球化时代，每个人、每个民族、每个国家都属于统一整体，都是人类命运共同体的成员，都存在某种共性。比如，全世界人民都认同以民族国家为主体的国际政治体系，以市场经济为基础的全球经济体系，甚至在文化领域都有诸多共同价值。随着时代的发展进步，人类共性也逐渐增多，这为促进国际交流与合作奠定了基础。在此背景下，习近平总书记提出共商共建共享的全球治理观，"共"是这一理念的核心价值和关键字，认为"世界命运应该由各国共同掌握，国际规则应该由各国共同书写，全球事务应该由各国共同治理，发展成果应该由各国共同分享"②。推动全球治理体系变革离不开各国的共同努力，唯有秉持共商共建共享的基本理念，才能凝聚各方共识、汇集各国力量、构筑美好蓝图。面对共同的危机和挑战，寻求合作成为走出困境的必然选择，例如在全球生态问题的解决和应对上，每一个国家都必须从人类整体利益出发，责无旁贷采取合作行动。"保护生态环境，应对气候变化，维护能源资源安全，是全球面临的共同挑战。"③ 各国政府，特别是西方发达资本主义国家的政府要不断超越民族利己主义的思想束缚，将人类整体利益置于首位，正视人类共同命运问题，为改善地球

---

① 陈曙光：《超国家政治共同体：何谓与何为》，《政治学研究》2017 年第 5 期。
② 《习近平谈治国理政》第 2 卷，外文出版社，2017，第 540 页。
③ 《习近平谈治国理政》，外文出版社，2014，第 212 页。

环境加强国际合作，携手应对人类共同面临的各类危机和挑战。

随着全球化的发展，世界变成一个"地球村"。"这个世界，各国相互联系、相互依存的程度空前加深，人类生活在同一个地球村里，生活在历史和现实交汇的同一个时空里，越来越成为你中有我、我中有你的命运共同体。"① 在这个共同体中，人们对于一致性的要求变得日益突出，各个民族国家之间的权力与义务也需要重新进行分配。从系统的整体性来看，系统、要素和环境之间存在着有机的联系，由此才能具有机械组合状态下的系统所不具有的整体功能②。因而，任何国家忽视在全球问题上的团结合作都不利于维护人类整体利益。如今，西方发达国家在收获全球化主要利益的同时无视欠发达国家的贫困落后，面对现实的危机和挑战，他们的第一反应是独善其身，寻求自保。但事实上，这样的选择不但不能躲避危机，甚至还会使人类在危机中越陷越深。为此，习近平总书记从当今世界各国处于共生关系的现实出发，倡导"携手构建合作共赢新伙伴、同心打造人类命运共同体"③。各个国家只有携手同行，努力实现长远利益和共同利益，持续开展交流与合作，才有可能真正摆脱现实危机，实现双赢、多赢和共赢。

二　人与自然的和谐共生

面对全球生态危机强大而持续的威胁，人们纷纷意识到要深刻总结人类文明发展规律，重新审视人与自然的关系，继而在全球生态治理问题上达成共识。为此，我国提出"人与自然是生命共同体"④ 的生态自然观，"建设一个清洁美丽的世界"⑤ 的生态文明建设目标和"共同但有区别的责任"⑥ 原则，为应对全球生态危机，构筑绿色家园贡献了中国智慧。人类命

---

① 习近平：《顺应时代前进潮流 促进世界和平发展——在莫斯科国际关系学院的演讲》，《人民日报》2013 年 3 月 24 日。
② 李学林：《人类命运共同体思想的哲学意蕴》，《云南社会科学》2018 年第 1 期。
③ 习近平：《携手构建合作共赢新伙伴 同心打造人类命运共同体——在第七十届联合国大会一般性辩论时的讲话》，《人民日报》2015 年 9 月 29 日。
④ 习近平：《高举中国特色社会主义伟大旗帜　为全面建设社会主义现代化国家而团结奋斗——在中国共产党第二十次全国代表大会上的报告》，人民出版社，2022，第 23 页。
⑤ 《习近平谈治国理政》第 2 卷，外文出版社，2017，第 544 页。
⑥ 《习近平谈治国理政》第 4 卷，外文出版社，2022，第 458 页。

运共同体首先是生命共同体、生态共同体，它继承了马克思辩证唯物主义自然观思想，把人归于自然界当中，并且被看作具有紧密联系的有机整体，强调人与自然息息相关、密不可分，二者长期处于相互依赖、相互影响又相互制约的辩证统一关系之中，"人类应该以自然为根，尊重自然、顺应自然、保护自然。要像保护眼睛一样保护自然和生态环境，推动形成人与自然和谐共生新格局"。①

从唯物辩证法的视角来看待人与自然的关系，既有统一也存在对立。从人与自然的统一角度来看，一方面，人依赖于自然。自然为人的生存与发展提供了基本的生活资料，人天生属于自然界的一部分，"人直接地是自然存在物"②。不管是动物还是作为高级动物存在的人类都将自然界看作其生存发展的必备条件，以及生产与再生产的重要基础。马克思指出："我们首先应当确定一切人类生存的第一个前提，也就是一切历史的第一个前提，这个前提是：人们为了能够'创造历史'，必须能够生活。但是为了生活，首先就需要吃喝住穿以及其他一些东西。因此第一个历史活动就是生产满足这些需要的资料，即生产物质生活本身"③，与此同时，自然是人的本质力量的对象化证明。人必须以自然界为对象来表现和确证自己的存在，人的本质是一种能动的存在物，其突出特征是以社会实践为基本标志的主观能动性。人不仅通过改造自然满足自身物质需要，还将自然作为科学研究的对象和审美的对象，以满足自身精神需要，发展自身才能。自然界是人的才能展现和发展的基地，是发展人的科学研究能力和艺术创造、欣赏能力的舞台，而凝结着人的创造能力的自然，又会成为人的自我确证和自我欣赏的对象。另一方面，自然对人也有依赖。自然是人化的自然。人类产生以来自然就不再是纯粹的自然，而是受到人类影响和作用的自然。人是自然生态系统中有意识的、能动的存在物，能够自觉地改造自然，把自然作为人的生产和生活对象来对待，通过对自然的改造，使自然打上人的有目的活动的印记。只有那种被当作人的实践对象和改造对象的自然界，对人而言才能称得上是有意义和有价值的。与此同时，自然界依赖于人才能

---

① 《习近平出席领导人气候峰会并发表重要讲话》，《人民日报》2021 年 4 月 23 日。
② 《马克思恩格斯全集》第 42 卷，人民出版社，1979，第 167 页。
③ 《马克思恩格斯文集》第 1 卷，人民出版社，2009，第 531 页。

持续存在和不断发展。只有在充分发挥人的主观能动性的基础上进行实践，自然界才能将自身潜能充分挖掘出来，自然的本质也才能得以充分显现。

在处理人与自然的关系方面，西方二元对立的思维方式将人与自然的对立不断放大，过度渲染人对自然的压榨与征服，继而使得人同自然之间的关系急剧恶化，引发严重的生态危机。马克思在《1857—1858 年经济学手稿》中，一方面承认了资本主义生产方式所带来的无与伦比的生产力，以及人对自然控制作用的强化，另一方面则揭露了在资本逻辑的宰制下，资本对自然效用的寻求所导致的自然地位的丧失。"只有资本才创造出资产阶级社会，并创造出社会成员对自然界和社会联系本身的普遍占有。由此产生了资本的伟大的文明作用；它创造了这样一个社会阶段，与这个社会阶段相比，一切以前的社会阶段都只表现为人类的地方性发展和对自然的崇拜。只有在资本主义制度下自然界才真正是人的对象，真正是有用物；它不再被认为是自为的力量；而对自然界的独立规律的理论认识本身不过表现为狡猾，其目的是使自然界（不管是作为消费品，还是作为生产资料）服从于人的需要。"① 恩格斯在《自然辩证法》中也对这种异化现象导致的消极影响发出了警告："我们不要过分陶醉于我们人类对自然界的胜利。对于每一次这样的胜利，自然界都对我们进行报复。每一次胜利，起初确实取得了我们预期的结果，但是往后和再往后却发生完全不同的、出乎预料的影响，常常把最初的结果又消除了。"② 在生态学马克思主义者看来，资本主义的增长主要依靠过度生产，这是引发生态危机的根本原因。马克思告诫人们，现实的"劳动生产率是同自然条件相联系的"③，必须谨防对劳动超自然力量所抱有的幻想，不能置人类劳动能力于自然承载力之上，不然自然便会通过生态破坏的种种消极后果对人类进行抗议和报复，人类若"不以伟大的自然规律为依据的人类计划，只会带来灾难"④。

为了扭转这一局面，实现人与自然的和谐，"需要对我们的直到目前为止的生产方式，以及同这种生产方式一起对我们的现今的整个社会制度实

---

① 《马克思恩格斯文集》第 8 卷，人民出版社，2009，第 90~91 页。
② 《马克思恩格斯文集》第 9 卷，人民出版社，2009，第 559~560 页。
③ 《马克思恩格斯文集》第 5 卷，人民出版社，2009，第 586 页。
④ 《马克思恩格斯全集》第 31 卷，人民出版社，1972，第 251 页。

行完全的变革"①。为此，世界各国要极为重视生态环境的承载力，将发展的规模和速度控制在生态可承载范围内。特别是西方发达资本主义国家要改变资本逻辑主导下生产生活方式所造成的反生态性与逆自然性，自觉将自然融入历史和社会当中，从而寻找破解资本主义制度下人与自然异化的钥匙。只有在顺应自然规律的基础上不断发挥人的主体性，才能真正实现人对自然资源的合理开发和有效利用，最终实现人、社会与自然环境的和谐发展。从这个意义上来说，习近平总书记所倡导的绿色、低碳、循环、可持续的生产生活方式以及构建一个清洁美丽世界的畅想，既是对马克思"人的自然化"思想的继承发展，也是构建人类命运共同体的内在要求。如今，日益严重的环境问题警示我们，地球已达其能承受人类过度开发和消费的极限，生态系统一旦崩溃，无一国家能从中幸免。尽管中国承载着巨大的发展压力，但是仍主动承担生态责任，将"绿色"列为"五大发展理念"之一，将生态文明建设作为"五位一体"建设的重点，同时积极推进经济结构转型升级，推动绿色经济发展，积极落实包括《巴黎协定》在内的各项国际合作项目。

人与自然之间的对抗唯有在共产主义社会才能得以消弭，只有在共产主义社会，"社会化的人，联合起来的生产者，将合理地调节他们和自然之间的物质变换，把它置于他们的共同控制之下，而不让它作为一种盲目的力量来统治自己；靠消耗最小的力量，在最无愧于和最适合于他们的人类本性的条件下来进行这种物质变换"②，才能实现人与自然和谐共生。在资本主义社会当中，受到资本逻辑的掌控，"一切发明和进步，似乎结果是使物质力量成为有智慧的生命，而人的生命则化为愚钝的物质力量"③。唯有在共产主义社会当中，人才能够摆脱资本的宰制，将自身的理论研究以及艺术审美等活动同个人能力的自由发展联系起来。这可使人逐渐摆脱将自然视为谋取私利工具的偏见，在节约资源的同时进一步改善现有环境，将人与自然看作紧密联系的生命共同体，推动人与自然多重、多维的有机结合，进一步丰富发展人的生命价值和意义。

---

① 《马克思恩格斯文集》第 9 卷，人民出版社，2009，第 561 页。
② 《马克思恩格斯文集》第 7 卷，人民出版社，2009，第 928~929 页。
③ 《马克思恩格斯文集》第 2 卷，人民出版社，2009，第 580 页。

总之，在资本无限增殖和利润最大化追求下的社会生产注定引发对自然资源无限度的掠夺和对自然环境无止境的破坏，要真正促进人与自然的和谐发展，"需要对我们的直到目前为止的生产方式，以及同这种生产方式一起对我们的现今的整个社会制度实行完全的变革"①。西方许多发达资本主义国家所走的"先污染后治理"的老路已经被证明是走不通的了，曾经辉煌的工业化进程在创造了前所未有的物质财富的同时使得生态环境遭到严重破坏。如今，全球范围的生态危机已经成为人类共同面临的难题与挑战，以共产主义社会为最终指向的人类命运共同体理念为人类建设美好家园指明了方向。只有世界各国共商对策，统一行动，"共同保护不可替代的地球家园，共同医治生态环境的累累伤痕，共同营造和谐宜居的人类家园，"② 构筑全球生态文明体系，打造人与自然生命共同体，才能"让人民群众在绿水青山中共享自然之美、生命之美、生活之美"③。

三　人类整体的普遍共存

联系和发展是唯物辩证法的总特征，唯物辩证法要求从普遍联系的视角去认识问题、解决问题。客观世界是由不同事物相互联系所构成的有机整体，马克思、恩格斯指出："当我们通过思维来考察自然界或人类历史或我们自己的精神活动的时候，首先呈现在我们眼前的，是一幅由种种联系和相互作用无穷无尽地交织起来的画面"④，尤其是在工业革命之后，交通运输的日益便捷和信息技术的飞速发展使得各国、各地区持续增进交往，相互依存程度不断加深。与此同时，有别于主权国家的新主体和新权力不断涌现，跨国公司、国际组织和国际传媒等新崛起的权力主体将世界更加紧密的团结起来。伴随着整个世界逐渐成为一个"地球村"，资本主义主导的经济全球化的矛盾和弊病集中爆发，"逆全球化"风潮涌动，世界上的不同国家、民族和地区在国际安全、能源危机、生态恶化、跨国犯罪、疾病蔓延等领域也面临着诸多共同的危机与挑战，使得人们对于一致性的要求

---

① 《马克思恩格斯文集》第 9 卷，人民出版社，2009，第 561 页。
② 《习近平谈治国理政》第 3 卷，外文出版社，2020，第 435 页。
③ 习近平：《在纪念马克思诞辰 200 周年大会上的讲话》，人民出版社，2018，第 21~22 页。
④ 《马克思恩格斯文集》第 3 卷，人民出版社，2009，第 538 页。

变得日益突出。从哲学范畴来讲，所有共同体都有整体性的价值追求①，都是整体与局部、个性与共性的有机统一。习近平总书记所倡导的人类命运共同体理念深刻彰显了世间万物的共生关系，反映了人类整体的普遍联系。究其原因，在于人不仅是独立个体的存在，更是一种依赖整体的存在。如果作为个体的人一再地伸张自身的独特个性，而忽视其所属整体的群体共性，在处理个人与整体利益关系时定会导致利益互损、两败俱伤的结果。这就要求办事情须从整体着眼，树立整体观念和全局思想，使整体功能得到最大的发挥。

人类命运共同体本质上是不同的人在群体社会发展进程中，通过普遍交往所构筑的具有紧密联系的利益共同体。共同利益孕育着"一个行为体的行为因适应另外行为体的行为而进行调整"②的合作可能，是命运共同体获得生命和生机的重要基础和强大动力。如今，人类正处于大发展大变革大调整时期，各国人民面对共同的机遇和挑战需再次审视人类社会的整体性，重新梳理个体与整体、自身同他者之间的共生关系。究其原因在于，群体性和共生性往往被弱化或者被忽视，而个体性和独特性则展现出个体的需要满足和价值实现依赖于外在条件的社会现实，这一社会现实不仅强调了在这种共生关系中整体对个体的关键作用，而且凸显了个体之间的紧密联系，更为重要的是找到了整体联系中各个体之间和谐共生的价值前提，继而处理好整体架构下自身利益同他者利益的辩证统一关系，为建设一个持久和平、普遍安全、共同繁荣、开放包容、清洁美丽的新世界提供了新思路和新方案。

第二节　对立统一规律的实际运用

人类命运共同体理念从马克思主义世界观出发，立足于现实的历史方位，辩证地回答了马克思所揭示的人类生存方式的共同体图景这一宏大叙事中隐而未宣的"合作悖论"：人的生存不能离开群体，但是合作在带来巨

---

① 张沛霖：《坚持辩证唯物主义世界观的人类命运共同体核心要义》，《人民论坛·学术前沿》2020 年第 16 期。
② 梁周敏、姚巧华：《"人类命运共同体"与共同利益观》，《光明日报》2016 年 10 月 2 日。

大收益的同时也会由此引发分配不公，继而导致争端和冲突。作为马克思主义国际关系思想的理论创新，人类命运共同体理念致力于破除"合作悖论"，在利益协调、生态发展、权力责任、秩序原则、文化价值五大视域表现出丰富的辩证统一性，科学回答了"世界向何处去"的时代之问，是推进中国特色大国外交的根本遵循，是完善全球治理的重要路径，更是实现共产主义最高理想的必由之路。

一　民族国家利益与人类共同利益的辩证统一

当今世界，民族国家在国际政治中占据主导地位，民族国家利益依旧是国际交往过程中的首要考量。与此同时，世界人民同处一个"地球村"，有着共同的利益诉求和现实需要，人类命运共同体首先是利益共同体。寻找各国利益交汇点，寻求各国最大公约数，在协调民族国家间利益的过程中推进实现民族国家利益同人类共同利益的辩证统一，成为构建人类命运共同体需要秉持的重要原则。

全球化作用所创造的命运与共的世界有机整体是民族国家间交往合作的基础。过去，资产阶级为了打破民族国家的界限，实现全球范围的扩张，于是裹挟民族主义的浪潮席卷全球，这在客观上促进了各民族、各区域之间的交流与联系，使"过去那种地方的和民族的自给自足和闭关自守状态，被各民族的各方面的互相往来和各方面的互相依赖所代替了"①，世界成为紧密联系的整体。然而，随着全球化的发展，世界面临的不稳定性不确定性突出，各种非传统安全威胁持续蔓延，人类面临许多共同挑战，"没有哪个国家能够独自应对人类面临的各种挑战，也没有哪个国家能够退回到自我封闭的孤岛"②。

全球化的发展和全球性危机的频发使世界成为"一荣俱荣，一损俱损"的利益共同体，他们既要维护自身正当利益，寻求本国利益最大化，同时也不能忽视人类整体利益的实现。一方面，各国要维护好并发展好本国正当利益，反对他国对本国利益侵害的同时尊重并支持他国的自主权和发展权。现如今，主权国家依旧是国际政治的基本行为主体，本民族国家利益

---

① 《马克思恩格斯文集》第2卷，人民出版社，2009，第35页。
② 《习近平谈治国理政》第3卷，外文出版社，2020，第46页。

依旧是国际交往的基本立足点。全球化看似在消弭民族国家间的边界和壁垒，其实只是表象，呈现在我们眼前更多的是民族国家地位的强化、民族国家利益的考量和民族国家意识的增强。马克思在论述"世界历史"理论时就强调，没有各民族和国家的主体性，就没有世界的整体性，整体性建立在主体性基础之上。"各个国家、民族在社会共同体的发展道路上不仅有共同的本质，而且都有自己的特征、特点、特色"①，有着选择自身发展道路、制度模式的自由。在政治权力相互依存的当今世界，各国都理应享有平等参与国际事务的权利，要"倡导国际关系民主化，坚持国家不分大小、强弱、贫富一律平等"②。从中国立场出发，习近平总书记指出："中国决不会以牺牲别国利益为代价来发展自己，也决不放弃自己的正当权益，任何人不要幻想让中国吞下损害自身利益的苦果。"③ 不仅如此，"中国奉行防御性的国防政策。中国发展不对任何国家构成威胁。中国无论发展到什么程度，永远不称霸，永远不搞扩张"④。

另一方面，要重视人类的共同利益，将人类大义与世界大利相结合，构建持久和平与共同繁荣的共进型世界。民族国家的发展同全人类共同命运密不可分，各国要相互尊重、平等交流，必须树立整体利益观和发展观，正如习近平总书记指出的："每个国家在谋求自身发展的同时，要积极促进其他各国共同发展。"⑤ 在不损害彼此利益的前提下，寻求彼此利益交汇点和最大公约数。这一思想突破了西方"零和博弈"的思维局限，为实现各民族国家间的共生共荣提供了思想指引。如今，各国之间存在广泛联系，既面临着共同的挑战，也面对共同的机遇。因此，需要各国在处理国际关系时摒弃传统的零和思维和丛林法则，以公正的态度和和平的方式处理各类矛盾和争端，不能只追求你少我多、损人利己，"如果奉行你输我赢、赢者通吃的老一套逻辑，如果采取尔虞我诈、以邻为壑的老一套办法，结果

① 石云霞：《马克思恩格斯的社会共同体思想研究》，《马克思主义理论学科研究》2016年第1期。
② 《习近平谈治国理政》第3卷，外文出版社，2020，第47页。
③ 习近平：《决胜全面建成小康社会 夺取新时代中国特色社会主义伟大胜利——在中国共产党第十九次全国代表大会上的报告》，人民出版社，2017，第59页。
④ 习近平：《决胜全面建成小康社会 夺取新时代中国特色社会主义伟大胜利——在中国共产党第十九次全国代表大会上的报告》，人民出版社，2017，第59页。
⑤ 《习近平谈治国理政》，外文出版社，2014，第273页。

必然是封上了别人的门，也堵上了自己的路，侵蚀的是自己发展的根基，损害的是全人类的未来"①。只有义利兼顾才能义利兼得，只有义利平衡才能义利共赢。不仅如此，为了全人类的共同发展与进步，有时甚至要重义轻利。中国始终秉持公道正义的理念，将人类大义与世界大利相结合，形成守望相助、共同发展的道义追求，"加大对发展中国家特别是最不发达国家援助力度，促进缩小南北发展差距"②，努力推动全人类的共同发展。中国从20世纪50年代初就开始向亚非拉广大新兴民族独立国家提供力所能及的帮助，支持其实现政治独立的民族大义，维护其发展经济、改善民生的整体利益。1964年，中国宣布对外经济技术援助八项原则，强调平等互利、不附带任何条件的援助基本方针，"截至2009年底，中国累计对外援助金额达2562.9亿元人民币，其中无偿援助1062亿元，无息贷款765.4亿元，优惠贷款735.5亿元"③。中国不附加任何政治条件的援助行为践行了正确的义利观，展现出应有的大国担当，体现出对人类共同利益的重视与维护。正如习近平所说："各国要树立命运共同体意识，在合作中共赢。在追求本国利益时兼顾别国利益，在寻求自身发展时兼顾别国发展。让每个国家发展都能同其他国家增长形成联动效应。"④当今时代发展的需求、全球性危机的威胁驱使世界各国从人类命运共同体的新视角出发，秉持合作共赢的共同利益观，扩大同各国的利益交汇点，不断深化利益交融格局，打造持久和平和共同繁荣的共进型世界。

人类命运共同体理念是以习近平同志为核心的党中央面对国际形势的深刻变化，和中国改革发展所面临的新时代、新任务，深入思考人类前途命运的智慧结晶，意"在追求本国利益时兼顾他国合理关切，在谋求自身发展中促进各国共同发展"⑤，它倡导共商共建共享的全球治理观，呼吁各方寻求利益交汇点，使本国利益与他国利益协调平衡，实现民族国家利益和人类共同利益的辩证统一，在各国人民共享机遇，共迎挑战，共维稳定，

---

① 《习近平谈治国理政》第3卷，外文出版社，2020，第434页。
② 习近平：《决胜全面建成小康社会 夺取新时代中国特色社会主义伟大胜利——在中国共产党第十九次全国代表大会上的报告》，人民出版社，2017，第60页。
③ 中华人民共和国国务院新闻办公室：《中国的对外援助》，《人民日报》2011年4月22日。
④ 《习近平谈治国理政》，外文出版社，2014，第336页。
⑤ 《习近平谈治国理政》，外文出版社，2014，第331页。

共创繁荣的过程中推动人类命运共同体这一美好愿景的实现。

二 经济社会发展与生态环境保护的辩证统一

在生态领域，人类命运共同体亦是"生态共同体""人与自然生命共同体"，不仅关乎全球生态安全和环境保护，还关乎世界经济和人类社会的可持续发展，因此构建人类命运共同体必须遵循经济社会发展与生态环境保护的辩证统一，既不能为了实现短期的经济发展而牺牲良好的生态环境，也不能为了维持生态平衡而排斥一切工业行为、扼杀科学技术进步，要处理好环境保护与经济发展之间的关系，在推动经济发展的过程中关注生态环境的保护，用良好的生态环境助力经济社会的可持续发展。

在人类文明发展的历史长河中，先后经历了原始文明、农业文明和工业文明三个历史时期，这三个历史时期恰恰是人与自然关系从服从、顺从到征服的阶段，生态危机是在工业文明即人类对自然进行征服时出现的。在工业文明时期，社会生产力极为发达，科学技术迅猛发展，人类成为社会的主宰。特别是西方文化中主体性思想的生成，主客二分的划分，让人类产生了极强的优越感，造成人与自然的对立。这种唯人类中心主义的理论来源是笛卡尔（Descartes）、康德（Kant）为代表的主体性形而上学的认识论，是认识论作用在实践中产生的结果。这种理论过分夸大了人的作用，认为人不需要遵循任何规律，一切社会活动完全以人的主观意志为转移。自然则被看作取之不尽、用之不竭的利用对象，是可以任意开发和支取的资源库，人与自然也就此形成对立。

在人类中心主义思想的影响下，工业文明的发展一方面积累了巨额的社会财富，另一方面也耗费了大量的自然资源，造成严重的工业污染。恩格斯在《自然辩证法》中指出："我们不要过分陶醉于我们人类对自然界的胜利。对于每一次这样的胜利，自然界都对我们进行报复。"[1] 人和人类社会都是自然界长期发展的产物，都是以一定的自然环境为前提，二者相互联系、相互依存、相互制约。因此，人类在利用自然、改造自然、获取自身生存所必须的生活资料时，必须尊重自然规律，不能凌驾于自然之上。人类命运共同体理念包含对资本主义工业文明所带来的人与自然异化矛盾

---

[1] 《马克思恩格斯文集》第 9 卷，人民出版社，2009，第 559~560 页。

的关切，蕴含将这种矛盾转化为人与自然和谐共生的价值追寻，展现出实现世界有机体可持续发展与人的全面发展的宏伟愿景。习近平总书记指出："人与自然是生命共同体，人类必须尊重自然、顺应自然、保护自然"①，在党的十八届五中全会上，绿色发展成为未来中国发展的五大理念之一，强调要"形成绿色发展方式和生活方式"②。党的十八大又提出了"五位一体"的发展总布局，补齐生态环保短板，使生态文明建设同经济建设、政治建设、文化建设和社会建设并驾齐驱，并将生态文明建设融入各方面建设的全过程。

建设生态文明的核心要义便是要处理好经济发展同环境保护之间的关系，面对当代严重的环境问题，盲目乐观和消极悲观的态度都是不可取的。持盲目乐观态度的人，违背自然界的发展规律，一味追求眼前的物质利益，一方面贪婪地向大自然索取资源，另一方面又肆无忌惮地向大自然抛洒废物。其结果必然导致人类支配自然的力量像野马脱缰一样失去控制，使生态系统濒临崩溃。持消极悲观态度的人认为，要保持生态环境的平衡，就必须扼杀科学技术进步，停止发展生产，"返璞归真""回到原始状态去"，重过古代田园诗般的生活。这种非历史主义的态度，必然导致历史的大倒退。正确的态度是要把发展科学技术与生产力和保护生态环境有机地统一起来，把人类生活需要的内在尺度与生态环境规律的外在尺度有机地结合起来，提高人类利用自然的科学性和道德性，协调人类改造自然的行动，建立起人与自然的全面而和谐的关系。2013 年 9 月 7 日，国家主席习近平指出："我们既要绿水青山，也要金山银山。宁要绿水青山，不要金山银山，而且绿水青山就是金山银山。"③ 深刻揭示了经济发展与生态环境保护的辩证关系。强调要用绿色发展的理念来破解发展是硬道理与生态保护是红线的两难困境，"绝不能以牺牲生态环境为代价换取经济的一时发展"④。2021 年 4 月 23 日，国家主席习近平在领导人气候峰会上进一步指出："保护生态环境就是保护生产力，改善生态环境就是发展生产力。要摒弃损害甚至破坏生态环境的发展模式，摒弃以牺牲环境换取一时发展的短视做法。

---

① 《习近平谈治国理政》第 3 卷，外文出版社，2020，第 39 页。
② 《习近平谈治国理政》第 3 卷，外文出版社，2020，第 187 页。
③ 《习近平关于社会主义生态文明建设论述摘编》，中央文献出版社，2017，第 21 页。
④ 《习近平关于社会主义生态文明建设论述摘编》，中央文献出版社，2017，第 21 页。

大力推进经济、能源、产业结构转型升级，让良好生态环境成为全球经济社会可持续发展的支撑。"① 过去几十年来，中国经济社会发展取得历史性成就，但也承担了资源环境方面的代价。当下，速度变化、结构优化、动力转换是我国经济发展的新特点，"人民群众对清新空气、清澈水质、清洁环境等生态产品的需求越来越迫切"②。为此，要将新挑战变为新契机，把理念与计划付诸行动，坚持生态环境保护优先，形成节约能源资源和保护生态环境的空间格局、产业结构、增长方式和消费模式。在推进经济社会发展时不超出生态自我修复的能力范围，积极"探索保护环境和发展经济、创造就业、消除贫困的协同增效，在绿色转型过程中努力实现社会公平正义，增加各国人民获得感、幸福感、安全感"③，实现经济社会发展与生态环境保护的辩证统一。

进入 20 世纪 80 年代以来，随着经济的迅速发展，具有全球性影响的生态问题日益突出，为了实现经济发展与环境保护的和谐统一，开展全球生态治理领域的国际合作至关重要。世界各国都应认识到建设生态文明关乎人类社会有机体发展的未来，从尊崇人与自然和谐统一的辩证思维出发，共寻人类永续发展之道，共谋全球生态文明建设之路。西方发达国家在近代工业化的发展历程中，对发展中国家欠下了大量的生态债务，至今这个债务仍在快速增长。而这一行为也具有反噬作用，它在侵占了发展中国家的资源、破坏了发展中国家环境之余，使自身面临巨大的环境危机，气候变暖、空气污染、海洋枯竭、生物多样性减少等一系列影响地球居民的生态问题也在不断地威胁着西方发达国家的生存与发展。对此，习近平总书记指出："保护生态环境，应对气候变化，维护能源资源安全，是全球面临的共同挑战。"④ 各国政府，特别是西方发达国家的政府要不断超越民族利己主义的思想束缚，正视人类共同命运问题，为改善地球环境加强国际合作。

历史经验已经表明，离开环境保护只重视经济发展是"竭泽而渔"，同

---

① 《习近平出席领导人气候峰会并发表重要讲话》，《人民日报》2021 年 4 月 23 日。
② 习近平：《论把握新发展阶段、贯彻新发展理念、构建新发展格局》，中央文献出版社，2021，第 31 页。
③ 《习近平出席领导人气候峰会并发表重要讲话》，《人民日报》2021 年 4 月 23 日。
④ 《习近平谈治国理政》，外文出版社，2014，第 212 页。

样脱离经济发展只关注环境保护是"缘木求鱼"。经济发展决定了人们的生活水平，生态保护则保障了人们的生存条件。要克服把保护生态与发展生产力对立起来的传统思维，生态问题并非暂停经济发展便能得以解决，保护优先也并不意味着拒绝发展，关键在于正确处理经济社会发展同生态环境保护之间的关系，必须下大决心、花大力气转变落后低效的产业结构、能源结构、空间布局，倡导绿色、低碳、循环的生产方式和生活方式，坚决反对以资源环境为代价换取短期的经济总量提升，坚决不走西方"先污染后治理"的发展老路，努力探索出一条能够实现经济发展和环境保护性相统一的可持续发展新路。只有在尊重自然、顺应自然、保护自然的基础上对生态资源这一生产力要素予以更多关注，秉持绿水青山就是生产力的基本理念，才能保护好珍贵的自然资源、造就美好的生态环境、推动生产力的持久发展，在更高水平、更高阶段实现人与自然和谐共生，助力"美丽中国"美好愿景的实现。

三　全球治理话语权与大国责任担当的辩证统一

构建人类命运共同体不仅是中国特色大国外交思想的重要组成部分，还是国际社会的共同责任与使命担当。它克服了资本逻辑的内生性缺陷和单边主义的固有弊病，为完善全球治理、推动社会发展、建设美好世界提供了正确指引。人类命运共同体也是责任共同体，各国要有舍我其谁的担当精神，要有积极应对的处事态度，全球治理需要各国的共同参与、平等协商和团结合作。在全球治理的责任分担上，大国意味着更大的责任，人类命运共同体理念倡导全球治理话语权与大国责任担当的辩证统一，在推进全球治理体系的建设和变革过程中助力世界各国的永续发展。

当今世界正处于大发展大变革大调整时期。一方面，物质财富持续积聚，科学技术不断进步，人类文明发展至历史巅峰；另一方面，世界经济增长乏力，发展鸿沟日益凸显，地区冲突频繁发生，恐怖主义、难民危机、跨国贩毒、核扩散、网络攻击、气候变化、重大传染性疾病等全球性挑战此起彼伏，世界面临的不稳定性不确定性上升。面对这些危机和挑战，资本依旧是主导世界发展和全球治理的关键所在，西方发达资本主义国家推行全球治理的主要目的仍是最大化资本的现实收益，而非构建稳定的国际秩序，而资本也正是借用这种为最大程度获取剩余价值所构建的畸形秩序来实现全球治理。① 如此种种都使得全球治理体系的变革迫在眉睫，如何使治理体系、治理结构和治理规范变得更加公正合理成为世界各国亟须共同应对的时代挑战和重要课题。从法理上看，每个国家无论强大还是弱小、发达还是落后都享有平等参与国际治理的权力和合理分担国际责任的义务，但在关于治理责任和义务的分担上，各国之间却迟迟达不成共识。

由于各国所处的历史发展阶段和拥有的经济技术实力各不相同，承担的治理责任和义务也应有所差异。西方发达资本主义国家主导着全球秩序和国际格局，拥有雄厚的经济实力和先进的技术手段，享有更多的国际话语权和更大的国际影响力，理应承担更多的国际责任、履行更多国际义务。"要充分肯定发展中国家应对气候变化所作贡献，照顾其特殊困难和关切。发达国家应该展现更大雄心和行动，同时切实帮助发展中国家提高应对气候变化的能力和韧性，为发展中国家提供资金、技术、能力建设等方面支持。"② 但实际上，为了维护眼前利益，他们不仅不愿承担自身的责任和义务，还不断将治理责任推卸给广大的发展中国家，使得全球治理赤字愈发严重。从国际法来看，全球治理应遵循共同参与、平等协商与权责统一的原则。一方面，全球治理赤字关系到全人类的共同利益，各国都理应承担起相应的责任，共同参与国际事务的处理。另一方面，在具体权利和责任的分担上必须遵循权责平衡、统一的原则。进入 21 世纪以来，国际力量对比发生深刻调整，发达国家内部矛盾重重、实力相对下降，一大批发展中国家群体性崛起，成为影响国际政治经济格局的重要力量。习近平总书记指出："全球治理格局取决于国际力量对比，全球治理体系变革源于国际力量对比变化。"③ 这一原则的落实也成为各国进行全球治理的分歧与难点。值得注意的是，虽然全球治理话语权以及话语权的分配随着各国实力的增减而作出相应的改变，但是因为权力和责任一体两面、密不可分，掌握全球治理话语权力的同时也就意味着要承担相应的治理责任。由此可以推出，全球治理应遵循治理权力和治理责任辩证统一的重要原则，各国所拥有的权力和应承担的责任也应随着力量对比的变化而作出相应的改变。④ 如今，

---

① 胡键：《马克思世界历史理论视野下的全球治理》，《世界经济与政治》2012 年第 11 期。
② 《习近平外交演讲集》第 2 卷，中央文献出版社，2022，第 346 页。
③ 《习近平谈治国理政》第 2 卷，外文出版社，2017，第 449 页。
④ 郑保国：《人类命运共同体思想的辩证统一性》，《国际问题研究》2018 年第 6 期。

发展中国家的实力不断增强，希望获得与自身实力相符的国际话语权，从而更多地参与国际事务、履行国际责任。改革开放以来，我国综合国力大幅提升，国际影响力显著增强。作为世界上最大的发展中国家，中国立足于广大发展中国家的立场，倡导全球事务应由世界各国共同参与，国际问题应由国际社会协商解决，在全球治理中拥有相应话语权的同时承担相应责任。

习近平总书记在庆祝改革开放四十周年大会上的讲话中指出："前进道路上，我们必须高举和平、发展、合作、共赢的旗帜，恪守维护世界和平、促进共同发展的外交政策宗旨，推动建设相互尊重、公平正义、合作共赢的新型国际关系。我们要尊重各国人民自主选择发展道路的权利，维护国际公平正义，倡导国际关系民主化，反对把自己的意志强加于人，反对干涉别国内政，反对以强凌弱。我们要发挥负责任大国作用，支持广大发展中国家发展，积极参与全球治理体系改革和建设，共同为建设持久和平、普遍安全、共同繁荣、开放包容、清洁美丽的世界而奋斗。"① 站在历史的十字路口，中国作为一个负责任的大国将积极履行应尽的国际责任和义务，努力践行全球治理话语权与大国责任担当的辩证统一。同时在充分发挥大国作用的前提下，更为重视激发中小国家的活力与潜能，使更多的发展中国家能够参与到全球治理体系建设中来。

四　维护国际法原则与完善国际规则的辩证统一

历史和现实都证明，国际交往活动需在一定的原则规范和价值共识的基础上进行。当前，国际形势纷繁复杂，世界百年未有之大变局加速演进，世界之变、时代之变、历史之变的特征更加明显，需要对当下国际秩序和国际规范进行补充、完善和创新。人类命运共同体理念作为中国特色大国外交的重要组成部分，致力于公正合理、和谐平等国际新秩序的打造和相互尊重、公平正义、合作共赢新型国际关系的构建，始终坚持维护国际法原则与完善国际规则的辩证统一，为建立一个更加公正、有序、成熟、美好的世界而不懈努力。

当前国际上有两种错误的国际秩序观：一种打着维护国际社会稳定的

---

① 《习近平谈治国理政》第 3 卷，外文出版社，2020，第 187 页。

幌子，忽视公平正义的价值追求，固守当前不公正、不合理的国际旧秩序；另一种不顾国际社会和平稳定局势，要求将现有秩序推倒重来。当前国际规则的形成源自对两次世界大战历史教训的深刻吸取，经过演进形成了主权平等、利益至上、国际法治、大国引领和尊重人权等一系列现代性的理念原则。正是在这些理念原则的指引下，形成了一系列关于全球治理的价值基准，如主权平等构成了全球治理的基础，由主权平等衍生出的国际关系民主化、国际合作、国际责任及国际规则等分别构成了全球治理的价值理念、实现途径、核心内容及表现形式等。① 这些规则秩序反映了大多数国家的基本诉求，在一定程度上有其公正合理的一面。然而，现有国际政治秩序仍是以西方价值观为主导建立的，坚持的是以西方为中心的双重标准，"即以西方的民主标准判断国际行为的合法性，以西方的人权观为制定国际规范的原则，以西方的自由市场经济原则指导国际经济规则的改革"②。这种建立在以西方为中心的双重标准上的国际秩序，难以体现世界多极化的发展要求，无法满足世界各国实现更好交往的需要，制约着新兴国家的发展和国际问题的解决，使得各国的政治经济发展处于不平衡的状态，表现出当今国际秩序不公正、不合理的一面。

正确的观点应当是实现维护国际法基本原则与完善当前国际秩序规则的辩证统一，而这便是人类命运共同体理念所倡导的国际秩序观。人类命运共同体理念强调要在坚持国际法基本原则的同时依据国际形势变化不断调整完善现有国际秩序。一方面，要坚决维护并遵循《联合国宪章》的基本宗旨，维护世界和平稳定，助力全球发展繁荣。正如习近平在《联合国成立 70 周年系列峰会上的讲话》中指出："中国将始终做国际秩序的维护者，坚持走合作发展的道路。中国是第一个在联合国宪章上签字的国家，将继续维护以联合国宪章宗旨和原则为核心的国际秩序和国际体系。"③ 如今，世界正处于百年未有之大变局，构建人类命运共同体需要建立国际新秩序，但并不是推翻现有的国际规则和国际秩序、搞颠覆性替代，而是在认同国际法基本原则的前提下对当今国际秩序中不公正、不合理、无法体

---

① 蔡亮：《试析国际秩序的转型与中国全球治理观的树立》，《国际关系研究》2018 年第 5 期。
② 闫学通：《无序体系中的国际秩序》，《国际政治科学》2016 年第 1 期。
③ 《习近平谈治国理政》第 2 卷，外文出版社，2017，第 526 页。

现公平正义原则的部分进行补充、完善和更新，使其进一步满足时代要求和人民需要，更好地造福人类社会。习近平在金砖国家工商论坛上发表讲话指出："现行国际秩序并不完美，但只要它以规则为基础，以公平为导向，以共赢为目标，就不能随意被舍弃，更容不得推倒重来。"[1] 人类命运共同体理念的提出不但同中国作为"世界和平的建设者、全球发展的贡献者、国际秩序的维护者"[2] 的定位相一致，而且是已深深融入世界市场和国际社会的中国应当采取的明智之举，成为在"后美国时代"为解决人类问题贡献的中国智慧、提供的中国方案。

另一方面，要认识到当今国际秩序仍存在诸多不公正、不合理之处，应正视问题与短板，"引导国际社会共同塑造更加公正合理的国际新秩序"[3]。纵观人类交往史，公正合理的交往秩序是人类不变的追求。360 多年前《威斯特伐利亚和约》确立了平等和主权原则，150 多年前《日内瓦公约》确立了国际人道主义精神，70 多年前《联合国宪章》明确了四大宗旨和七项原则，60 多年前万隆会议倡导和平共处五项原则……这些秩序的演变足以说明，人类在不断扬弃旧秩序、建立新秩序的过程中逐渐实现更好地交往、走向更美好的未来。回顾历史，国际秩序往往建立在中心与边缘、支配与被支配的不平等基础上。展望未来，人类渴望建立新的国际政治文明，以此克服丛林法则、霸权主义、零和博弈等陈旧理念。如今，伴随西方发达国家在全球权力结构中影响力的减弱和以中国为代表的新兴国家和发展中国家的群体性崛起，国际力量对比发生深刻变化，历经数百年形成的西方政治经济旧逻辑与旧秩序已无法同当今国际政治格局相适应，由西方国家主导的全球治理体系也难以满足新格局的要求，这些使得治理赤字日益严重，国际秩序的转型成为历史大势不可逆转。为此，要不断完善现行国际机制和规则，适时引入新的国际机制和规则，推动国际秩序向着更加公正合理的方向发展。

人类命运共同体理念坚持维护国际原则和完善国际秩序的辩证统一，要求在维护国际法基本原则和《联合国宪章》基本宗旨的基础之上，以建

---

① 《习近平谈治国理政》第 3 卷，外文出版社，2020，第 447 页。
② 《习近平谈治国理政》第 3 卷，外文出版社，2020，第 437 页。
③ 《习近平谈治国理政》第 2 卷，外文出版社，2017，第 382 页。

设相互尊重、公平正义、合作共赢的新型国际关系为发展方向，将实现人类共同利益看作处理国际关系的重要前提，不断推进民族国家之间的协调与合作，走对话而不对抗、结伴而不结盟的国与国交往新路。为回应世界人民对美好未来的期待，中国将"继续发挥负责任大国作用，积极参与全球治理体系改革和建设，不断贡献中国智慧和力量"[1]。

五　多元文化共生与共同价值追求的辩证统一

人类命运共同体理念以多元文化共生作为价值追求和目标导向，深刻批判"西方中心论"，反对文化同质化，要求充分尊重世界文明的多样性，以文明交流超越文明隔阂、以文明互鉴超越文明冲突、以文明共存超越文明优越。与此同时，它从全人类共同利益出发，超越了西方国家价值观的利己本质，其构建必须立足于世界各国对共同价值的肯认，而共同价值实质上也是在各民族国家具体的独特的民族文化中提取的共性，由此可见，人类命运共同体实现了多元文化共生与共同价值追求的辩证统一。

15世纪西欧国家的环球航行开启了全球化的序幕，全球化初期的主要矛盾是文化的同质化和文化的异质化之间的矛盾。文化同质化的基础是"西方中心论"。随着工业革命所带来的财富的爆发式增长，西方一些资本主义国家迅速崛起并逐渐成为世界霸主。有了强大的经济基础，这些国家在政治制度和文化价值观上产生了极强的优越感和傲慢情绪，"西方中心论"也随之产生。"西方中心论"将西方看作世界文明的诞生地和社会发展的领头羊，西方是世界的中心，其他国家和地区则一直站在外围，世界文明源于西方，"全球化＝西方化""现代化＝西方化"，各民族国家的文化价值和文明意义需得由西方来界定。西方文明具有普世性，其所内含的文化观念、经济模式、政治制度代表着人类社会的发展方向，是唯一正确的，其他国家和民族都必须遵循西方的发展模式和发展道路，使自身成为西方资本主义社会体系的一部分。因此，西方发达资本主义国家有责任向世界输出西方现代文明，让世界走上西方化的道路。"西方中心论"是西方帝国主义国家在向世界全面扩张后产生的一种优等文明心理，实际上是对人类

---

① 习近平：《决胜全面建成小康社会 夺取新时代中国特色社会主义伟大胜利——在中国共产党第十九次全国代表大会上的报告》，人民出版社，2017，第60页。

文明发展规律的一种误解，忽视了各民族国家历史文化的独特性和重要性。

从历史唯物主义的视角看来，西方文明仅属于众多人类文明中的一种，资本主义的发展道路也仅仅是世界历史发展过程中的一个阶段，现代化道路并不是唯一的，西方的现代化道路也并非适用于每个国家。在《共产党宣言》中，马克思、恩格斯在肯定资本主义所创造的伟大成就的同时也无情地批判了资本主义的弊病、敲响了资本主义社会的丧钟，继而揭示出资本主义社会的过渡性质。资本主义社会的诞生与发展虽符合人类社会发展规律，但并不意味着它代表着各民族国家的共同理想，也并非社会发展的必经阶段。马克思主义认为，人类文明具有三个鲜明的特征，即多样性、平等性和包容性。[①] 在文化领域内，一旦缺乏差异和竞争就会失去生机和活力，文化的进步也就成为一纸空谈。因此，世界文明的多样性，是人类社会存在的基本形式，是人类文化留存的基本样态，也是推进人类社会持续向前发展的重要动因。自远古而来的人类历史其实是各民族文化共生发展的历史，随着社会生产力的不断发展，各民族、国家和地区的联系不断加强，彼此隔绝的历史逐渐演变成为世界历史。由于各民族的频繁交往，不同的民族文化在广阔的世界舞台上不断碰撞交锋，使得世界文明富有生机活力。

凡是共同体都是整体性与个体性、统一性与多样性的辩证统一。"从哲学的角度看，一切共同体都有着统一性的追求。"[②] 而人类的交往在外延和内涵上不断拓展和深入，进一步造就了一种基于共同需要的价值共识，一种具有建设性的共同价值作为全人类共同追求的理念既是可能的也是必然的。于是，人类命运共同体理念应运而生并且重构了全球化的传统思维。[③] 从《共产党宣言》的发表到人类命运共同体理念的提出，马克思共同体精神贯穿始终，使得全人类共同价值在当代全球化运动中得以产生并发展，马克思、恩格斯指出："随着资产阶级的发展，随着贸易自由的实现和世界市场的建立，随着工业生产以及与之相适应的生活条件的趋于一致，各国人民之间的民族分隔和对立日益消失。"[④] 而伴随世界交往的不断深入，"许

---

① 李建国：《马克思主义视野下的"西方中心论"》，《思想教育研究》2017 年第 4 期。

② 张康之、张乾友：《共同体的进化》，中国社会科学出版社，2012，第 10 页。

③ 丁立群：《人类命运共同体承载全人类共同价值》，《中国社会科学报》2020 年 10 月 29 日。

④ 《马克思恩格斯文集》第 2 卷，人民出版社，2009，第 50 页。

多种民族的和地方的文学形成了一种世界的文学"①，就此，作为集聚了世界不同民族、不同国家文化的人类命运共同体理念的核心所在，全人类共同价值具备了形成的可能性。

全人类共同价值强调人们对于价值的一致性意见和共识性理解，是国际交往的思想基础和重要前提，构建人类命运共同体必须倡导全人类共同价值。首先，全人类共同价值是人们对于未来发展方向、路径以及愿景的集中概括，为构建人类命运共同体提供了精神指引和价值坐标。其次，全人类共同价值将人类命运共同体，这一涵盖世界人民的最大共同体凝聚在一起，是"各个民族、国家、地区构建人类命运共同体的黏合剂"②。阿德勒（Adler）和巴内特（Barnett）认为：共同体具有三个典型表征，一是共同体内部各成员国具有对事物的共同认知以及相似的价值观念；二是成员国与成员国之间往往可以展开全方位多角度的直接互动；三是共同体展现出明显的互惠原则和利他主义。在这三个特征中，共同的认同和价值观是核心。③ 全人类共同价值体现出各民族、国家和地区的共同需要和一致追求，为人类命运共同体的构建提供了精神桥梁和价值纽带。最后，全人类共同价值所具有的价值评价功能能够为构建人类命运共同体提供衡量思想与行动、理论与实践的价值坐标。因此，倡导全人类共同价值是构建人类命运共同体的必由之路，反之，作为世界各国、各民族、各地区乃至个人的协同发展理念，人类命运共同体理念的提出和践行又进一步推动人类共识的达成和共同价值的创生，并且伴随着人类命运共同体的构建过程，全人类共同价值也将进一步获得丰富和发展。

人类命运共同体理念所倡导的全人类共同价值不同于极少数霸权国家为维护一己私利、推行"全球西方化"的战略把自己的价值观粉饰成所谓"普世价值"，而是对不同国家、民族乃至地区价值观的尊重与包容，实现了对人类价值共识的系统性重塑与整体性重构。习近平总书记立足于全人类共同利益，着眼于人类文明发展进步，不断挖掘和提升人类的共同价值，

---

① 《马克思恩格斯文集》第 2 卷，人民出版社，2009，第 35 页。

② 孙伟平：《"人类共同价值"与"人类命运共同体"》，《湖北大学学报》（哲学社会科学版）2017 年第 6 期。

③ E. Adler & M. Barnett, *Security Communities*(Cambridge: Cambridge University Press, 1998) , pp. 30-31.

他指出："和平、发展、公平、正义、民主、自由，是全人类的共同价值，也是联合国的崇高目标。目标远未完成，我们仍须努力。"① 在人类的共同价值中，"和平、发展"是基本前提，"公平、正义"是基本要求，"民主、自由"是基本目标，它们有机结合，相得益彰②，为人类命运共同体的构建提供思想基础，"中国共产党将继续同一切爱好和平的国家和人民一道，弘扬和平、发展、公平、正义、民主、自由的全人类共同价值，坚持合作、不搞对抗，坚持开放、不搞封闭，坚持互利共赢、不搞零和博弈，反对霸权主义和强权政治，推动历史车轮向着光明的目标前进！"③ 如今，民族国家之间的沟通联系不断加强，各国利益休戚相关、命运紧密相连，世界人民愈加懂得和平发展、合作共赢、平等相待、开放包容等共同价值的重大意义。世界人民对于和平、发展、公平、正义、民主、自由的全人类共同价值的追求具有一致性和共通性。

从唯物辩证法的视角来看，文化多元共生与共同价值追求是并行不悖的，全人类共同价值内含文化共性和文化特性的辩证统一。伴随着全球化的发展，建立在全人类公共利益基础上的共同价值也逐渐成形。这种共同价值不断追寻不同文明样态的共性，将民族文化提升为人类共识，继而造就超越民族国家边界的价值观念和行为规范。"人类在一定范围内、一定问题上可以存在某种价值共识。价值共识不是脱离各个民族的价值而独立存在的抽象共相，而是在人类文明进步中、在各民族文化交流中逐步形成的对某些基本价值的认可。"④ 因此，它不仅不会湮没各民族、各国家文化的独特性，相反会将这些独特的文化融入自身，并促进各类文化的互融互通、互学互鉴。由此可见，全人类共同价值是世界不同文化的文化共性和文化特性的辩证统一。没有文化共性，各民族的文化便因缺乏共同基础难以进行沟通交流，文化也会因封闭而趋于保守。同理，缺乏充满个性的民族文化，世界文化就变得单调乏味、缺少活力。正如习近平总书记指出的，"文

---

① 《习近平谈治国理政》第 2 卷，外文出版社，2017，第 522 页。
② 石云霞：《习近平人类命运共同体思想科学体系研究》，《中国特色社会主义研究》2018 年第 2 期。
③ 习近平：《在庆祝中国共产党成立 100 周年大会上的讲话》，人民出版社，2021，第 16 页。
④ 陈先达：《论普世价值与价值共识》，《哲学研究》2009 年第 4 期。

明是多彩的，人类文明因多样才有交流互鉴的价值"①。

万紫千红才是春。各种文明只有和民族的历史相结合，和时代的变化相适应，文明的长处才能得到充分发挥。因此，"我们既要让本国文明充满勃勃生机，又要为他国文明发展创造条件，让世界文明百花园群芳竞艳"②。人类命运共同体理念以多元文化共生作为价值追求和目标导向，涵盖了世界各国对全人类共同价值的肯认。两次世界大战使得整个世界生灵涂炭，联合国在反思历史教训的基础上得以诞生，《联合国宪章》开宗明义地表明捍卫全人类共同价值的目标指向——"欲免后世再遭今代人类两度身历惨不堪言之战祸，重申基本人权，人格尊严与价值，以及男女与大小各国平等权利之信念，创造适当环境，俾克维持正义，尊重由条约与国际法其他渊源而起之义务，久而弗懈，促成大自由中之社会进步及较善之民生"③。这里面所倡导的各国主权平等、互不干涉内政、互不侵犯、和平解决国际争端等国际交往基本原则，反映了全人类对世界和平、社会和谐、民族和解的美好追求。中国积极推动构建人类命运共同体，表现出维护并弘扬全人类共同价值的道义自觉，超越了西方国家通过传播其价值观谋求私利的狭隘行径，回应了各国人民对维护世界和平和促进共同发展的一致诉求。

总之，人类命运共同体理念在充分维护人类文明多样性的同时珍视和平、发展、公平、正义、民主、自由的共同价值追求，并指出在追求此类价值的过程中，各国、各民族都拥有平等的地位，享有自主的权利，遵循公正的原则。维护这些共同价值追求需摒弃意识形态的偏见，尊重各国历史文化的不同和宗教信仰的差异，不断求同存异，实现多元文化共生与共同价值追求的辩证统一。

第三节　整体性发展理念的现实折射

"世界面临的不稳定性突出，各种非传统安全威胁持续蔓延，人类面临

---

① 《习近平外交演讲集》第 1 卷，中央文献出版社，2022，第 97 页。
② 习近平：《深化文明交流互鉴 共建亚洲命运共同体——在亚洲文明对话大会开幕式上的主旨演讲》，人民出版社，2019，第 7 页。
③ 和音：《携手守护全人类共同价值》，《人民日报》2021 年 1 月 15 日。

许多共同挑战"①。超越民族国家界限，实现人类社会的整体性发展是走出当前困境的必然选择。从哲学范畴来看，人的存在方式从自然个体形态进化至民族国家形态，最终走向世界性存在，人的世界性存在是社会化大生产发展至全球化阶段注定要产生的。人类命运共同体理念的提出不仅是现实使然，而且是对这一客观历史发展进程的当代反映，它强调用新理念解决人与自然的异化矛盾，用新思想处理民族国家间的利益关系，为推动完善全球治理、建设更加美好的世界指明了正确方向。

一 对共同发展追求的全新表达

从辩证唯物主义出发审视人类未来发展问题可以发现，各民族国家的利益关系同全人类的前途命运休戚相关，诸多问题的解决都离不开全人类的团结协作。国与国之间的矛盾冲突不但体现在生态环境保护的责任分派上，还表现在经济社会发展成果的利益共享上。也就是说，在人类社会发展的有机体系中，生态的可持续发展是重要基础，经济的有效增长是关键环节，社会的和谐安定是最终目的，三者辩证统一于人类的可持续发展体系之中。

面对复杂多变的国际局势，各国、各民族乃至各地区需从推动全人类共同发展的立场出发，同舟共济、携手同行，不断强化沟通交流和战略互信，尤其是西方发达资本主义国家不应再为自身私利而向新兴国家和发展中国家转嫁危机，而应该着眼于推动共进式发展，为这些国家提供更多具有互利共赢特征的技术援助和经济帮扶。当今世界正经历着百年未有之大变局，国际力量对比呈现出"东升西降"的态势，国际社会不能再被不公正、不合理的国际秩序所奴役和撕裂，人类命运共同体理念正是在对当下世界发展现状和社会发展规律深刻把握的基础上形成的科学认知。

落实人类命运共同体理念是实现"中国梦"和"世界梦"的重要纽带，"中国梦"与"世界梦"息息相通、高度契合、辩证统一，实现中华民族伟大复兴的"中国梦"需要有和平稳定的国际环境以及公正合理的国际秩序，实现持久和平、共同繁荣的"世界梦"也离不开中国的崛起和助力。然而，在西方媒体的鼓吹下，"中国崩溃论""中国威胁论""历史终结论""社会

---

① 董楠、袁银传：《构建人类命运共同体的世界图式》，《学习与实践》2017年第12期。

主义失败论"甚嚣尘上。对此，习近平坚定地指出："中国无论发展到什么程度，永远不称霸、不扩张、不谋求势力范围，不搞军备竞赛。"① 并提出"要继承和弘扬联合国宪章的宗旨和原则，构建以合作共赢为核心的新型国际关系，打造人类命运共同体"②。合作共赢是构建新型国际关系的核心理念、基本原则和本质特征。新型国际关系的构建必须将扩大共同利益、促进共同发展作为处理国际关系的重要原则，用主体间性思维取代主客二分思维，用"我们"的方式思考和处理国际事务，不断推进国与国之间的协调合作。

新型国际关系的构建依托于新型国际规则的制定，而中华民族"多元一体"格局为规则制定提供了新的思路。"与欧美那种由公民直接组成的均质化的民族不同，中华民族是一个具有"多元一体"结构的聚合体。"③ 习近平总书记指出："一体包含多元，多元组成一体，一体离不开多元，多元也离不开一体，一体是主线和方向，多元是要素和动力，两者辩证统一。"④ 这种"多元一体"的民族结构为维护国家统一、促进民族发展奠定了深厚的政治基础，也为新型国际规则的制定贡献了中国智慧。具体来说：一是强调整体性，将世界各国各地区看作命运相连、休戚相关的利益共同体、命运共同体，唯有协商合作才能应对人类共同的危机和挑战；二是尊重差异性，要在肯认一体的基础上尊重多元权利、满足多元需要、挖掘多元潜力；三是注重平等性，新型国际规则的制定要一视同仁，不能以意识形态和社会制度划线，也不能以国家的大小、贫富、强弱划线，还要践行马克思主义的平等观，重视弱势民族和弱小国家的利益并给予相应的政策照顾。

人类命运共同体理念生动展现了合作共赢的交往准则、和平发展的外交理念、兼收并蓄的宽广胸怀，向世界表达了中国人民爱好和平的美好愿景和走和平发展道路的坚定决心，用实际行动彰显大国风范、展示大国担

---

① 习近平：《同舟共济克时艰，命运与共创未来：在博鳌亚洲论坛2021年年会开幕式上的视频主旨演讲》，人民出版社，2021，第8页。
② 《习近平谈治国理政》第2卷，外文出版社，2017，第522页。
③ 董楠：《铸牢中华民族共同体意识的路径选择》，《北方民族大学学报》（哲学社会科学版）2019年第3期。
④ 《习近平关于社会主义政治建设论述摘编》，中央文献出版社，2017，第150页。

当，不但赢得国际社会的广泛赞誉和热烈响应，而且进一步凝聚了全国各族人民团结奋斗的力量，为实现中华民族伟大复兴的"中国梦"创造了和平的国际环境，为实现持久和平、共同繁荣的"世界梦"提供了科学的行动指南。

二　对绿色文明发展的科学阐释

绿色文明是人类与自然以及人类自身间高度和谐的文明。人与自然相互和谐的可持续发展，是绿色文明的旗帜和灵魂。伴随对客观世界持续地探索和改造，人类对人与自然关系的认识也将产生重大转变。仅就人对自然的态度演变过程来说，可划分为三大历史阶段，即从人类最初的依赖自然、敬畏自然到后来的控制自然、征服自然，再到如今的尊重自然、顺应自然、保护自然。究其原因，在于人类早期对自然知之甚少，生产生活均受制于自然条件，因此面对强大的自然产生一种敬畏乃至恐惧的心理。随着对自然界的探索逐步深入，人类对自然界有了更多科学的认知，尤其是近代科学技术的进步使得人们对自然的态度发生重大转变，在工业革命时期对自然的控制和征服达到前所未有的程度。然而，这种态度的转变也造成人与自然关系的失衡，使人类遭受气候变暖、能源危机、物种灭绝、土地荒漠化、淡水资源枯竭、臭氧层空洞形成、海洋污染及过度开发等全球生态环境问题的严重威胁。绿色文明的提出是对人类进入工业文明时期以来所走过的道路进行反思的结果。这些新观念的出现是历史的必然，是取代工业文明的新文明形态的核心内容。

习近平指出："人与自然共生共存，伤害自然最终会伤及人类。""我们应该遵循天人合一、道法自然的理念，寻求永续发展之路。"① 如今，人与自然和谐共生的生态理念已经获得了广泛认同，这一理念摒弃了"先污染，后治理"的现代化老路，打破了过去认为生态环境保护与经济社会发展相互对立的思维桎梏，强调要尊重自然、顺应自然、保护自然，走生产发展、生活富裕、生态良好的文明发展之路，为人与自然生命共同体的提出提供了根本遵循。构建人与自然生命共同体是中国着眼于全人类前途命运，基

---

① 《习近平主席在出席世界经济论坛2017年年会和访问联合国日内瓦总部时的演讲》，人民出版社，2017，第29页。

于人类命运共同体理念和全人类共同价值的内在要求，以推动形成人与自然和谐共生新格局和共建天蓝、地绿、水净的清洁美丽世界为目标，为全球环境治理贡献的中国智慧和中国方案。过去那种竭泽而渔，以牺牲环境为代价换取一时经济发展的做法已经使人类承受了巨大的损失，片面追求经济利益、忽视生态环境保护的思维只会破坏人与自然的共生纽带，威胁人类未来发展。各国应自觉推进绿色发展、循环发展、低碳发展，携手共建清洁美丽新世界。

面对已十分突出的生态问题，各国不但要在认知上从过去的"征服自然"转变为"人与自然和谐共生"，加强生态文明建设，走可持续发展道路，还要认识到在全球生态治理上没有哪个国家能独善其身，也没有哪个国家能够置身事外，生态环境的保护和生态问题的解决离不开各国的共同努力。然而，面对全球生态危机强大而持续的威胁，西方发达国家不断推卸自身生态责任，使得发达国家和发展中国家在责任分担上迟迟难以达成共识，因此，首要任务是厘清各国的责任和义务。1992年6月联合国世界环境与发展委员会在《里约环境与发展宣言》中提出的"共同但有区别的责任"原则为问题的解决提供了"良方"。[①] "共同但有区别"意味着不同国家在全球生态治理责任的承担上是有差异的。一方面，生态环境和气候变化问题关涉全人类共同利益，各国都理应承担起保护和改善生态环境的责任；另一方面，在分派各国治理责任和义务时，要考虑到各国所处发展阶段和技术水平不尽相同，其所承担责任义务也应有所区别。正如国家主席习近平在巴黎气候变化大会开幕式上所讲："巴黎协议应该有利于照顾各国国情，讲求务实有效。应该尊重各国特别是发展中国家在国内政策、能力建设、经济结构方面的差异，不搞一刀切。应对气候变化不应该妨碍发展中国家消除贫困、提高人民生活水平的合理需求。要照顾发展中国家的特殊困难。"[②] 人类命运共同体理念的提出为世界各国的发展指明了方向，有助于加强合作、协同共治、携手共进，共建人与自然生命共同体，打造清洁美丽新世界，迈向人类文明新形态。

---

① 王曦：《国家环境法》，法律出版社，1998，第39~42页。
② 习近平：《携手构建合作共赢、公平合理的气候变化治理机制——在气候变化巴黎大会开幕式上的讲话》，人民出版社，2015，第4页。

三　对人类未来图景的创造构绘

人类命运共同体理念的提出为人类未来发展指出了正确方向，并在实践过程中获得了国际社会的广泛认可和支持。在人类社会漫长的发展历程中充斥着战争与动荡、矛盾与冲突，霸权主义和强权政治不断威胁着世界和平与稳定，不公正不合理的国际秩序损害着发展中国家的利益，构建人类命运共同体成为世界各国人民的前途所在。人类命运共同体并非"乌托邦"式的虚幻构想，而是马克思所描绘的"自由人的联合体"的现实建构，它顺应人类社会发展规律和时代发展大势，强调以世界责任为己任，以全人类发展为目标，构绘了一幅理想的未来图景并赋予具体的实现路径。具体来说，包含以下五个方面。[1]

其一，共生。如前所述，人、社会、自然都处于一种相互影响、相互作用的共生关系当中，而这种共生关系具象化的重要形式便是共同体。马克思指出，共同体是人类生活的基本方式，"人的本质是人的真正的共同体"[2]，民族国家共同体是当今世界最为普遍的一种共同体形式，在这一共同体中，人与人之间的共生关系表现为民族之间、国家之间的共生共存。尽管各国可独自向前发展，但是这种共生关系如同链条，一旦局部受损便引发连锁反应，使得国际社会充满矛盾和冲突，甚至造成无法挽回的灾难性后果。因此，不同国家、不同文明要在彼此尊重中共同发展、在求同存异中合作共赢，为构建人类命运共同体打下坚实基础。

人与自然之间的共生关系强调要尊重自然的权利，要肯定自然同人类一样有着重要的生命价值并且相互依存，极力反对那种认为人类高于一切物种之上，自然资源可以被随意取用，自然环境可以被任意对待的片面观点。始终坚持"人类可以利用自然、改造自然，但归根结底是自然的一部分，必须呵护自然，不能凌驾于自然之上。"[3]要"像对待生命一样对待生

---

[1]　参见杨宏伟、刘栋《论构建"人类命运共同体"的"共性"基础》，《教学与研究》2017年第1期。

[2]　《马克思恩格斯全集》第3卷，人民出版社，2002，第394页。

[3]　《习近平谈治国理政》第2卷，外文出版社，2017，第525页。

态环境"①，彰显人与自然之间的生命相依。经济发展与生态保护应并行不悖，习近平总书记强调的"人与自然和谐共生的现代化"②，立足于国家未来发展的高度，为推动实现人与自然和谐共生、构建人与自然生命共同体提供了重要条件和根本前提。

其二，共通。互联互通是人类社会的存在方式，也是通往未来理想社会的必经之路。从马克思交往理论可以得知，人类正是在扩大交往的过程中推动历史前进，伴随资产阶级的脚步走遍世界各地，物质生产领域的连通和交往从局部走向世界，人与人、民族与民族、国家与国家之间成为不可分割的整体，建立在共生性基础上的共通性也更加明显，各种能源、资源在世界范围流通和消费，各国技术、商品在国际市场交换和交易，贸易和资本也向世界范围进行扩张。经济全球化的深入推进，使得各国、各民族乃至各地区间的交往交流更加频繁。正如马克思所描述的："过去那种地方的和民族的自给自足和闭关自守状态，被各民族的各方面的互相往来和各方面的互相依赖所代替了。物质的生产是如此，精神的生产也是如此"③，文化的互通使得不同文化间形成一种共生式发展形态且不断趋同，造就了由分至合的世界文化，成为未来文明发展趋势。如今，各民族国家无论文化如何不同，都有共性之处，如和平、发展、公平、正义、民主、自由的全人类共同价值，一致认同的国际法则，甚至英语、汉语等体现民族特性语言的全球广泛使用。

进入信息时代后，互联网的发展增进了国际交往，也推动了人类社会的飞速发展，人们足不出户便可实现商品互购，地方消息顷刻间便可传遍世界，人与人之间的联系交往更加畅通和便捷。人类社会在物质、文化、信息等方面的融通既展现了现代社会的存在方式，也指明了世界历史的发展趋势。着眼当下，人类社会的共通性冲破了部分地区的封闭性和排他性，使得各国、各民族乃至各地区的前途命运紧密地联系在一起，没有离开他者的绝对安全，也没有脱离世界的独自发展，这种共通性也成为构建人类

---

① 习近平：《决胜全面建成小康社会 夺取新时代中国特色社会主义伟大胜利——在中国共产党第十九次全国代表大会上的报告》，人民出版社，2017，第24页。
② 习近平：《高举中国特色社会主义伟大旗帜 为全面建设社会主义现代化国家而团结奋斗——在中国共产党第二十次全国代表大会上的报告》，人民出版社，2022，第23页。
③ 《马克思恩格斯文集》第2卷，人民出版社，2009，第35页。

命运共同体的桥梁纽带。

其三，共识。在共同体中，人们往往是基于共识生活在一起，没有达成共识便会引发矛盾和对抗，主要表现在地区之间、国家之间摩擦冲突不断。共识是主体间进行合作的基础，正是基于共同利益和一致目标，各国能在众多领域达成价值共识，并在价值共识的基础上取得一系列的成就，使诸多国际问题得到有效解决。众多致力于维护世界和平，促进共同发展的国际组织，如联合国、世界贸易组织、国际货币基金组织、世界银行、东盟、上海合作组织等，都是在价值共识的基础上建立起来的，习近平指出："和平、发展、公平、正义、民主、自由，是全人类的共同价值"①，这些价值共识也成为构建人类命运共同体的重要价值依托，为国际关系的顺利发展和全球问题的有效解决指明了新的方向。

不同民族、不同国家之间所拥有的共同利益和享有的平等地位是形成价值共识的基础，然而当今世界各国从自身利益出发造就了文化、价值、利益相冲突的局面，寻求共识的道路遇到层层阻碍。一方面，西方发达国家倚仗自身强大的经济、政治、军事实力主宰着当今国际秩序，使得发展中国家难以获得其所应得的国际话语权。另一方面，由于民族国家是当前国际政治体系的基本政治单位，使得国际事务一旦涉及民族国家利益考量时，各国往往将本国利益置于优先地位。面对这一情况，各国唯有从全人类共同利益出发，不断探寻超越矛盾冲突的价值共识，积极应对人类共同面临的危机和挑战，才能在有效解决各类问题的同时实现互惠互利，携手构建人类命运共同体。

其四，共建。面对当今世界各类危机和挑战频发，习近平倡导要建设命运由各国共掌，国际规则由各国共书，全球事务由各国共治，发展成果由各国共享的人类命运共同体。人类命运共同体是从国家安全和人类前途命运出发提出的新的国际关系模式，是国际交往中坚持以构建利益共同体、安全共同体、发展共同体为主要内容的政策方向。它要求在实践中从国家间利益关系、发展关系、安全关系出发，寻求最大公约数，在承认和尊重文化、制度、生活方式乃至利益差异的基础上形成命运攸关、利益相连、安全与共、互帮互助、共同发展的国家集合体。世界上每个国家都是历史

① 《习近平谈治国理政》第 4 卷，外文出版社，2022，第 446 页。

的创造者，历史发展需要诸多合力的共同作用。习近平提出："大家一起发展才是真发展，可持续发展才是好发展。要实现这一目标，就应该秉承开放精神，推进互帮互助、互惠互利。"① 只有各国齐心协力践行共建，才能使国际社会进一步实现共通共享，为构建人类命运共同体描绘现实路径。

具体来说，要进一步拓展全球战略伙伴关系网络，积极推动"一带一路"建设，以合作取代对抗，以共赢替代独占，努力汇聚共同性，推动命运共同体的建设。首先，国与国之间要相互尊重、平等协商、求同存异，摒弃冷战零和思维和意识形态偏见，在真诚互信的基础上加强沟通，在共商共建中实现共赢共享。其次，各国要秉持合作共赢的共同利益观，扩大利益交汇点，深化利益交融格局，积极倡导全球贸易互联和世界经济互通，促进不同思想文化互学互鉴、不同资源信息互联互通、不同发展模式互惠互利，进一步谋求开放创新、包容互惠的世界经济发展前景。最后，发达国家要为全球治理和世界共建承担更大责任，在提高新兴国家和发展中国家在全球治理体系中的代表性和发言权的同时进一步为其提供不附加任何政治条件的援助，而发展中国家也需抓住机会发展自身，不断追赶发达国家的步伐，努力实现共进式发展。

其五，共享。共享发展强调推进社会公平正义，主张发展成果由人民共享。唯有共建，才能够把蛋糕做好做大；唯有共享，才能增强凝聚力与号召力，再接再厉去创造更好更大的蛋糕，形成一种良性循环。人类命运共同体理念倡导世界各国要共享人类文明进步成果，让这一成果惠及每个国家。马克思将共享看作共产主义社会的重要特征，在《哥达纲领批判》中就曾指出，共产主义社会将实现"各尽所能，各取所需"的人类理想，让全体人民共享发展成果。中国倡导构建人类命运共同体就是想使发展成果让更多国家，特别是发展中国家参与分享，而国际社会在不同领域的共享行为也能进一步巩固国际关系，消除各方疑虑，增进政治互信，改善全球治理。

共享意味着让国际社会共享自然资源、发展机会以及自身优势。人们生活在同一个星球，每一个人、每一个民族、每一个国家均有共享自然资源的权利，也正是在共享过程中追寻人与自然的和谐共生，那种为了眼前

---

① 《习近平谈治国理政》第2卷，外文出版社，2017，第524页。

利益而损害自然环境的行为只会得不偿失，最终必然遭到自然界的报复。共享也是发展机会的共享，在应对全球化带来诸多风险挑战上，各国需增进政治互信，实现合作共享。中国充分利用全球化的机遇，推动"一带一路"、G20、金砖国家、东南亚国家联盟等国际合作机制的发展，促进世界经济互联互通，推动各国共享发展成果。由于每个国家都有自身的比较优势，只有优势共享才能实现资源优化配置，使各国利益实现最大化。正如习近平指出："全球经济治理应该以共享为目标，提倡所有人参与，所有人受益，不搞一家独大或者赢者通吃，而是寻求利益共享，实现共赢目标。"①在分蛋糕的过程中，要改变西方发达国家制定的偏向自身的分配规则，倡导各国无论大小共享人类发展成果，特别是要重视保障新兴国家和发展中国家的权益，绝不能出现"富者累巨万，贫者食糟糠"的现象，真正实现国际社会的公平正义。

海纳百川，有容乃大。人类命运共同体理念展现了一种整体性发展思维，号召国际社会能够互帮互助、互惠互利、互联互通，人与自然相互依存、互利共生、协同发展，并在此基础上为人们描绘出一幅世界命运由各国共掌，国际规则由各国共书，全球事务由各国共治，发展成果由各国共享的美好图景。

---

① 《习近平外交演讲集》第 1 卷，中央文献出版社，2022，第 431 页。

第三章　人类命运共同体理念的马克思主义历史观阐释

马克思对人类社会历史发展规律的深入思考和科学阐释，不仅生动展现了历史唯物主义的生成逻辑和内在理路，而且成为我们理解当前国际局势与人类发展问题的基本手段和重要遵循。人类命运共同体理念是以习近平同志为核心的中国共产党人承继马克思主义历史观的思想精髓，深刻把握人类历史生成逻辑和发展规律，针对当今世界人们所共同面临的各种时代问题和发展问题贡献的中国智慧和中国方案。构建人类命运共同体符合世界历史发展的客观规律，体现世界分工发展的必然选择，印证人类交往发展的必然结果，是虚幻的共同体走向自由人的联合体的必经之路。

第一节　符合世界历史发展的客观规律

人类社会的发展是在持续扩展自身活动边界和不断提升个人能力的过程中实现的，从片面的民族史向着广阔的世界史不断前行，于是，民族史向世界史的转变成为当代社会极为显著的发展特征。习近平指出："今天，人类交往的世界性比过去任何时候都更深入、更广泛，各国相互联系和彼此依存比过去任何时候都更频繁、更紧密。一体化的世界就在那儿，谁拒绝这个世界，这个世界也会拒绝他。万物并育而不相害，道并行而不相悖。"[1] 世界历史的形成与发展在助力全球化发展和国际格局演化的同时，需要人类团结一致应对共同的危机与挑战。"人类命运共同体的构建，正是打破非此即彼的零和思维和弱肉强食的丛林法则，缓解南北矛盾，建立合

---

[1]　习近平：《在纪念马克思诞辰200周年大会上的讲话》，人民出版社，2018，第22页。

理的国际经济新秩序的一种现实形态"①，其提出与完善是世界历史不断向前演进的必然结果。

一　历史向世界历史转变的历史必然

马克思的历史唯物主义极为强调人类历史和社会发展的内在规律性，而对历史发展规律有着深刻认识的重要理论便是世界历史理论。马克思的世界历史理论受到康德哲学的深刻影响，并实现了对德国古典哲学的颠覆性批判和科学性再造。德国著名哲学家黑格尔从唯心主义出发，曾在《历史哲学》中对不同历史时期进行了抽象，指出："哲学的世界历史不是历史学意义的世界历史，先从世界历史做出一些普遍的观察，再从世界历史的内容举例来证明，而是世界历史本身。"② 黑格尔还将历史研究方法分成了三个层次，首先是原始的历史，也可以说是直观的历史；其次是反省的历史，将历史提升至知性反思的层级，强调要利用抽象的观念来分析和归纳历史材料；最后是哲学的历史，认为要对历史开启思想层面的考察。黑格尔极为认同和倡导哲学的历史这一历史研究方法，认为这一方法能够最大程度地体现出人类具有思想的重要特质。在此基础上，黑格尔进一步提出思想即理性，理性本身即为历史的核心所在。马克思承继了黑格尔的辩证思维，但是对其历史方法进行了伟大的颠覆，马克思从唯物主义的视角揭示出世界历史发展的物质本源，认为世界历史并非绝对精神的衍生物，恰恰相反，世界历史是以物质生产为基础的人的活动。"整个所谓世界历史不外是人通过人的劳动而诞生的过程，是自然界对人来说的生成过程"③，表现出马克思的唯物史观及其对人的主观能动性的关注。

马克思科学分析人类社会历史发展规律，认为人类历史终将完成从地域性的历史向世界性的历史的生成和转变，人由"狭隘地域性个人"转变为"世界历史性个人"，世界也由地域性国家向全球性国家进行转变。马克思认为"全部人类历史的第一个前提无疑是有生命的个人的存在"④。他将"现实的个人"作为理论的出发点，认为是个人推动了民族史向世界史的转

---

① 张雷声：《唯物史观视野中的人类命运共同体》，《马克思主义研究》2018 年第 12 期。
② 〔德〕黑格尔：《历史哲学》，王造时译，上海书店出版社，2006，第 1 页。
③ 《马克思恩格斯文集》第 1 卷，人民出版社，2009，第 196 页。
④ 《马克思恩格斯文集》第 1 卷，人民出版社，2009，第 519 页。

变，也正是个人亲历了这一转变。"地域性的个人为世界历史性的、经验上普遍的个人所代替。"① 值得注意的是，这一转变不只是观念意义上的变更，而是上升为现实生产生活方式的变化。"人们之间一开始就有一种物质的联系。这种联系是由需要和生产方式决定的，它和人本身有同样长久的历史；这种联系不断采取新的形式，因而就表现为'历史'，它不需要用任何政治的或宗教的呓语特意把人们维系在一起。"② 由此可见，历史生动展现了人与人之间物质联系产生的变化，体现出需要和生产方式发生的转变。另外，这也表明"历史向世界历史的转变，不是'自我意识'、世界精神或者某个形而上学幽灵的某种纯粹的抽象行动，而是完全物质的、可以通过经验证明的行动，每一个过着实际生活的、需要吃、喝、穿的个人都可以证明这种行动"③。从"现实的个人"出发，这种转变绝不仅仅是观念上的更新，而是人们能够真切感受到的具体的、经验的、现实的变化。马克思所提出的世界历史转向源自个人实践经验，超越了包括黑格尔在内诸多思想家、哲学家所认为的在头脑中完成的观念的转变，是对传统唯心史观的彻底颠覆。世界历史的转变依赖人的实践，人类未来发展同样依赖于人的实践，展现出马克思主义对人的价值的确证和认同。正是因为对世界历史发展的现实感知和实践检验，可以科学判断人类未来发展方向，即人类历史必将由民族性走向世界性，且这一趋势将不断发展深化，体现出马克思世界历史理论的深刻性和预见性。

从资本主义向世界扩张的现实出发，马克思深刻论述了人类历史如何从狭隘地域性的存在发展为世界历史性的存在。学术界通常将资本主义的产生和发展分为四个阶段。第一个阶段是资本主义在封建社会的母体内不断孕育、萌生、发展并最终取代封建主义的阶段，时间从15世纪初期发展到18世纪中叶进行的英国产业革命。第二个阶段为资本主义自由竞争阶段，时间从18世纪中叶发展到19世纪末和20世纪初。在这一阶段，随着资本的迅速扩张和产业革命所导致的社会化大生产的突飞猛进，资本主义大工业"首次开创了世界历史"④，资本主义在世界范围内正式确立了自己的统

① 《马克思恩格斯文集》第1卷，人民出版社，2009，第538页。
② 《马克思恩格斯文集》第1卷，人民出版社，2009，第533页。
③ 《马克思恩格斯文集》第1卷，人民出版社，2009，第541页。
④ 《马克思恩格斯文集》第1卷，人民出版社，2009，第566页。

治地位。马克思的《资本论》就是将这个阶段的资本主义作为主要研究对象，给后世留下了非常经典的资本逻辑剖析和现实社会批判。第三个阶段是垄断资本主义阶段，时间从 19 世纪与 20 世纪之交到第二次世界大战结束。在马克思主义学术界，传统上认为列宁对垄断资本主义的界说最具权威性，是对马克思主义的继承与发展。第四个阶段一般认为是在第二次世界大战后出现的以国家垄断和国际垄断为基本特点的新阶段，西方发达国家持续垄断、掠夺、压迫、支配发展中国家，造就了资本主义世界经济的"中心—外围"体系，主要表现在金融贸易领域"中心"对"外围"的控制以及"外围"对"中心"的依附。

历史唯物主义强调"生产力的普遍发展和与此相联系的世界交往"① 推动着人类历史转向世界历史。"各民族之间的相互关系取决于每一个民族的生产力、分工和内部交往的发展程度。"② 伴随着生产的发展、分工的深化和交换的扩大，各民族陷入一种日益紧密的普遍联系之中，继而推动世界历史从民族史走向世界史。大工业"首次开创了世界历史，因为它使每个文明国家以及这些国家中的每一个人的需要的满足都依赖于整个世界，因为它消灭了各国以往自然形成的闭关自守的状态"③。在世界市场形成的基础之上，整个世界日益成为一个整体。《共产党宣言》曾对资本主义发展作出了经典表述："不断扩大产品销路的需要，驱使资产阶级奔走于全球各地。它必须到处落户，到处开发，到处建立联系。""资产阶级，由于开拓了世界市场，使一切国家的生产和消费都成为世界性的了。""这些工业所加工的，已经不是本地的原料，而是来自极其遥远的地区的原料；它们的产品不仅供本国消费，而且同时供世界各地消费。旧的、靠本国产品来满足的需要，被新的、要靠极其遥远的国家和地带的产品来满足的需要所代替了。""资产阶级，由于一切生产工具的迅速改进，由于交通的极其便利，把一切民族甚至最野蛮的民族都卷到文明中来了。"④ 上述分析揭示了资本不断进行扩张的本质，深刻地指出了全球化能够形成的历史动因。在资本主义社会发展的几百年中，资本的扩张性使得资本家的脚步走遍世界各地，

---

① 《马克思恩格斯文集》第 1 卷，人民出版社，2009，第 539 页。
② 《马克思恩格斯文集》第 1 卷，人民出版社，2009，第 520 页。
③ 《马克思恩格斯文集》第 1 卷，人民出版社，2009，第 566 页。
④ 《马克思恩格斯文集》第 2 卷，人民出版社，2009，第 35 页。

资产阶级政治家托马斯·杰斐逊（Thomas Jefferson）也曾讲过："商人无祖国，商人对于其出生和生活所在地国家的感情，比不上对使其获利的国家的感情。"① 世界市场的形成是资本流动的基础，正是无孔不入的资本使得每一个经济活动都变成世界性的。当资本的竞争激烈到不能用资本自身的力量去解决的时候，它就会借助本国的政治和军事的力量去解决。20 世纪在人类历史上发生的最残酷的两次世界大战从某种意义上来讲，正是资本主义全球化遭遇内部矛盾，但是该矛盾又不能进行调和的产物，而两次世界大战遍及全球的参与国也是全球化的一种非常极端表现。

进入帝国主义时代后，列宁指出："发展中的资本主义在民族问题上有两种历史趋势。民族生活和民族运动的觉醒，反对一切民族压迫的斗争，民族国家的建立，这是其一。各民族彼此间各种交往的发展和日益频繁，民族隔阂的消除，资本、一般经济生活、政治、科学等等的国际统一的形成，这是其二。"② 据此，民族主义也相应表现出建构式的民族主义和解构式的民族主义两种趋势，前者推动了民族国家的建立，后者使民族走向融合并最终消亡。马克思主义强调民族属于一个历史范畴，有其自身产生、发展和消亡的客观规律。虽然民族必将消亡，但是这一自然历史过程极为漫长，只有在人类社会发展到社会三大差别消失的时候，在民族融合因素不断发展和积累的作用下，在阶级消亡、国家消亡后，民族才会实现融合并最终走向消亡。如今，这种唯物史观在全球化的发展现实中不断被印证和体现，全球化的巨大推力加快了世界经济结构变革的步伐，曾经封闭保守的传统经济体系被开放的市场经济体系所取代，世界经济的"集团化""一体化"态势逐渐加强，某种意义上的超国家利益也在形成，人、社会、民族、国家的发展日益处于一种共生关系之中。一方面，作为现代生产力载体的大型跨国公司、大国集团和覆盖全球的大众通信系统，使全球性的互动更加频繁和紧密，从而似乎在奠定未来人类共同体的基础；另一方面，欧盟等超国家组织也在政治层面消解着人们的国家认同和民族认同，国与国之间的边界正在消融。世界历史的发展造就了世界历史的时代，随着全

① 〔美〕罗伯特·赖克：《国家的作用——21 世纪的资本主义前景》，上海市政协编译组、东方编译所编译，上海译文出版社，1994，第 276 页。
② 《列宁专题文集 论资本主义》，人民出版社，2009，第 290 页。

球化趋势的深入推进，世界历史走进了一个崭新的阶段。

在马克思、恩格斯生活的时代，资本的所有者向世界进军，以满足扩大商品输出、扩展商品销路的需要。为此，他们在利益驱动下奔走于世界各地，日益突破民族、国家的界限，到处建立联系，到处落户开发。在今天这个时代，资本的所有者依旧奔走于世界各地，却更多的是为了满足扩大资本输出、寻找有利投资场所的需要；在马克思、恩格斯生活的那个时代，商品资本的国际化已经达到了极为深广的程度。在今天这个时代，金融资本的国际化则达到了更为深广的程度；在马克思、恩格斯那个时代，主导全球化发展的资本主义国家所做的工作是"使未开化和半开化的国家从属于文明的国家""使农民的民族从属于资产阶级的民族，使东方从属于西方"①。在今天这个时代，这些掌控全球化进程的西方发达资本主义国家极力让发展中国家从属于发达国家，让社会主义国家从属于资本主义体系，让东方从属于西方。由此可见，虽然马克思、恩格斯生活的时代同当今时代有着诸多不同，但从本质上来说这两个时代是异曲同工的，即全球化就是资本主义生产方式的全球化，是与资本主义生产方式相匹配的生产关系和交换关系的全球化。全球化发展与资本增值的需要和剩余价值的生产及其占有息息相关。近年来，美国单方面设置贸易壁垒的行为严重违背了自由贸易的原则，体现出资本的逐利本性和操纵经济全球化的意图，以其为首的西方发达国家在政治上的霸权主义、文化上的排外主义、外交上的单边主义、生态上的帝国主义也都体现出资本逻辑的幕后操控。

在马克思的世界历史理论当中，资本主义的全球扩张是全球化生成的主要动因，对资本增殖的不懈追求是全球化深入发展的内在动力，逆全球化仅仅是以美国为首的西方发达资本主义国家为转移国内矛盾和危机所采用的缓和策略。从长期来看，全球化进程不仅不可逆，而且将得到更深入的发展，正如有学者指出："全球化过程本质上是一个内在地充满矛盾的过程，它是一个矛盾的统一体：它包含有一体化的趋势，同时又包含分裂化的倾向。"② 具体来说，一是逆全球化并不符合世界大多数国家的意愿。虽然以美国为代表的部分西方国家在逆全球化的行动中获得了部分短期收益，

---

① 《马克思恩格斯文集》第2卷，人民出版社，2009，第36页。
② 俞可平、黄卫平主编《全球化的悖论》，中央编译出版社，1998，第21页。

并引发了全球经济动荡，但是大部分的国家和地区，尤其是发展中国家依旧希望能搭乘经济全球化的快车，抓住机遇实现本国发展。二是逆全球化并不能解决人类所共同面临的诸多问题。在世界整体化趋势不断发展的当下，要维护全人类的利益，保护国际社会的安全，促进世界的共同发展，离不开国际社会的团结合作和一致行动。三是逆全球化与资本主义社会的本质规律相背离。资本以追求价值增值为目标，需要不断扩大世界市场，增加产品销路，而逆全球化的短视行为只会导致资本主义国家的衰败和没落。在马克思主义的世界历史理论中，资本主义全球化将为共产主义社会的实现开辟道路、积蓄能量，因此当前的全球化仅仅处于初级阶段，仍将深入推进和持续发展，逆全球化作为其中的一种特殊状态，"是不可持续的，全球化依然是世界历史的发展方向，在新时期世界需要开放包容的新全球化而不是逆全球化来引领世界历史发展的进程"①。中国致力于推动经济全球化朝着更加开放、包容、普惠、平衡、共赢的方向发展，这是中国共产党人顺应时代潮流、把握发展航向的必由之路，是顺应人民期待、建设美好世界的应然之举，也是对马克思主义世界历史理论的继承与发展。

二 保障世界和平与发展的现实需要

当下，人类共同面临的时代问题和发展问题亟待马克思主义理论观照现实。人类命运共同体立于人类历史从地域性、民族性到世界性转变的发展境遇，直面当前人类社会和民族国家利益的平衡关系，超越了西方狭隘的民族主义发展道路，给予马克思主义的世界历史理论以新的内涵和意义。尽管当今世界处于大发展、大变革、大调整时期，面临着局部形势紧张、社会撕裂严重、经济环境恶化、环境问题突出等一系列危机与挑战，但是世界整体化的发展态势不会逆转，世界人民对美好未来的希冀仍然存在，和平与发展依旧是时代主题。人类命运共同体理念是立足于马克思世界历史理论的科学判断，以及对国际局势科学认知的基础上形成的，为应对全球化逆流，推动经济全球化朝着更加开放、包容、普惠、平衡、共赢的方向发展，增进世界人民的共同福祉贡献了中国智慧和中国方案，是热爱和

---

① 郑一明、张超颖：《从马克思主义视角看全球化、反全球化和逆全球化》，《马克思主义与现实》2018 年第 4 期。

平与人类进步事业的世界人民的共同呼声和努力方向。

经济全球化发展所带来的资源的全球配置虽能在资源共享和比较优势的发挥上给各国带来经济红利，但如今的全球化依旧是西方发达资本主义国家主导的，内隐着巨大的政治、经济不平等，为世界的和平与发展埋下隐患。经济全球化从本质上来说是自然历史过程与社会历史过程的辩证统一。通过对资本主义体系的形成以及发展过程的深入分析，可以看出经济全球化不仅是一场由发达资本主义国家发动并且受其主导的经济运动，同时也体现了资本主义经济关系和经济矛盾在全球范围的扩展及深化。伴随着资本的全球扩张，资本主义民主、法制产生了一些新变化，如工人政党合法存在，在一些国家甚至还可以入阁参政，在思想文化方面也表现出多元化的局面。但是，资本主义政治制度的基本特征没有变，资本主义国家政治、经济的幕后操纵者总是大的垄断财团，全球化过程实际上充斥着国际垄断资产阶级的政治、经济以及文化霸权。由此可见，如今的全球化依旧是少数人的全球化，那种吹嘘全球化应将世界人民卷入其中的思想和行为实际上是少数人为了从中获利而绑架大众的意识形态。在全球化过程中，为失业和贫困所困扰的人日益增多，无论是国内还是国际上的贫富差距逐渐拉大。[1] 与此同时，经济全球化的发展所带来的金融全球化，虽能够促进国际分工和提升经济效率，在一定程度上遏制全球经济失衡，但也会导致虚拟经济过度膨胀，各类金融泡沫不断集聚，全球金融市场持续动荡，随时有可能引发严重的金融危机。[2] 在推进全球治理上，西方发达国家作出了相当的努力，并且取得了一定的效果。然而资本的本性促使他们更多着眼于本国及其利益集团的利益，而非全人类的利益，这也使得全球治理体系的有效性不足，难以适应世界的发展和变化。

由此可见，"在资本主义生产方式占主导的背景下，劳资矛盾仍是世界的主要矛盾，而资本又是主要矛盾的主要方面。随着资本与劳动力量的此消彼长，资本日渐成为当今世界的隐性统治力量。而资本扩张与发动战争历来就是'孪生兄弟'，尤其在金融资本占主导的背景下，垄断资本与战争

---

[1] 韩德强：《反经济全球化思辨》，载庞中英主编《全球化、反全球化与中国——理解全球化的复杂性与多样性》，上海人民出版社，2002，第92页。

[2] 张雷声：《唯物史观视野中的人类命运共同体》，《马克思主义研究》2018年第12期。

的关联度越发明显。"① 一方面，资本依旧是主导世界发展和全球治理的关键所在，"剪息票"仍是西方发达资本主义国家掠夺世界财富的主要方式。"资本实行全球治理的目的是要在资本的控制之下实现资本收益的最大化，而不是建立一个稳定的秩序，但为了剩余价值而寻求一种畸形的秩序，资本正是借用这种畸形的秩序来进行全球治理的。"② 在生态上，由于资本追求增值的目的不变，其对自然资源的过度索取不会止步，全球生态危机在资本主义框架内无法得到彻底解决。另一方面，西方发达资本主义国家为了维护资本主义的生产方式和生活方式，实现资本主义的全球化，不仅对其他国家推行文化殖民主义，且不断对其进行军事干涉，肆意挑起贸易摩擦、制造贸易争端。

塞缪尔·亨廷顿在冷战结束后不久提出"文明冲突论"，认为未来国际冲突将源自文化的不同，而非经济、政治抑或意识形态的差异，全球主要冲突将产生于拥有不同文明的国家或者团体，文明的冲突将决定国际局势的发展和全球政治的走向。这一观点曾引发诸多西方学者的追捧，但事实上，文明的对立并不足以引致民族国家间的战争与冲突，追根溯源仍在于资本主义内部不可消除的阶级矛盾向外部世界的扩展与转化，而这种试图将自由竞争所带来的利益冲突完全归咎于外国势力只会导致盲目的排外主义甚至纳粹主义。经济全球化的资本逻辑特征，就像马克思所说的，当市场经济崛起之后，人类就进入了一个"资本世纪"。马克思指出：资本不是物，"资本是资产阶级社会的支配一切的经济权力"③。随着经济全球化的深入发展，资本的逐利本性正推动着旧的世界体系迅速转型，以建构适应自身发展需要的世界政治经济秩序。然而，市场经济的发展和全球化所鼓励的自由竞争无法解决国家内部利益分配不均的社会问题，相反更容易形成强者愈强、弱者愈弱的马太效应，这也是资本主义自诞生以来多次发生社会动荡乃至世界大战的经济原因。正如列宁指出："只要资本主义还是资本主义，过剩的资本就不会用来提高本国民众的生活水平（因为这样会降低资本家的利润），而会输出国外，输出到落后的国家去，以提高利润。"④ 然

---

① 林海虹、田文林：《金融资本时代的战争与和平》，《当代世界与社会主义》2017 年第 3 期。
② 胡键：《马克思世界历史理论视野下的全球治理》，《世界经济与政治》2012 年第 11 期。
③ 《马克思恩格斯文集》第 8 卷，人民出版社，2009，第 31~32 页。
④ 《列宁全集》第 27 卷，人民出版社，2017，第 377 页。

而，资本无限扩张欲望却受制于有限的国际市场，"资本主义愈发达，原料愈感缺乏，竞争和追逐全世界原料产地的斗争愈尖锐"①，这不仅是资本主义经济危机周期性爆发的根本原因，而且是美国政府四面出击发动贸易战的根本缘由。近年来，政客们对于逆全球化问题的描述和事实存在巨大差距，他们为了回应选民情绪，将问题完全归结为全球化带来的弊端，并且抛出自己站在全球化对立面的不容置疑的政治立场，进而将国内交织的各种社会矛盾非常巧妙地引向逆全球化思潮。可见，"逆全球化"只不过是政客们假借民意捞取自己政治资本的短暂借口，就在美国总统特朗普扬言要完全驱逐墨西哥非法移民时，得克萨斯州正面临"用工荒"②。当前世界政治经济错综复杂，逆全球化思潮兴起，贸易保护主义重新抬头，全球地缘政治竞争愈演愈烈，英国通过脱欧公投保证民族国家政治的优先性和地方的认同，美国政府在"美国优先"的旗号下推崇民族利己主义和种族中心主义。对内的民粹主义和对外的民族主义使得国家和地区之间矛盾和冲突频发，人类生存发展出现扭曲和异化。正如资产阶级在国家治理上存在阶级局限性一样，西方发达资本主义国家在全球治理上同样受制于单边主义和霸权主义。他们或者显示出"能力不足"，又或者是"意愿缺失"，不仅拿不出有效的治理方案，并且以"金德尔伯格陷阱""修昔底德陷阱"等为借口强化同其他大国的竞争，阻碍其他大国参与全球治理，恶化推进全球治理的政治环境。

在这个世界整体化发展的时代，人类社会拥有广泛的共同利益，面临诸多共同的威胁与挑战。环境问题、粮食安全、人口爆炸、毒品泛滥、贫富分化、国际恐怖主义、大规模传染病与全球卫生安全等问题日益严峻，网络安全、外空探索、极地开发等新难题更具挑战性。全球性问题既具有普遍性和整体性，还具有复杂性和关联性，"没有哪个国家能够独自应对人类面临的各种挑战，也没有哪个国家能够退回到自我封闭的孤岛"③。面对全球治理赤字，西方大国那种只顾本国或本集团利益，而漠视他国特别是人类整体利益的现代化道路已经难以为继，试图通过减少交往来避免分歧

① 《列宁全集》第 27 卷，人民出版社，2017，第 395 页。
② 参见《"逆全球化"开错了方向》，《人民日报》2016 年 12 月 29 日。
③ 《习近平谈治国理政》第 3 卷，外文出版社，2020，第 46 页。

和冲突的产生也纯属因噎废食。在资本主义全球治理体系达到其内在张力极限的当下，讨论社会主义如何克服资本主义的局限性，引领人类未来命运的问题成为大众关注的焦点。今日之世界，"各国之间的联系从来没有像今天这样紧密，世界人民对美好生活的向往从来没有像今天这样强烈，人类战胜困难的手段从来没有像今天这样丰富"①，中国共产党人运用马克思主义立场观点方法，"把现行的世界市场体系和全球治理体系所掩盖的剥削性社会关系揭露出来，从而打破资本主义意识形态的再生产，反抗与这种意识形态相适应的观念、概念和思维形式，结束那种将资本主义永恒化的精神状态的生产方式，并在此基础上探索出一条更加符合人类社会发展的历史道路"②，即指向人的自由而全面发展的人类命运共同体发展道路。这条道路从全人类的共同利益出发，顺应了世界发展和时代变化潮流，在人类和平与发展事业上有超越资本主义的贡献，因而能为世界历史过渡到"无产阶级时代"创造条件。

当今人类社会正全方位地步入世界历史时代，"人类生活在同一个地球村里，生活在历史和现实交汇的同一个时空里，越来越成为你中有我、我中有你的命运共同体"。③ 这里讲的"历史"意指纵向的人类历史演变过程，强调历时性的存在，人类命运共同体就是在资本主义与社会主义长期并存，民族国家不仅继续存在且仍将作为国际政治基本行为体的条件下人类社会发展历程中的阶段性目标；"现实"则表明人类相依相存，荣辱与共的共时性存在，意味着人类走向命运共同体是政治、经济、文化、安全、生态等领域互联互通、共同发展的现实运动。在现今世界高度依存的时代背景下，构建人类命运共同体超越了西方单边主义、保护主义、霸权主义的狭隘行为，推动国际政治经济秩序向着更加公正合理的方向转变。它超越了单个国家、民族的局限，站在全人类的高度审视世界历史的走向，把握人类社会发展未来，是世界历史理论的理论逻辑和人类社会发展的实践逻辑辩证统一的内在规定性，是从人类社会的历史实践出发、顺应时代发展变化的现实之路，是

---

① 习近平：《携手推进"一带一路"建设——在"一带一路"国际合作高峰论坛开幕式上的演讲》，《人民日报》2017年5月15日。
② 刘同舫：《构建人类命运共同体对历史唯物主义的原创性贡献》，《中国社会科学》2018年第7期。
③ 《习近平谈治国理政》，外文出版社，2014，第272页。

摆脱现代性困境、应对全球性危机、共建人类理想家园的必经之路。

三 实现全人类共同价值的正确选择

马克思、恩格斯从历史唯物主义出发，关注"现实的人"，将整个人类社会看作一个密不可分的有机整体。伴随着全球化的深入推进，交往范围的不断扩张，人类实际上已经成为密不可分的命运共同体，在此背景下，转变人类社会发展方式也从个体需要变为世界需要。历史唯物主义通过揭示人类社会发展的规律，表明资产阶级大力宣扬的所谓"普世价值"仅仅对少数资本家具有普世意义，资产阶级试图将自由、民主、人权等西方资本主义社会的核心价值观作为人类普遍遵循的价值观念，打着"普世价值"的旗号为其推行霸权主义寻找借口，攻击甚至颠覆不符合其意愿和利益的他国政权，以获取战略利益和战略资源。由此可见，资产阶级永远只会将满足自身利益作为第一要务，为了实现这一目的而将所在阶级的利益"粉饰"成全体社会成员的共同利益，这种不平等不自由的狭隘价值观对无产阶级来说无异于精神上的再次"盘剥"。因此，马克思提出要"全世界无产者，联合起来"的口号，号召全世界的无产阶级采取"联合的行动"，实现每个人自由而全面的发展。

全人类共同价值是人类命运共同体理念的价值观基础，是站在促进人类社会可持续发展的价值制高点逐步形成和发展起来的。漫长的人类文明史是各国各民族相互交流、相互交往、相互融合的历史。立于人类历史发展的高度可以发现，当今世界处于多种文明互融互通、互联互促的时代，意图以某种价值观主宰世界是极具威胁性的，必须以开放包容的心态拥抱世界文明多样性，以公平正义的价值准则对待他国，竭力构建公正合理的国际秩序。近年来，不少西方国家打着"普世价值"的旗号行文化殖民之事，实际上是用表面的主权平等取代真正的相互尊重，使得民族国家利益与人类整体利益不断产生矛盾冲突。全人类共同价值强调以开放的心态、包容的胸怀对待世界上的不同文明，"以文明交流超越文明隔阂、文明互鉴超越文明冲突、文明共存超越文明优越"[①]。这种平等、互鉴、对话、包容

[①] 习近平：《高举中国特色社会主义伟大旗帜 为全面建设社会主义现代化国家而团结奋斗——在中国共产党第二十次全国代表大会上的报告》，人民出版社，2022，第63页。

的文明观，解决了西方物质主义膨胀所引发的物质进步与道德进步之间的激烈冲突，利他同利己之间的无法协调，民族特色文化同人类共同文化的矛盾对立等现实发展困境。

西方国家所奉行的"普世价值"因其理论根基建立在资本主义"虚幻的共同体"之上，因此必然产生的是唯我独尊的共同价值理念，这一价值理念也必将被淘汰于历史发展的长河之中，取而代之的必定是为实现人的自由而全面发展的"自由人的联合体"。改革开放以来中国特色社会主义事业获得的伟大成就也在向世人证明中国的选择是正确的，世界各国、各地区与各民族唯有携起手来一同面对人类社会发展的受困时代境遇，做到同呼吸、共命运、促合作、齐发展，方可真正实现责任同担、发展共建、合作共赢、利益共享，在此基础上指引中国和世界走向真正的价值共同体，实现全人类的可持续发展。

第二节　体现人类发展实践的必然选择

检验真理的唯一标准只能是也必然是社会历史中的人类实践。构建人类命运共同体是必要的，不仅因为它符合人类社会发展的客观规律，更因其在中国的社会主义现代化建设以及国际社会的交往活动中被证明是合乎发展实际的科学理念，是在世界历史交往实践基础上被证明的符合人类共同利益的科学理念，其产生、发展与不断丰富也是当代社会实践的必然结果。

一　国际交往与人类命运共同体的动态呈现

从历史角度来看，整个人类社会发展的历史便是一部人类交往史，通过不断扩大交往，人类历史从民族史逐渐走向世界史。在现实层面，交往不仅是人作为"类存在"在实现发展过程中的现实需要，同时也是扩展人们的认知视野，深化对自然界、人类社会乃至人自身的本质和规律认识，进而改变世界的重要方式和手段。也正是通过普遍交往，人类命运共同体的构建有了基础和前提，反过来又进一步强化了地区、民族和国家之间的交往，为实现"自由人的联合体"理想社会奠定了坚实的社会基础和理论根基。

马克思的历史唯物主义认为交往是社会历史演进的内在机制，其对社会历史演进的探究不单单是将社会历史发展过程划分为若干阶段，更多的是致力于探索并发掘社会历史演进的内在动力，并进一步揭示出演进过程的必然规律。马克思从人的类本质出发，强调交往是人的本质要求。他在《关于费尔巴哈的提纲》中指出，"人的本质不是单个人所固有的抽象物，在其现实性上，它是一切社会关系的总和"①。在《德意志意识形态》中，他通过分析人的交往活动，深入阐释了人的个体本质以及类本质形成发展的客观过程，指出个人自主交往活动的扩大使得社会关系不断获得丰富和发展。"社会关系的总和"的丰富发展也就意味着人的生产以及交往活动在不断发展。马克思、恩格斯说："人们为了能够'创造历史'，必须能够生活。但是为了生活，首先就需要吃喝住穿以及其他一些东西。因此第一个历史活动就是生产满足这些需要的资料，即生产物质生活本身"②，而作为人的个体生命的生产从一开始"就立即表现为双重关系：一方面是自然关系，另一方面是社会关系；社会关系的含义在这里是指许多个人的共同活动，不管这种共同活动是在什么条件下、用什么方式和为了什么目的而进行的"③。由此可见，人的本质所表现出来的外在形式在开始时便与人的社会交往活动息息相关，这是因为任何的生产行为都并非单个人的独自行为，生产过程也就是交往过程，生产同交往互为前提，也互为结果。一旦单个人同他人进行社会交往，他便将自身纳入与他人的社会关系网络之中，其自身活动形式也在同他人互动交往的过程中转化为一种社会性的活动形式，个体存在随之转变为社会性存在。在这个意义上来讲，建立在人的个体活动基础上的社会总体活动所造就的"社会关系的总和"不仅是人的类本质，也是人的个体本质的对象化和实现。

然而，针对特定的历史个体而言，作为历史产物的"社会关系的总和"并非个体活动的结果，而是众多个体在持续不断的生产和交往活动中所造就的。对于特定的个体来说，在活动开始时所面对的作为人的类本质实现的"社会关系的总和"，不仅是历史所赋予的自主交往活动展开的主要形

① 《马克思恩格斯文集》第 1 卷，人民出版社，2009，第 505 页。
② 《马克思恩格斯文集》第 1 卷，人民出版社，2009，第 531 页。
③ 《马克思恩格斯文集》第 1 卷，人民出版社，2009，第 532 页。

式，同样也是实现自身本质的重要前提。每一个历史个体都只能在其身处的"社会关系的总和"当中进行生产生活，既不能也不可能超越这一范围的边界。从个人进行的物质生产以及交往活动来看，既定的生产关系限制了物质生产和交往的范围，为其活动的自由同不自由设定了相对性边界。历史经验已经表明，在缺少分工与交换的前提下，人们的生产与交往活动难以超越民族、国家的边界。如果一个民族、国家的交往关系还未同其他民族、国家的交往关系相融合，那么个体的物质生产活动和交往活动也很难跨越本族、本国的界限范围。针对某个具体的人来说，他只能在自身的社交活动当中使自身能力得到发展、技术获得提升、个性得以丰富，同样也只有在同其他个体的普遍交往与深入交流中，才能使自我演变成世界历史性的存在，继而获取社会性和世界历史性个体本质的规定和实现。

交往展现出世界性质，历史转向世界历史是人类社会发展铁律，也是生产力进步、交往扩大以及分工细化的产物。在马克思、恩格斯看来，大工业"首次开创了世界历史，因为它使每个文明国家以及这些国家中的每一个人的需要的满足都依赖于整个世界，因为它消灭了各国以往自然形成的闭关自守的状态"①。随着交往的普遍发展，"各个相互影响的活动范围在这个发展进程中越是扩大，各民族的原始封闭状态由于日益完善的生产方式、交往以及因交往而自然形成的不同民族之间的分工消灭得越是彻底，历史也就越是成为世界历史"②。而且这一转变并非神或是人的意志所主宰的，本质上是由物质事实所决定，表现出客观的历史变化规律和发展趋势。"历史向世界历史的转变，不是'自我意识'、世界精神或者某个形而上学幽灵的某种纯粹的抽象行动，而是完全物质的、可以通过经验证明的行动，每一个过着实际生活的、需要吃、喝、穿的个人都可以证明这种行动。"③资本主义大工业和生产方式及其交往极大地推动着这一进程，使得世界范围的经济联系逐渐建立，生产力获得了前所未有的发展，但是资本主义发展所造就的世界历史并非完整意义上的世界历史。因为在资本主义世界历史时代，交往于人来说，还不是自主自由自觉的交往。"单个人随着自己的

---

① 《马克思恩格斯文集》第1卷，人民出版社，2009，第566页。
② 《马克思恩格斯文集》第1卷，人民出版社，2009，第540~541页。
③ 《马克思恩格斯文集》第1卷，人民出版社，2009，第541页。

活动扩大为世界历史性的活动，越来越受到对他们来说是异己的力量的支配（他们把这种压迫想象为所谓世界精神等等的圈套），受到日益扩大的、归根结底表现为世界市场的力量的支配。"①

在世界历史时代，资本主义不断向全球扩张，主导着世界交往的发展。然而也正是在资本主义主导的世界交往过程中，资本主义国家之间、资本主义国家同所属殖民地之间、无产阶级和资产阶级之间以及资本主义制度和社会主义制度之间的多重关系相互叠加，形成了复杂的社交网络。其一，就资本主义在国际交往中的主动权和优势地位来说，它在开创了伟大的世界历史时代的同时也造就了极度不平等的"中心—依附"式交往结构。正如马克思在《资本论》当中提出的，正是资本主义大工业的迅速发展和机器生产的广泛应用，"一种与机器生产中心相适应的新的国际分工产生了，它使地球的一部分转变为主要从事农业的生产地区，以服务于另一部分主要从事工业的生产地区"②。在这种经济交往关系当中，总是"处在有利条件下的国家，在交换中以较少的劳动换回较多的劳动"③。资本主义发展到今天，这种资本逻辑并没有发生根本性的变化，反而使得世界贫富差距不断扩大，全球范围内资本主义的固有矛盾不断加剧。由此导致西方发达资本主义国家的国家利益和大众利益必须服从于资本利益，这是资本主义之所以陷入巨大危机的根本所在。在文化上，资产阶级在向世界扩张的过程中也在对外宣扬资本主义制度文化和价值观念。正如《共产党宣言》指出："资产阶级在它已经取得了统治的地方把一切封建的、宗法的和田园诗般的关系都破坏了。"④ 代替它们的是资本主义的自由主义和利己主义价值观念，西方发达资本主义国家置人类文明平等多样的基本原则于不顾，极力鼓吹"西方中心论"，强制要求所有民族和国家推行西方文明制度，从而"使未开化和半开化的国家从属于文明的国家，使农民的民族从属于资产阶级的民族，使东方从属于西方"⑤。如今，这些国家依旧秉持一种文明的优越感，轻视、歧视异族文化，掀起"禁穆""排犹"和"反犹"的文化排外主义

① 《马克思恩格斯文集》第 1 卷，人民出版社，2009，第 541 页。
② 《马克思恩格斯全集》第 42 卷，人民出版社，2016，第 466 页。
③ 《马克思恩格斯文集》第 7 卷，人民出版社，2009，第 265 页。
④ 《马克思恩格斯文集》第 2 卷，人民出版社，2009，第 33~34 页。
⑤ 《马克思恩格斯文集》第 2 卷，人民出版社，2009，第 36 页。

运动,使得个别极端主义分子采取异常激进的手段去制造暴力事件乃至恐怖袭击,进而引发更大的社会恐慌,正是这种恶性循环使得民族仇恨持续加深,暴力争端和战争冲突不断发生。

其二,马克思在肯定资产阶级开创了世界历史的同时,也提到资本主义国家在交往过程中产生的矛盾,以及由此带来的不平衡发展。例如,马克思在剖析东方问题以及探寻克里木战争产生原因时,立足于英国、俄国和法国的现实状况,根据唯物史观中关于社会基本矛盾的重要理论,明确指出东方问题以及克里木战争是资本主义发展过程中各资本主义国家之间矛盾冲突的产物,是欧洲资本主义大国为了最大限度地争夺经济、政治利益而进行的实力较量和地位重置。回顾历史,第一次世界大战实质上是大国间抢夺弱国财富资源的非正义战争。在第一次世界大战爆发前,老牌帝国主义国家已将殖民地瓜分完毕,然而美国、德国、日本等迅速崛起的国家认为既有殖民地范围与自身实力不符,需要对其重新划分,导致第一次世界大战的爆发。资本主义基本矛盾和掠夺本质决定了他们必须争夺殖民地和市场资源。现如今,殖民地已基本实现了独立,然而帝国主义国家之间为了获取有利的战略位置和丰富的资源能源也会相互较劲,大国之间的政治博弈引发了地区战争和民族争端,2011年的叙利亚危机、2013年的乌克兰冲突、2022年的俄乌冲突就是明证。由此可见,列宁关于帝国主义战争的理论仍未过时,资本以及随之而来的利益争夺战"归根到底是大国为了在经济上和政治上瓜分世界而斗争"①。

其三,马克思还分析了世界历史时代的阶级结构特点,即资本主义与社会主义长期共存,资产阶级与无产阶级持续斗争。"大工业使所有文明国家的社会发展得不相上下,以致无论在什么地方,资产阶级和无产阶级都成了社会上两个起决定作用的阶级,它们之间的斗争成了我们这一时代的主要斗争。"② 无产阶级和资产阶级的矛盾长期存在,并且在经济处于颓势时,这种矛盾被扩大和激化。资产阶级便通过掀起民族主义浪潮来转移这种矛盾,分化国际共产主义革命运动。这些国家刻意渲染意识形态差异、构筑意识形态铁幕、深挖冷战思维陷阱,企图通过转移国内矛盾来维护政

---

① 《列宁全集》第27卷,人民出版社,2017,第398页。
② 《马克思恩格斯全集》第4卷,人民出版社,1958,第368~369页。

治私利。在当代社会，资本主义对社会主义的战争威胁不完全源自对社会主义力量颠覆资本主义的担忧，在更大程度上是为了限制社会主义国家的发展。

由此可见，资本的本性使得国际资本相互争夺和对异族进行掠夺，普遍交往则为资本在全球范围的侵占和掠夺提供了便利。这种立于资本之上的交往方式在跨越资本的界限不断占领世界市场的同时也在为自身设障，生动展现了资本主义生产关系同生产力这一社会基本矛盾。而这一矛盾无法在资本主义制度范围内解决，唯有使社会化的个人紧密团结，收回被资本所垄断的社会权力，真正迈入"自由人的联合体"才能得以解决，这同样取决于把世界范围内的交往发展到最大限度，取决于世界各国经济现代化的发展过程。如果说孤立和封闭是前资本主义的基本特征，那么，由于资本主义生产方式的出现，孤立的民族创造史才宣告结束，历史真正成为世界历史。由于资本主义将每一个民族都拉进了这个世界历史新征程，才由此创造了以往所有时代都无法比拟的巨大的生产力。马克思、恩格斯从人类社会的生产发展和交往扩大出发，认为资本在全世界的扩张客观上造就了加速发展的世界性生产力，这为新世界奠定了物质基础。共产主义是在支配资本主义时代所创造的世界文明成果的基础上建立起来的，他们指出："共产主义只有作为占统治地位的各民族'一下子'同时发生的行动，在经验上才是可能的，而这是以生产力的普遍发展和与此相联系的世界交往为前提的。"① 虽然，社会主义的历史实践没有如马克思所设想的在几个工业先进国同时胜利。但是，马克思主义理论创始人在此揭示了一个根本性原则，即共产主义的胜利要以生产力的高度发达和世界的普遍交往作为前提条件②。

随着交往的普遍发展和全球化的深入推进，资本逻辑的局限性日益凸显，现行的国际交往形式亟须更替，"已成为桎梏的旧交往形式被适应于比较发达的生产力，因而也适应于进步的个人自主活动方式的新交往形式所代替；新的交往形式又会成为桎梏，然后又为另一种交往形式所代替"③。

① 《马克思恩格斯文集》第1卷，人民出版社，2009，第538～539页。
② 栾文莲：《交往与市场：马克思交往理论研究》，社会科学文献出版社，2000，第230页。
③ 《马克思恩格斯文集》第1卷，人民出版社，2009，第575～576页。

当下，逆全球化思潮愈演愈烈，有些国家试图通过避免交往来维护本国私利，通过单边主义、保护主义来挽救日渐式微的霸主地位。然而，面对共同的危机，"没有哪个国家能够独自应对人类面临的各种挑战，也没有哪个国家能够退回到自我封闭的孤岛"①，试图通过减少交往来规避风险和冲突的行为纯属因噎废食。世界的普遍交往呼唤新思想的正确指引，马克思历史唯物主义为我们提供了认识世界和改造世界的思想武器。马克思指出："交往的任何扩大都会消灭地域性的共产主义"②，只有到了共产主义社会才能实现人们的普遍交往，历史才真正成为世界历史，交往才真正具有了世界性质。世界各国之间交往的扩大是一种社会必然，像逆经济全球化潮流、政治霸权主义、文化帝国主义等与之相逆的行为都是对世界历史规律、人类社会发展规律的背离。为此，必须不断深化国际交往，通过人类命运共同体的建构之路实现对西方单一中心发展道路的超越，指引人类从"必然王国"走向"自由王国"，真正实现人的自由而全面的发展。

如今，世界随着交往的深入发展和持续扩展而紧密相连，人类因共同面临的危机和挑战而紧紧相拥，无论在经济发展与合作、政治交往与对话、文化交流与互动，还是在应对贫穷问题和人道危机、恐怖主义和核扩散威胁、重大传染性疾病传播和全球环境危机等方面，各个国家和地区的人民越来越表露出共同合作的意愿和诉求。人类面对这些无法在单一国家和地区解决的实际问题只能寄希望于国际合作，作为一种理想愿景的人类命运共同体也具备了实现的必要性与可能性基础。由此可见，交往不仅是构建人类命运共同体的前提也是手段，人类命运共同体这一伟大设想的实现离不开交往主体、交往内容和交往方式的变革与创新。

其一，在交往主体方面，构建人类命运共同体必须从"主体-客体"转向"主体-主体"的立场。从马克思主义认识论出发，"主体-客体"的认知模式诞生于人类认识世界和改造世界的对象性活动。在这些活动当中，人类主要和"物"这一客体进行交往，"主体-客体"的认知模式主要用于把握客观事物、掌握客观规律。但是，在"人"与"人"的交往过程中，这种认知模式极易产生自我中心主义的窠臼，而"主体-主体"的交往模式

---

① 《习近平谈治国理政》第 3 卷，外文出版社，2020，第 46 页。
② 《马克思恩格斯文集》第 1 卷，人民出版社，2009，第 538 页。

可以克服这一弊病，实现各国、各族、各地区之间的平等交往。人类命运共同体理念极为重视打破世界各国交往的旧模式和旧藩篱，反对非此即彼、零和博弈、弱肉强食的资本主义守旧思维，倡导合作共赢、互信互利、共同发展的新发展观。恩格斯指出："只有在平等者之间才有可能进行国际合作。"① 如今，以美国为代表的西方发达资本主义国家秉持单边主义的外交原则，在世界范围为肆意挑起贸易争端，并常常以捍卫人道主义和宣扬"价值观"的名义干涉别国内政，不仅降低了自身的国际信誉，而且被曾经的合作伙伴所抛弃。因此，国际交往必须以民族国家之间的平等地位为基础，在尊重对方主权和领土完整，不侵犯、不干涉他国内政的前提下，深化利益交汇点，推进国与国之间的协调与合作，以此推动国际关系朝着开放、包容、普惠、平衡、共赢的方向发展。

值得注意的是，马克思认为真正平等的交往能否实现还与社会对于少数、弱小的民族或国家的态度有关。早在19世纪40年代，马克思、恩格斯就表现出了尊重各民族不同特性的价值取向，在《神圣家族》中曾指出，"古往今来每个民族都在某些方面优越于其他民族"②，批评民族偏见和民族优越感是极具威胁性的"大规模的利己主义"。而到了1913年，列宁明确谈道："保障少数民族权利同完全平等的原则是分不开的。"③ 作为贯彻对于少数民族实行完全平等政策的延续，斯大林也提出，由于各民族处于不同的社会发展阶段，在经济文化生活方面存在极大差距，因此，落后民族的劳动群众没有力量像先进民族的劳动群众那样享有"民族权利平等"给他们的权利，出现了"事实上不平等"的问题④。在马克思主义经典作家的理论中，民族平等并非一种貌似公正的"对等"的关系，而是需要"大民族""压迫民族"做出"让步"和以对自己的"不平等"给予少数民族和原来的被压迫民族以"补偿"方能建立的关系；是需要对落后民族给予真诚而长期的帮助，以消除"事实上的不平等"方能建立和维持的关系。由此可见，"主体-主体"的交往模式所要实现的平等，不仅是各民族国家之间互

---

① 《马克思恩格斯文集》第10卷，人民出版社，2009，第472页。
② 中国社会科学院民族研究所编《马克思恩格斯论民族问题》（上），民族出版社，1987，第376页。
③ 《列宁选集》第2卷，人民出版社，2012，第355页。
④ 参见《斯大林全集》第5卷，人民出版社，1955，第35页。

相尊重、平等相待、共同发展，而且需要西方发达国家主动承担大国责任，努力帮助发展中国家的发展，以此展现"事实上的平等"。

其二，在交往内容方面，中国共产党人倡导"各国人民同心协力，构建人类命运共同体，建设持久和平、普遍安全、共同繁荣、开放包容、清洁美丽的世界"①。由此也可以看出，人类命运共同体理念所提倡的国际社会普遍交往涉及经济、政治、文化、安全和生态等多个领域，极大地提升了交往的广度和深度。在政治上，要建立平等相待、互商互谅的伙伴关系，矫正霸权主义思维，摒弃制度模式偏见，超越意识形态藩篱，开启多边主义道路，实现政治上的相互尊重和平等协商，创造共有、共治、共享的世界；在经济上，谋求开放创新、包容互惠的发展前景，不断扩大同各国的利益交汇点，主动超越绝对国家主义的桎梏和藩篱，互惠互利、共生共赢、相得益彰，努力实现双赢、多赢、共赢，打造利益共同体；在文化上，促进和而不同、兼收并蓄的文明交流，互尊互鉴、互学互促，以文明交流超越文明隔阂、文明互鉴超越文明冲突、文明共存超越文明优越，摒弃一切傲慢与偏见，实现各国文化的共同发展和共同繁荣；在安全上，营造公道正义、共建共享的安全格局，贯彻整体安全观，不断扩大合作领域、创新合作方式，反对以邻为壑、损人利己，反对为一己之私挑起事端、激化矛盾，共同维护和平发展大局；在生态上，构筑尊崇自然、绿色发展的生态体系，各国主动承担生态责任，努力达成全面、有效且能获得普遍遵守的生态保护协议，构建和强化全球生态治理的伙伴关系，打造生态共同体。

值得注意的是，随着世界市场的不断扩张，资本主义背景下的交往在很大程度上服务于政治目的，致力于"使未开化和半开化的国家从属于文明的国家"②，它们以建立世界经济共同体的名义，实际上却是要建立一个意识形态和文化价值观上具有高度同质性的资本主义世界。以美国为首的一些西方发达资本主义国家极力鼓吹"西方中心论"，顽固坚守文化殖民主义和文化排外主义，不仅触发了其他国家的反抗情绪，导致恐怖主义威胁不断加深，而且造成国际局势动荡、阻碍多元文化共生发展。人类命运共

---

① 习近平：《决胜全面建成小康社会 夺取新时代中国特色社会主义伟大胜利——在中国共产党第十九次全国代表大会上的报告》，人民出版社，2017，第58~59页。

② 《马克思恩格斯文集》第2卷，人民出版社，2009，第36页。

同体理念所蕴含的交往观具有开创性和包容性的特点，其生长点是"求同存异"，既承认各国在政治、经济、文化等领域的差异，又说明人类为了同一个目标，具有共识基础。马克思、恩格斯认为，世界各族文化之间，没有贵贱优劣之分，都为人类文明进步作出了不可替代的贡献，"直到现在每个民族同另一个民族相比都具有某种优点。但是，如果批判的预言是正确的，那么任何一个民族同另一个民族相比都将不会具有某种长处"①。人类命运共同体理念强调不同文明之间的平等交流对话，以文明交流互鉴替代文明对抗冲突，以"和而不同"替代"西方中心主义"，为不同文明的相互交往提供一种新的思路。

其三，在交往方式方面，人类命运共同体理念主张共商共建共享的交往方式。共商共建共享的交往方式传承了中华和合文化，是中国针对逆经济全球化潮流提出的应对方案。"共"是这一理念的核心价值和关键字，习近平强调："世界命运应该由各国共同掌握，国际规则应该由各国共同书写，全球事务应该由各国共同治理，发展成果应该由各国共同分享。"② 推动实现全球经济治理体系变革离不开各国的共同努力，唯有秉持共商共建共享的基本理念，才能凝聚各方共识、汇集各国力量、构筑美好蓝图。在共商方面，习近平强调："变革过程应该体现平等、开放、透明、包容精神，提高发展中国家代表性和发言权，遇到分歧应该通过协商解决，不能搞小圈子，不能强加于人。"③ 必须不断增强发展中国家在国际舞台上的代表性，提高欠发达国家在国际事务处理过程中的发言权，推进全球治理规则的民主化和法治化，使改革后的全球治理体系能够反映大多数国家的意愿和利益。在共建方面，习近平强调："坚定维护以联合国宪章宗旨和原则为核心的国际秩序和国际体系，"④ 积极推动全球治理体系朝着更加公正合理的方向发展。中国强调要在充分发挥大国作用的同时，竭力激发中小国家发展活力，使更多的国家可以参与到全球治理体系的建设和完善过程中，并且不断强化同各国政党、政府组织乃至社会机构的合作，进一步巩固完

① 《马克思恩格斯文集》第1卷，人民出版社，2009，第354页。
② 《习近平谈治国理政》第2卷，外文出版社，2017，第540页。
③ 苏长和：《坚持共商共建共享的全球治理观》，《人民日报》2019年3月27日。
④ 习近平：《开放共创繁荣 创新引领未来：在博鳌亚洲论坛2018年年会开幕式上的主旨演讲》，人民出版社，2018，第8页。

善全球治理体系建设的体制机制基础。中国相继提出建设"一带一路"以及筹建亚洲基础设施投资银行等一系列重大对外合作构想，为各方提供更多公共产品，扩大各方利益交汇点。经济发展已非一国的独角戏，实现世界经济共荣需要各国正面外溢效应的发挥。要坚持以本国进步助力亚洲崛起，再以亚洲繁荣牵引全球经济复苏，实现世界各国的共生共荣，而这正是"一带一路"和亚投行所致力实现的重要目标。在共享方面，习近平强调："各国和各国人民应该共同享受发展成果。每个国家在谋求自身发展的同时，要积极促进其他各国共同发展。世界长期发展不可能建立在一批国家越来越富裕而另一批国家却长期贫穷落后的基础之上。只有各国共同发展了，世界才能更好发展。"① 得道多助，失道寡助。历史和实践告诉我们，当国与国交往过程中所体现的共商共建共享的理念更多，国际关系以及国际秩序也就更为稳固；当国与国交往中所展现的丛林法则、零和博弈、冷战思维更多，国际关系和国际秩序也会充斥着冲突和对抗。当今世界不稳定性不确定性突出，各种国际问题缠绕交织，民族国家之间摩擦不断，使得共商共建共享的全球治理观成为破解国际治理难题的有效途径。

总之，马克思的交往理论是人类命运共同体理念的理论遵循，人类命运共同体理念是马克思交往理论的新时代发展。世界交往的不断深化必然推动人类走上人类命运共同体的发展道路，这既是人类交往日益密切的逻辑必然，也是对世界交往理论和人类命运共同体构建实践关系的动态呈现。人类命运共同体理念的提出对交往主体、交往内容和交往方式进行了创造性发展和现代化革新，其所展现出的人类理想世界发展状态及其内部所呈现的人与人之间和谐交往的生存形态，是人民对美好生活向往的重要体现，也是"自由人的联合体"的当代呈现。

二 世界分工与人类命运共同体的现实表态

在历史唯物主义视域中，分工对于推动生产力的发展和历史的进步起到了关键的作用。然而，国际分工在深刻改变社会面貌和深化民族国家交往的同时也带来了落后国家对先进国家的依附，东方对西方的附属，成为造成世界贫富差距难以弥合的根源所在。如今，西方发达资本主义国家为

---

① 《习近平谈治国理政》，外文出版社，2014，第 273 页。

了维护既得利益不断强化现有分工，而新兴国家和发展中国家希望改变这种传统的分工方式，重新调整利益分配，这使得双方之间的矛盾不断激化，为国际社会的和平局势埋下了隐患。人类命运共同体理念从促进全人类的共同发展出发，致力于打破旧式的国际政治经济秩序，改变以西方为中心的国际格局，促进世界分工结构和利益分配方式的优化，使人们在各个领域日渐平等，继而实现社会的公义。

分工理论是马克思历史唯物主义的重要理论基础，同时也是探索人类社会发展规律的有效理论路径，在马克思的诸多理论成果中占据着至关重要的地位。分工既是社会活动的组织形式，也是推动生产力发展进步的关键环节，它连接和支撑着社会发展的矛盾运动，也导致了众多社会矛盾的产生。人的类本质属性决定了人的实践活动绝非单纯的个体性劳动，而是一种社会性的劳动，这便是"分工"。人们在社会生产中的分工体现了双重关系，既有人与物（自然）的关系，又有人与人的关系，分工一方面表明人与物的关系：人的要素和物的要素在生产发展的不同历史阶段如何分化组合，另一方面表现出人与人的关系——协作，以及在不同的分工合作结构中体现的人与人之间不同的生产关系。分工从诞生之初就是与私有制相伴而生的，"分工的各个不同发展阶段，同时也就是所有制的各种不同形式"①。而分工本身又体现生产力的发展水平，马克思、恩格斯说："一个民族的生产力发展的水平，最明显地表现于该民族分工的发展程度。"② 并且，"任何新的生产力都会引起分工的进一步发展，因为它不仅仅是现有生产力的量的增加（例如开垦新的土地）"③。可见，分工与生产力发展息息相关。一方面，生产力的每一重大进步都会引起分工的发展；另一方面，分工本身也构成了生产力发展的必要手段或条件，且建立在分工基础上的交往也会影响生产力的发展。因而，分工决定个人活动的界限。

分工分为国内分工和国际分工。国内分工是指由于生产方式、地理环境、劳动习惯等因素的制约，人们长期以来在一国或者地区范围内逐渐形成的分工现象。随着机器工业发展和资本主义市场的开辟，国内分工向国

① 《马克思恩格斯文集》第1卷，人民出版社，2009，第521页。
② 《马克思恩格斯文集》第1卷，人民出版社，2009，第520页。
③ 《马克思恩格斯全集》第3卷，人民出版社，1960，第24页。

际分工迈进，越来越多的国家和地区卷入资本主义的国际分工体系之中。马克思曾指出："机器发明之后分工有了巨大的进步……从前结合在一个家庭里的织布工人和纺纱工人被机器分开了。由于有了机器，现在纺纱工人可以住在英国，而织布工人却住在东印度。在机器发明以前，一个国家的工业主要是用本地原料来加工。例如：英国加工的是羊毛，德国加工的是麻，法国加工的是丝和麻，东印度和黎凡特加工的则是棉花等等。由于机器和蒸汽的应用，分工的规模已使脱离了本国基地的大工业完全依赖于世界市场、国际交换和国际分工。"① 大工业使竞争普遍化了，从而"首次开创了世界历史，因为它使每个文明国家以及这些国家中的每一个人的需要的满足都依赖于整个世界，因为它消灭了以往自然形成的各国的孤立状态。它使自然科学从属于资本，并使分工丧失了自然性质的最后一点痕迹"②。

由此可见，分工在促进社会发展过程中起到了重要作用。马克思在《1844 年经济学哲学手稿》中指出："分工提高劳动的生产力，增加社会的财富，促使社会精美完善"③，强调合理的分工能够实现劳动力的优化配置，继而极大地推动生产力的发展和社会财富的增加。马克思在《哲学的贫困》中指出："生产工具的积聚和分工是彼此不可分割的，……正因为这样，机械方面的每一次重大发展都使分工加剧，而每一次分工的加剧也同样引起机械方面的新发明"④，认为分工不仅能够最大限度地提升劳动者的生产能力，并且能够进一步推动劳动工具的更新和生产范围的扩张。此外，马克思还从物质力量、生产效率、生产经验等诸多方面进一步论述了分工的重要价值，他指出正是分工的飞速发展，使得劳动者能够迅速积累物质财富，扩展自由时间，为人的自由而全面发展奠定了坚实的物质基础。

然而，分工在推动社会向前发展的同时也阻碍着生产力的发展，一方面，私有制下的分工成为阻碍人类自由而全面发展的障碍，另一方面，资本主义背景下的国际分工只是为了"使未开化和半开化的国家从属于文明的国家，使农民的民族从属于资产阶级的民族，使东方从属于西方"⑤。资

---

① 《马克思恩格斯文集》第 1 卷，人民出版社，2009，第 627 页。
② 《马克思恩格斯全集》第 3 卷，人民出版社，1960，第 67~68 页。
③ 《马克思恩格斯文集》第 1 卷，人民出版社，2009，第 123 页。
④ 《马克思恩格斯文集》第 1 卷，人民出版社，2009，第 626~627 页。
⑤ 《马克思恩格斯文集》第 2 卷，人民出版社，2009，第 36 页。

本主义的本性在于资本扩张和利润积累，为此，资本主义需要持续不断地开辟新的市场、探寻资本——利润转化的崭新机制。在资本扩张与帝国主义统治背景下，世界被分成"中心"与"外围"的双重格局，这种划分使得不同国家在国际分工中所居位置各不相同，并造就了世界格局中的控制与依附关系。马克思在《资本论》第一版序言中曾说过，我们"不仅苦于资本主义生产的发展，而且苦于资本主义生产的不发展。除了现代的灾难而外，压迫着我们的还有许多遗留下来的灾难，这些灾难的产生，是由于古老的陈旧的生产方式以及伴随着它们的过时的社会关系和政治关系还在苟延残喘。不仅活人使我们受苦，而且死人也使我们受苦。死人抓住活人！"[1]

马克思剖析分工并非仅仅为了对其进行一种事实上的描述，更多的是为了通过分工来揭示资本主义社会的固有矛盾，进而表明国际关系形成发展的内在逻辑和深刻根源。西方帝国主义腐朽的生产方式和掠夺式的对外策略至今仍影响着国际局势走向与经济社会发展，发展中国家虽遭受着西方的严重剥削，但是为了本国现代化发展，追赶上西方发达资本主义国家，又不得不让资本的触角伸入腹地，使自身融入资本全球化的浪潮之中。马克思对此指出："只要分工还不是出于自愿，而是自然形成的，那么人本身的活动对人来说就成为一种异己的、同他对立的力量，这种力量压迫着人，而不是人驾驭着这种力量。"[2] 这种观点不仅适用于在分工过程中被异化的个人，而且也可用来分析在这一过程中被异化的民族和国家。在参与国际分工的过程中，对于任何一个国家，尤其是身处弱势地位的国家来说，这种异化的状态不仅长期存在且难以改变。这种异化集中表现为参与国际分工的每一个国家都有着属于自身的生产范围，而这个范围由该国的生产力水平、经济实力以及国际地位等共同决定。由此可见，分工并非依据自身意愿作出的选择，相反是"被迫"的。为了维护自身的利益和地位，各国必须限制自身生产范围，因而极大地限制了他们，尤其是相对落后国家的经济发展。分工的不平等直接导致了分配的不平等，而分配差异的不断扩大也会进一步导致贫富差距和两极分化。这种经济上的不平等也引发了政

---

[1] 《马克思恩格斯文集》第 5 卷，人民出版社，2009，第 9 页。
[2] 《马克思恩格斯文集》第 1 卷，人民出版社，2009，第 537 页。

治、文化、生态等领域的不平等。由于资本主义大工业机器生产的推行，"一种和机器生产中心相适应的新的国际分工产生了，它使地球的一部分成为主要从事农业的生产地区，以服务于另一部分主要从事工业的生产地区"①。而且，在这样的经济交往关系中，总是"处在有利条件下的国家，在交换中以较少的劳动换回较多的劳动"②。

过去，市场的扩张基于不断探寻未知的新世界，继而通过侵略、掠夺、屠杀等暴力手段直接搜刮财富，这导致资源与商品之间的单向流动，在资源向中心流入的同时商品向外围输出。发达国家虽是全球化的重要推动者，但并非全球利益上的共享者，为了尽可能地攫取资本扩张所获得的最大利润，它们赋予国家以民族色彩，提防利益流失的同时维护垄断。美国金融投机家乔治·索罗斯曾说："我们可以把资本主义体系比作一个帝国……它也有中心地区和边缘地区之分。中心地区往往以边缘地区的牺牲为代价来获取利益。更重要的，全球资本主义具有扩张主义倾向。它一味追求征服，绝不是寻找一个均衡状态。只要还存在着没有被纳入该体系的市场和资源，它的扩张就不会停下来。""中心地区是资本的供给者，边缘地区是资本的使用者。中心地区也是领导者，创造者和信息交换中心，其最重要的特征是它不仅控制着自己的经济政策，同时还掌握着边缘地区的经济命脉"③。实质上，资本主义利用它们的资本和技术优势不断对外扩张，资本主义全球化的过程使得资本流向世界，利润流向西方，而不是使利润比较均衡地分布于全世界。在这一过程中，多数的发展中国家因其综合实力远低于发达国家，只能成为世界经济体系中脆弱的一环，成为被积累的对象。这些国家不仅在经济上从属于发达国家，而且在政治上也成为发达国家的附庸。所以说，"'全球化'不能掩盖和代替国际政治中的以强凌弱以及霸权主义，国际政治从来都是'强权政治'"④。

分工并非从来就有，但也不会永恒存在，它是一个历史范畴，是生产

---

① 《马克思恩格斯全集》第23卷，人民出版社，1972，第494~495页。
② 马克思：《资本论》第3卷，人民出版社，1975，第265页。
③ 〔美〕乔治·索罗斯：《开放社会：改革全球资本主义》，王宇译，商务印书馆，2001，第188~190页。
④ 资中筠主编《冷眼向洋：百年风云启示录》（下），生活·读书·新知三联书店，2000，第366页。

力发展到一定阶段的产物，"旧式分工"不会永远存在，它必将被"新式分工"所取代。随着"旧式分工"逐渐地退出历史舞台，"新式分工"将成为未来社会的基本劳动形式。当代，这种历史的转变是由生产力的发展作为前提的。正如马克思指出的："消灭分工的共产主义革命……并不是和'社会天才的发明才干所创造的那些社会机构'相适应，而是和生产力相适应的。"① 在以往的分工思想中，人始终被看作历史的客体，而非主体。马克思分工理论所谈及的人是社会的人，他们把人放在物质生产实践活动当中去考察。他说："实际上，而且对实践的唯物主义者即共产主义者来说，全部问题都在于使现存世界革命化，实际地反对并改变现存的事物。"② 也正因为如此，马克思主义哲学被看成一种实践哲学，不仅真正实现了"解释世界"同"改变世界"相统一，而且以"改变世界"为价值旨归，可被看成是一种人类解放哲学。正如有学者指出的，"尽管我们不可能消灭分工，但我们却可以通过发展社会生产力和建立公正的制度，不断地削弱分工对人的支配和限制，扩大人的自由度，使人们在政治、法律和经济上越来越平等，从而实现社会的公义"③。

当前，阻碍社会发展和世界进步的一个重要因素便是分工结构和利益分配的固化。西方发达资本主义国家靠着财富积累、政策主导和话语地位在国际分工中占尽优势，现有国际分工和政治秩序主要是以西方价值观为主导建立的，坚持的是以西方为中心的双重标准，"即以西方的民主标准判断国际行为的合法性，以西方的人权观为制定国际规范的原则，以西方的自由市场经济原则指导国际经济规则的改革"④。这种建立在以西方为中心的双重标准上的国际秩序，难以体现世界多极化的发展要求和时代需要，制约着新兴国家的发展和国际问题的解决。与此同时，随着经济全球化的发展和现代科学技术的进步，发展中国家逐步积累了相当的物资资源，初步形成了本国的经济社会基础，开始作为独立主体站稳世界舞台，他们既有着强烈的发展愿望，也有着充足的资源力量，不愿仅仅扮演"被支配者"角色，而是渴望平等地参与经济全球化进程。面对不再顺从的合作伙伴，

① 《马克思恩格斯全集》第3卷，人民出版社，2002，第442页。
② 《马克思恩格斯文集》第1卷，人民出版社，2009，第527页。
③ 王虎学：《马克思分工思想研究》，中央编译出版社，2012，第386页。
④ 闫学通：《无序体系中的国际秩序》，《国际政治科学》2016年第1期。

西方发达资本主义国家往往采取经济、政治甚至军事的手段施压，使得地区冲突频仍、恐怖主义事件频发、难民背井离乡，世界充满不安。

在马克思看来，合理的分工能够提升个人的社会化水平和社会的生产力效能，以此不断地积累社会财富，助推整个社会的发展进步。早在《1844年经济学哲学手稿》中，马克思就曾指出，与带有地域的和政治的偏见不同，资本"必然要在它的世界发展过程中达到它的抽象的即纯粹的表现"①，"只有这时私有财产才能完成它对人的统治，并以最普遍的形式成为世界历史性的力量"②。马克思、恩格斯从人的历史转变为世界历史的角度出发，指出自发的"旧式分工"消灭得越彻底，人类就越是能够超越地域的、民族的界限，从而实现向世界历史的转变。他们还提出只有消灭落后国家和发达国家之间旧的、不合理的分工，才能保护落后国家创造的生产力。他对分工的深刻剖析和科学预见为认识和解决包括国际分工在内的全球化进程中出现的各种问题提供了重要启迪，使得人类命运共同体成为优化国际分工、完善利益分配，在打破旧秩序基础上建立新秩序的必然选择。如今，国际社会在全球化的作用下变得高度依存，而这种依存关系是以相互尊重、平等合作为基本前提的。在习近平总书记看来，依存而不依附，独立而不独占，是达成一致共识、实现合作共赢的基本要求。为此，党的十九大报告提出推动建设相互尊重、公平正义、合作共赢的新型国际关系。新型国际关系以尊重各国选择自身发展道路的自由为前提，坚持以对话解决争端、以协商化解分歧，不搞小圈子，不强加于人，在反抗霸权主义、强权政治的同时统筹兼顾各方利益，在促进自身发展的同时重视人类的共同发展，不断推进全球治理规则的民主化和法治化，不断强化民族国家之间的协调与合作，不断助力国际体系和国际秩序的改革完善。这种改革完善的核心在于改变国际体系当中不公正、不合理、不恰当的秩序安排，推动实现各民族国家在国际交往过程中的权利、机会和规则平等，使当今世界的国际体系和国际秩序向着更加公正合理的方向发展。特别是要增强发展中国家在国际舞台上的代表性，提高欠发达国家在国际事务处理过程中的发言权，使改革后的国际分工体系能够反映大多数国家的意愿和利益。

① 《马克思恩格斯全集》第3卷，人民出版社，2002，第288页。
② 《马克思恩格斯全集》第3卷，人民出版社，2002，第293页。

具体行动上要推动 G20、金砖国家、东南亚国家联盟等国际合作机制的发展，通过"一带一路"和全球伙伴关系网络建设的平台，解决世界发展不平衡不充分的问题，切实推动经济全球化朝着更加开放、包容、普惠、平衡、共赢的方向发展。

值得注意的是，当今世界各国在综合国力和发展水平上千差万别，要打破"旧式分工"就必须揭穿西方大国所鼓吹的各国责任相同，实现马克思的实质平等。在马克思看来，民族平等能否实现与社会对于少数民族和弱小民族的态度密切相关。马克思、恩格斯早在 19 世纪 40 年代就表达了尊重各民族不同特性的价值取向，在《神圣家族》中指出，"古往今来每个民族都在某些方面优越于其他民族"[1]，在《英国工人阶级状况》中批评民族偏见和民族优越感是极具威胁性的"大规模的利己主义"[2]。而到了 1913年，列宁就明确谈道："保障少数民族权利同完全平等的原则是分不开的。"[3] 作为贯彻对于少数民族实行完全平等政策的延续，斯大林也提出："由于文化较发达的民族和文化不大发达的民族之间还存着旧的资产阶级制度遗留下来的事实上的不平等（文化的、经济的、政治的），民族问题就具有一种形式，这种形式要求规定一些措施来帮助各落后民族和部族的劳动群众在经济、政治和文化上繁荣起来，使他们有可能赶上走在前面的无产阶级的俄国中部。"[4] 为此，要实现真正意义上的平等，大国理应为推动世界向着和平、稳定和繁荣的方向发展承担更多的责任，作出更大的贡献。事实上，大国在承担其重要责任的同时也会提升自身的影响力和国际地位。然而，这并非意味着大国便可不顾他国利益和意愿来主宰整个世界，习近平就曾指出："作为大国，意味着对地区和世界和平与发展的更大责任，而不是对地区和国际事务的更大垄断。"[5] 由此可见，大国必须要清楚自身的责任义务和权利界限，在国际分工中充分发挥独特功用，承担起自身的重要责任。

---

[1] 中国社会科学院民族研究所编《马克思恩格斯论民族问题》（上），民族出版社，1987，第 376 页。

[2] 《马克思恩格斯文集》第 1 卷，人民出版社，2009，第 383 页。

[3] 《列宁选集》第 2 卷，人民出版社，2012，第 355 页。

[4] 《斯大林全集》第 5 卷，人民出版社，1955，第 35 页。

[5] 习近平：《迈向命运共同体 开创亚洲新未来——在博鳌亚洲论坛 2015 年年会上的主旨演讲》，《人民日报》2015 年 3 月 29 日。

面对全球生态危机强大而持续的威胁，人类纷纷意识到加强生态治理已成为当务之急，然而，在关于治理责任和义务的分担问题上，各民族国家之间却迟迟不能达成共识，主要原因还在于西方发达资本主义国家不仅不愿承担自身的责任和义务，还不断将生态责任推卸给广大的发展中国家。为此，要积极响应并贯彻联合国所倡导的"共同但有区别的责任"原则，不仅每个国家都应自觉承担起保护环境和改善生态的责任，还倡导根据各国所处的历史阶段和发展水平，分派具有差异化的治理责任和义务。各国政府，特别是西方发达资本主义国家的政府要不断超越民族利己主义的思想束缚，正视人类共同命运问题，为改善地球环境加强国际合作。

总之，在全球化时代，"随着社会生产力的不断发展和人类对公平、公正、平等等理性追求的需要，资本主义社会分工必将被一种新的、自觉的社会分工所代替"①。如今，发达国家和发展中国家日益呈现出一种双向需求，这突出表现在"一带一路"的"新式分工"当中，我国作为"一带一路"建设工程的提出者和践行者，可以通过产业专业互补，将优势产业转移至沿线发展中国家，继而为沿线国家同发达国家的对话与合作提供广阔的平台，促进世界各国的共进式发展。由于生产力的限制，"新式分工"的完全实现离我们还有距离，但是以共产主义社会为未来指向，以建设更加公正合理的国际新秩序为目标的人类命运共同体理念为我们指明了前进的方向。习近平指出："各国要树立命运共同体意识，在合作中共赢。在追求本国利益时兼顾别国利益，在寻求自身发展时兼顾别国发展。让每个国家发展都能同其他国家增长形成联动效应，"② 各国唯有从人类命运共同体的新视角出发，不断搭建合作平台，不断完善国际分工，使国际秩序向着更加公正、合理、有序的方向发展，才能真正实现双赢、共赢、多赢。

三 全球困境与人类命运共同体的内生动力

当今世界正处于大发展、大变革、大调整时期，人类面临日益严重的全球性问题，这些问题是任何一个国家想单打独斗都无法解决的，必须依

① 徐国民：《社会分工的历史衍进与理论反思——以社会主义和谐社会的构建为指向的研究》，中国政法大学出版社，2013，第77页。
② 《习近平谈治国理政》，外文出版社，2014，第336页。

靠国际社会的团结合作和共同努力。与此同时，伴随着经济全球化的深入推进、社会信息化的迅速发展以及国际社会的普遍交往，各国之间的关系从过去的"敌对关系""仆从关系"日益发展成为高度依存的合作关系、"一荣俱荣、一损俱损"的共同体关系，世界逐渐发展成为一个整体。

在这个世界整体化发展的时代，人类社会拥有广泛的共同利益，也面临诸多共同的威胁与挑战。2008 年全球金融危机爆发以来，美、日、欧等发达经济体陷入经济增长乏力的困境，全球化逆流不断涌起，多边贸易体系受到严重干扰。与此同时，人口问题、环境问题、资源问题不断加重，毒品泛滥、恐怖主义、大规模传染病与全球卫生安全等问题日益严峻，网络安全、外空探索、极地开发等新难题更具挑战性。"没有哪个国家能够独自应对人类面临的各种挑战，也没有哪个国家能够退回到自我封闭的孤岛。"① 面对全球治理赤字，西方大国那种只顾本国或本国集团利益，而漠视他国特别是人类整体利益的现代化道路已经难以为继，试图通过减少交往来避免分歧和冲突的产生也纯属因噎废食。在资本主义全球治理体系达到其内在张力极限的当下，讨论社会主义如何克服资本主义的局限性，引领人类未来命运的问题成为大众关注的焦点。今日之世界，"各国之间的联系从来没有像今天这样紧密，世界人民对美好生活的向往从来没有像今天这样强烈，人类战胜困难的手段从来没有像今天这样丰富"②，中国共产党人运用马克思主义立场观点方法，"把现行的世界市场体系和全球治理体系所掩盖的剥削性社会关系揭露出来，从而打破资本主义意识形态的再生产，反抗与这种意识形态相适应的观念、概念和思维形式，结束那种将资本主义永恒化的精神状态的生产方式，并在此基础上探索出一条更加符合人类社会发展的历史道路"③，即指向人的自由而全面发展的人类命运共同体发展道路。这条道路从全人类的共同利益出发，顺应了世界发展和时代变化潮流，在人类和平与发展事业上有超越资本主义的贡献，因而能为世界历史过渡到"无产阶级时代"创造条件。

---

① 《习近平谈治国理政》第 3 卷，外文出版社，2020，第 46 页。
② 习近平：《携手推进"一带一路"建设——在"一带一路"国际合作高峰论坛开幕式上的演讲》，人民出版社，2017，第 4 页。
③ 刘同舫：《构建人类命运共同体对历史唯物主义的原创性贡献》，《中国社会科学》2018 年第 7 期。

逆全球化思潮的兴起证明经济全球化还有许多不足之处，相较于人类命运共同体理念所展现出来的科学性与普适性，其现实表征缺乏包容性与普惠性。人类命运共同体理念所蕴含的"共同体"思维是破解全球化逆流的关键，是引导经济全球化持续健康发展的中国方案。围绕这一理念的具体实践是对习近平新时代中国特色社会主义思想的现实彰显，是对新时代中国特色大国外交思想的贯彻落实，其中所蕴含的科学思维和先进思想必将为维护世界和平、促进共同发展赋予强大而持久的动力。

第三节　虚幻的共同体向自由人的联合体转变的必由之路

共同体是人类生存和发展的必然选择，是马克思深入探讨人类历史发展的关键范式，是人类命运共同体理念的重要思想基础。当前，"两个大局"同步交织、相互激荡，以习近平同志为核心的党中央顺应时代发展潮流和人类进步大势，继承和拓展马克思历史唯物主义，提出了人类命运共同体的伟大构想。基于历史、现实和未来的三重视角，人类命运共同体理念展现出同马克思主义相承接的世界眼光和人类情怀，确证了"自由人的联合体"思想的时代性、科学性和价值性，是民族史向世界史转变逻辑的形象表达，也是实现马克思最高理想的必由之路。

一　虚幻的共同体与真正的共同体

回望历史，人类命运共同体理念承继了马克思的"自由人的联合体"思想，是马克思主义一以贯之的价值追求和最高理想。探究马克思的"自由人的联合体"思想，离不开马克思对于人与社会关系的剖析，以及更进一步的对人的本质的探寻。社会的发展历程总结起来，也就是人的发展历史，马克思认为："全部人类历史的第一个前提无疑是有生命的个人的存在。"① 即"现实的个人"的存在，个人的本质唯有在一切社会关系中才能得以确证。他指出："我们开始要谈的前提不是任意提出的，不是教条，而是一些只有在臆想中才能撇开的现实前提。这是一些现实的个人，是他们的活动和他们的物质生活条件，包括他们已有的和由他们自己的活动创造

———————

① 《马克思恩格斯文集》第 1 卷，人民出版社，2009，第 519 页。

出来的物质生活条件。"① 进一步强调了人的本质从社会关系的角度来理解兼具能动性和现实性，"它是一切社会关系的总和"②。

马克思透过现实的物质生产过程来探寻人的存在及其本质，为构建"自由人的联合体"奠定了基础。他曾指出："人是最名副其实的政治动物，不仅是一种合群的动物，而且是只有在社会中［M-2］才能独立的动物。"③ 人与社会之间依靠共同体相互联结，共同体成为马克思阐释人类历史进程、认识人类社会发展规律、思考人类未来命运的关键范式。在马克思看来，共同体就是人类生存发展的一种基本模式，是"现实的人"基于共同利益和共同的解放诉求而产生的一种共同关系。马克思依据作为社会历史主体的人的发展状态和解放程度，将人类历史发展分成三种社会形态，依次为"人的依赖关系"、"以物的依赖性为基础的人的独立性"和"自由人的联合体"。在《1857－1858 年经济学手稿》中，马克思指出："人的依赖关系（起初完全是自然发生的），是最初的社会形式……以物的依赖性为基础的人的独立性，是第二大形式，在这种形式下，才形成普遍的社会物质变换、全面的关系、多方面的需要以及全面的能力的体系。建立在个人全面发展和他们共同的、社会的生产能力成为从属于他们的社会财富这一基础上的自由个性，是第三个阶段。第二个阶段为第三个阶段创造条件。"④ 三种社会形态实质均属共同体，分别对应着"自然形成的共同体"、"虚幻的共同体"和"真正的共同体"，人类社会依次走过了"自然形成的共同体""虚幻的共同体"，之后开始构建"真正的共同体"，对理想共同体的不懈追求是马克思共同体思想发展的强大动力。

第一，"自然形成的共同体"必然走向"虚幻的共同体"。"自然形成的共同体"是马克思在对原始共同体的本质进行系统剖析的基础上，对人类最初社会形态的总结概括。在这个共同体中，囿于较低的生产力发展水平，人与共同体呈现出高度的依存关系，"我们越往前追溯历史，个人，从而也是进行生产的个人，就越表现为不独立，从属于一个较大的整体"⑤。在生

① 《马克思恩格斯文集》第 1 卷，人民出版社，2009，第 516~517 页。
② 《马克思恩格斯文集》第 1 卷，人民出版社，2009，第 505 页。
③ 《马克思恩格斯文集》第 8 卷，人民出版社，2009，第 6 页。
④ 《马克思恩格斯文集》第 8 卷，人民出版社，2009，第 52 页。
⑤ 《马克思恩格斯文集》第 8 卷，人民出版社，2009，第 6 页。

产资料所有制的原生形态上，"自然形成的共同体"实行财产共有，共同享有劳动成果，充分体现出"原始共产主义"的特征。但是，在对共同利益一致认同的前提下，个人所享有的特殊利益消失殆尽，不仅人的自由和全面发展得不到满足，个性和价值也受到严重压抑。伴随生产力的飞速发展和个人自我意识的逐步觉醒，人们日渐不满于共同体对人的束缚和人性的压制，力图彰显个人这一具有独立性的主体存在。于是，与自然形成的共同体相适应的"人的依赖关系"渐渐被"以物的依赖性为基础的人的独立性"所取代。① 马克思、恩格斯指出："私法是与私有制同时从自然形成的共同体的解体过程中发展起来的。""在现代民族那里，工业和商业瓦解了封建的共同体，随着私有制和私法的产生，开始了一个能够进一步发展的新阶段。"② 资本主义社会"虚幻的共同体"的到来成为历史的必然。

第二，"虚幻的共同体"中国家是统治阶级进行阶级统治的工具。在《德意志意识形态》中，马克思深入分析了资本主义"虚幻的共同体"的本质，并断言：在资本主义社会中，凡是普遍的东西，一般都是采取虚幻的形式，"在这些形式下进行着各个不同阶级间的真正的斗争"③。由于阶级对立的存在，马克思认为国家并非如同黑格尔所描述的那样仅仅是"伦理观念的现实"，它将自身伪装成社会普遍利益的公共代表，是"凌驾于社会之上的力量"④，是共同体的生动表现。然而就其本质而言，这种政治意义上的共同体实际上成为统治阶级镇压、剥削和掠夺其他阶级的手段，目的仍是维护资产阶级的统治和利益。"这个理性的王国不过是资产阶级的理想化的王国；永恒的正义在资产阶级的司法中得到实现；平等归结为法律面前的资产阶级的平等；被宣布为最主要的人权之一的是资产阶级的所有权；而理性的国家、卢梭的社会契约在实践中表现为，而且也只能表现为资产阶级的民主共和国"⑤。资产阶级把自身视为共同体的代表，"以便把自己的利益又说成是普遍的利益"⑥，使其对社会生活中其他个人的干涉和约束成

① 《马克思恩格斯文集》第8卷，人民出版社，2009，第52页。
② 《马克思恩格斯文集》第1卷，人民出版社，2009，第584页。
③ 《马克思恩格斯文集》第1卷，人民出版社，2009，第536页。
④ 《马克思恩格斯文集》第4卷，人民出版社，2009，第189页。
⑤ 《马克思恩格斯文集》第9卷，人民出版社，2009，第20页。
⑥ 《马克思恩格斯文集》第1卷，人民出版社，2009，第537页。

为必要。个体在"虚幻的共同体"中不仅未获理想的自由，相反，这种利益的让渡换来的却是自身的异化存在，正如马克思指出的，"各个人在资产阶级的统治下被设想得要比先前更自由些，因为他们的生活条件对他们来说是偶然的；事实上，他们当然更不自由，因为他们更加屈从于物的力量"①。

第三，"虚幻的共同体"最终走向"真正的共同体"，在"虚幻的共同体"中，个体的主体意识逐渐觉醒，但"某一阶级的各个人所结成的、受他们的与另一阶级相对立的那种共同利益所制约的共同关系，总是这样一种共同体，只是由于他们还处在本阶级的生存条件下才隶属于这种共同体"②，"个人自由只是对那些在统治阶级范围内发展的个人来说是存在的，他们之所以有个人自由，只是因为他们是这一阶级的个人"③。这也意味着，他们在"虚幻的共同体"当中的身份是隶属于阶级的成员，而非具有独立地位的个体。共同体虽是个体得以发展的手段，但非个人全面发展的手段，正是这种发展对峙显现出共同体的虚幻性。在对"虚幻的共同体"进行批判的基础上，马克思、恩格斯认为生产力进步所引致的市民社会发展必然通过自我扬弃走向"真正的共同体"。

马克思认为，社会问题的解决和人的解放必须依赖一种不同于历史上已有共同体的全新联合形式。为此，他在深刻批判资本主义"虚幻的共同体"基础上，提出了"自由人的联合体"思想。在他看来，这样的联合体才是"真正的共同体"。"真正的共同体"是对"通过人并且为了人而对人的本质的真正占有"④ 这一人类社会发展趋势的生动印证。只有在"真正的共同体"中，人们才能凭借独立个体，而非阶级成员的身份去实现这种联合，继而彻底摆脱因阶级对立而造成的桎梏和障碍，"人终于成为自己的社会结合的主人，从而也就成为自然界的主人，成为自身的主人——自由的人"⑤。人真正解决了人和自然之间以及人和人之间的矛盾，个体性得到充分的张扬，真正占有了自身的本质。这为个体乃至共同体成员实现自由而

① 《马克思恩格斯文集》第 1 卷，人民出版社，2009，第 572 页。
② 《马克思恩格斯文集》第 1 卷，人民出版社，2009，第 573 页。
③ 《马克思恩格斯文集》第 1 卷，人民出版社，2009，第 571 页。
④ 《马克思恩格斯文集》第 1 卷，人民出版社，2009，第 185 页。
⑤ 《马克思恩格斯文集》第 3 卷，人民出版社，2009，第 566 页。

全面的发展创造了空间。正像《共产党宣言》指出："代替那存在着阶级和阶级对立的资产阶级旧社会的，将是这样一个联合体，在那里，每个人的自由发展是一切人的自由发展的条件。"① 至于如何实现这样的联合体，马克思在《资本论》中给予了答案："设想有一个自由人联合体，他们用公共的生产资料进行劳动，并且自觉地把他们许多个人劳动力当做一个社会劳动力来使用……这个联合体的总产品是一个社会产品。这个产品的一部分重新用做生产资料。这一部分依旧是社会的。而另一部分则作为生活资料由联合体成员消费。"② 生产资料公有制改变了劳动者同生产资料相分离的弊端，使得生产资料不再被资产阶级所独占，而是成为劳动人民当家做主的重要物质基础。每个个体既能实现其特殊利益，也能在保证个己利益与公共利益相协调的前提下，实现"个体和类之间的斗争的真正解决"③，让共同体走出虚幻的阴影。

总之，马克思从探寻人与社会的关系出发，以人的自由发展为线索，深刻揭示从"自然形成的共同体""虚幻的共同体"走向"真正的共同体"的社会历史发展规律，既蕴含了人类对理想社会的价值追求，也表达了人类对美好社会的无限向往。

二 人类命运共同体的次级性质

从当下社会发展的客观实际出发，可以发现我们远未达到"自由人的联合体"所需的社会发展水平和物质基础。人类命运共同体理念以"人类解放"为价值追求，以实现"人的自由而全面的发展"为目标追寻，成为到达理想世界的重要环节。基于唯物史观可以得出，生产力的发展水平决定生产关系的性质，生产力的发展变化决定生产关系的变革，生产关系的变革主宰着共同体性质。也就是说，如果生产力发展停滞不前，就难以造就人的自由而全面发展，也就没有共同体的进化。因此，如果"自由人的联合体"被看作基始状态或终极价值，人类命运共同体就是次级形态和现实路径。人类命运共同体的提出不仅为实现"自由人的联合体"提供了理

---

① 《马克思恩格斯文集》第 2 卷，人民出版社，2009，第 53 页。
② 《马克思恩格斯文集》第 5 卷，人民出版社，2009，第 96 页。
③ 《马克思恩格斯文集》第 1 卷，人民出版社，2009，第 185 页。

论指引，还提供了具体的实践方案，其所承担的并非推动社会形态更替和社会制度演化的历史任务，而是创造出带有时代表征和次级特性的民族国家利益共同体，是马克思所追求的"自由人的联合体"的次级形态。

对于人人享有自由而全面的发展的共产主义社会形态，马克思、恩格斯指出："共产主义对我们来说不是应当确立的状况，不是现实应当与之相适应的理想。我们所称为共产主义的是那种消灭现存状况的现实的运动。"① 共产主义不应被看作遥远的理想社会描绘或者抽象的道德准则设想，而应被当作现实中的社会历史运动，只有在这一历史运动中人的"自由而全面的发展"才能得以实现。基于历史活动的视角，可以发现"历史的全部运动，既是这种共产主义的现实的产生活动，即它的经验存在的诞生活动，同时，对它的思维着的意识来说，又是它的被理解和被认识到的生成运动"②。马克思、恩格斯对"自由人的联合体"的描绘为当下构建人类命运共同体提供了重要的理论来源和行动指引。如今，很多人认为"自由人的联合体"令人向往，但也虚无缥缈，忽视其在当下实践中的生成性。马克思曾指出："理论在一个国家实现的程度，总是取决于理论满足这个国家的需要的程度……理论需要是否会直接成为实践需要呢？光是思想力求成为现实是不够的，现实本身应当力求趋向思想。"③ 人类命运共同体虽然离"自由人的联合体"尚有距离，但从实现理想社会的美好前景来看，推动构建人类命运共同体的意义远不止于构建一个具有过渡性的、次级性质的共同体形态，而是创造性地开辟了通向理想社会的现实路径。

三　人类命运共同体转向自由人的联合体的定然逻辑

在历史唯物主义的视野中，人类命运共同体指向人的自由而全面发展的实践生成。马克思指出，资产阶级开创了世界历史，但世界历史的未来却属于共产主义。世界历史的发展既体现出"虚幻的共同体"逐步消亡，也意味着"真正的共同体"日益成为现实。"人的自由发展"和"人的全面发展"只有诉诸"真正的共同体"，"一个更高级的、以每一个个人的全面

---

① 《马克思恩格斯文集》第 1 卷，人民出版社，2009，第 539 页。
② 《马克思恩格斯文集》第 1 卷，人民出版社，2009，第 186 页。
③ 《马克思恩格斯文集》第 1 卷，人民出版社，2009，第 12~13 页。

而自由的发展为基本原则的社会形式"①，即共产主义社会才能实现。人类命运共同体作为一个具有过渡性的、次级性质的共同体形态，继承了马克思共同体思想的人类情怀，表达了对人的自由与全面发展的美好愿景，成为指引人类走向"自由王国"的"北斗"。

从世界历史的发展过程来看，资本主义在推动生产力发展方面展现出显著的历史进步意义，但也由于其无法根除的基本矛盾和对劳动人民残酷的经济剥削和政治压迫而显现出历史阶段性特征。马克思批判资本逻辑时指出："资本不可遏止地追求的普遍性，在资本本身的性质上遇到了限制，这些限制在资本发展到一定阶段时，会使人们认识到资本本身就是这种趋势的最大限制，因而驱使人们利用资本本身来消灭资本。"② 伴随着资本被消灭，私有制被铲除，资本主义的世界历史阶段也就此终结，继而开启无产阶级的共产主义时代。马克思、恩格斯进一步指出："无产阶级只有在世界历史意义上才能存在，就像共产主义——它的事业——只有作为'世界历史性'存在才有可能实现一样。而各个人的世界历史性的存在，也就是与世界历史直接相联系的各个人的存在。"③ "每一个单个人的解放的程度是与历史完全转变为世界历史的程度一致的。"④ 共产主义是世界历史发展的更高级阶段，是克服了资本主义社会各种弊病的更先进的社会，只有在共产主义社会中才能实现个体的人和全人类的彻底解放与自由。

当今世界正处于大发展大变革大调整时期，社会的发展变化早已超越马克思主义经典作家们的预判。一方面，世界多极化、经济全球化、社会信息化、文化多样化深入发展，各国、各民族乃至各地区相互联系和依存的程度日益加深，国家力量对比更趋均衡，和平与发展仍然是时代主题。另一方面，当今世界不稳定性不确定性突出，霸权主义、强权政治大棒乱舞，单边主义、保护主义持续抬头，地区热点问题此起彼伏，传统安全威胁和非传统安全威胁的因素相互交织，国际社会正面临治理赤字、信任赤字、和平赤字、发展赤字四大挑战。全球性问题接踵而至提醒人们，"虚幻的共同体"已经展现出被否定的前兆，"真正的共同体"取代它的时代已然

---

① 《马克思恩格斯文集》第 5 卷，人民出版社，2009，第 683 页。
② 《马克思恩格斯文集》第 8 卷，人民出版社，2009，第 91 页。
③ 《马克思恩格斯文集》第 1 卷，人民出版社，2009，第 539 页。
④ 《马克思恩格斯文集》第 1 卷，人民出版社，2009，第 541 页。

开启。在现代社会中，资本逻辑的全球扩张引发了民族国家间日益加剧的冲突乃至整个人类社会内部逐步加深的对立，这一趋势的加速严重阻碍着"真正的共同体"的形成与发展。马克思从"现实的人"出发，对自由主义的原子式个体展开批判，认为这种基于自由主义派生的个人主义建立起来的利己主义道德原则，不利于人类社会的发展。只有"建立在个人全面发展和他们共同的、社会的生产能力成为从属于他们的社会财富这一基础上的自由个性"①，才能超越"人的依赖关系"阶段和"以物的依赖性为基础的人的独立性"阶段②，继而成为人类社会未来发展中的最高阶段。进入该阶段后，人可以摆脱个体之上"抽象共同体"的束缚，也不再受制于支配一切的资本逻辑，"自由人的联合体"将弥合人与人、共同体与共同体之间的裂痕。

要达到这一阶段，就务必摆脱"物种思维"的束缚，深度激发人的"类思维"，并在此基础上不断推动人与人、共同体与共同体自发地进行连结，形成自觉的"类主体"。③"类思维"强调"个性"同"社会性"的统一。一方面，"个性"获得充分发展的人也能全面展示其"社会性"，人的自由个性越是得以充分发挥，"自由人的联合体"也就离我们越近；另一方面，在实践过程中所形成和发展的一切社会关系为人的自由全面发展提供了前提，正如马克思所指出的，"只有在共同体中，个人才能获得全面发展其才能的手段，也就是说，只有在共同体中才可能有个人自由"④。马克思所提出的"类思维"克服了"物种思维"孤立、片面、封闭的弱点，将人看作同他人具有同一社会化关系中自由发展的开放性和包容性的存在，这一哲学观念深刻揭示出人类共生共存的内在关联性。如今，由个体本位向着人类本位的转换正成为新的历史趋势，人类命运共同体以化解国际社会纷争和促进人类共进式发展为目标，旨在扭转资本主义主宰的世界历史进程，推动个体的人和人类在共产主义的世界历史中实现真正的解放和自由。

马克思曾言："一个社会即使探索到了本身运动的自然规律……它还是

---

① 《马克思恩格斯文集》第 8 卷，人民出版社，2009，第 52 页。
② 《马克思恩格斯文集》第 8 卷，人民出版社，2009，第 52 页。
③ 贺来：《马克思哲学的"类"概念与"人类命运共同体"》，《哲学研究》2016 年第 8 期。
④ 《马克思恩格斯文集》第 1 卷，人民出版社，2009，第 571 页。

既不能跳过也不能用法令取消自然的发展阶段。"① 这意味着在探寻到人类社会发展规律后，应当选择当下最切合实际的发展道路。"自由人的联合体"建立在物质资料极大丰富的基础之上，"只有当社会生活过程即物质生产过程的形态，作为自由联合的人的产物，处于人的有意识有计划的控制之下的时候，它才会把自己的神秘的纱幕揭掉"②。如今的国际社会仍属人类阶级社会，生产力较为落后，生活水平相对较低，劳动依旧是人们谋生的基本方式。然而这并不代表着"自由人的联合体"的理想社会虚无缥缈，马克思从未将共产主义仅仅看作理想社会的抽象描绘，而是将其扎根于改变现实的点滴努力当中。"实际上，而且对实践的唯物主义者即共产主义者来说，全部问题都在于使现存世界革命化，实际地反对并改变现存的事物。"③ 相较于资本逻辑作茧自缚，人类命运共同体将改善全球治理作为推动世界历史演变的新动力源，进一步加深人类文明的普遍交往，促进世界范围生产方式的变革。尽管"人类命运共同体"与"真正的共同体"之间尚有距离，但人类命运共同体致力于把马克思共同体思想的理想目标逐步现实化、阶段化、具体化，于更多领域、更广范围和更深层次上创造有利于人的自由而全面发展的良好环境，是一套集理想主义与现实主义于一体的世界改造方案，这正是对马克思"改变世界"的一种践行。然而，也因为人类命运共同体是一个伟大的构想，是关乎国际关系和国际秩序的崇高目标，是人类历史上从未经历过的美好社会，因而其构建过程必然是漫长而艰辛的，不可能一蹴而就，也不可能一帆风顺，需要付出长期而艰苦的努力，但正如习近平总书记所说，"我们不能因现实复杂而放弃梦想，不能因理想遥远而放弃追求"④。

从追求人类解放，探寻理想社会的视角来看，"人类命运共同体"与"自由人的联合体"在理论来源上具有内在契合性，在价值旨归上表现出一致性，在社会形态上呈现出相仿性。作为从"虚幻的共同体"迈向"真正的共同体"的关键环节，人类命运共同体理念顺应了人类社会发展规律，继承和发展了马克思主义的"自由人的联合体"思想，并将其置于新时代

---

① 《马克思恩格斯文集》第5卷，人民出版社，2009，第9~10页。
② 《马克思恩格斯文集》第5卷，人民出版社，2009，第97页。
③ 《马克思恩格斯文集》第1卷，人民出版社，2009，第527页。
④ 《习近平谈治国理政》第3卷，外文出版社，2020，第46页。

的现实境遇当中，是在传承马克思共同体思想的理论逻辑和价值追求的基础上提出的通往理想社会的现实路径。这一理念的提出推动了马克思主义的创造性发展和当代重构，折射出马克思主义的真理光辉和价值力量，为新时代中国特色社会主义伟大实践指明了方向，为人类创造自己的历史开辟了道路。

第四章　人类命运共同体理念的马克思主义价值论解读

马克思主义价值理论属于马克思主义哲学的一个领域、一个部分，它体现的是马克思主义哲学对于价值问题的基本立场和观点[①]。人类命运共同体理念作为应对国际局势变化的价值表达，从个人主体出发要求实现人的安全、平等和全面发展，从民族国家主体出发期望建成持久和平、普遍安全、共同繁荣、开放包容、清洁美丽的世界，从人类社会主体出发致力于实现人类解放和人类幸福，同时以天下为公与公平正义、和而不同与民主自由、和谐共生与和平发展作为价值评价重要准则，蕴含丰富的价值内涵和多样的价值追求。

第一节　价值主体：个体、群体与人类的有机统一

价值是一种生发于主客体相互作用的过程中，依据主体需要的标准而诞生，且随主体需要的变化而变化的主体性现象，是客体的存在、结构、功能和变化趋向与主体生存发展需要的统一。马克思指出："人的本质不是单个人所固有的抽象物，在其现实性上，它是一切社会关系的总和。"[②] 人的本质是一种自由自觉性，具体展现于各种客观实在的社会关系、社会制度以及社会组织中，这使得人的本质脱离了主观性，转向客观现实的具体存在。人的社会规定性使人存在于一定的社会关系当中，从而使人或主体具有不同的社会形态，如个体形态、群体形态（家庭、党派、阶级、民族、国家等）和人类形态。

---

① 马俊峰：《马克思主义价值理论研究》，北京师范大学出版社，2012，第19页。
② 《马克思恩格斯文集》第1卷，人民出版社，2009，第505页。

不同的主体形态在不同的范围、层次、领域有着明显的差异，尤其是涉及利益层面。最低层次的主体形态是个体，最高层次的主体形态是人类，而群体介于两者之间，成为连结个体和人类的中介性主体。主体高低层次之间的关系是一般和特殊（个别）的关系。"处于较低层次的主体形态，是处于较高层次上的主体形态的特殊存在状态，其中总是包含着高层次的主体形态的性质和联系，即包含着一般的特殊（个别）；而处于较高层次的主体形态则是由处于低层次的不同主体构成的体系，因而自身是体现着特殊的一般。"① 也就是说，一方面，高层次的主体形态往往包含低一层次形态，人类包含群体，群体又包含个体；另一方面，低层次的主体形态又在各个方面包含和展现着高一层次主体形态的特征性质，个体往往显现出家庭、民族、阶级等群体特性，群体则在不同层面展现出人类特征。可见，不同主体形态是一个相互关联着的人的现实社会存在系统。依据马克思对人的本质的理解，人类命运共同体的价值主体包括个人、民族国家和人类社会，且时刻处于一种辩证统一的关系当中。

一 个人主体

人既是价值活动的起点，也是价值活动的终点。无论价值活动有多么深刻复杂的变化，追根溯源都在人的身上，唯有抓住人这个根本才能抓住价值问题的核心。马克思主义价值理论从"社会化的人类"出发，坚持人是主客体的统一，是目的和手段的统一、为己和为他的统一。一切价值归根结底都是对人的价值，在论及人类命运共同体的价值主体时，可以发现人不仅是价值创造主体，还是价值享受主体和价值评价主体，在整个价值世界中处于一种核心的地位。

其一，人是人类命运共同体的价值创造主体。马克思、恩格斯指出，人是创造社会历史的主体，人们自己创造自己的历史，"无论历史的结局如何，人们总是通过每一个人追求他自己的、自觉预期的目的来创造他们的历史，而这许多按不同方向活动的愿望及其对外部世界的各种各样作用的合力，就是历史"②。毛泽东进一步表明："人民，只有人民，才是创造世界

---

① 高清海主编《马克思主义哲学基础》（下），人民出版社，1987，第 172 页。
② 《马克思恩格斯文集》第 4 卷，人民出版社，2009，第 302 页。

历史的动力"①，这是颠扑不破的真理。依据历史唯物主义基本原理，人民群众既创造了社会的物质财富，也创造了社会的精神财富，还成为社会变革的决定性力量。社会基本矛盾运动以及由此形成的社会发展的客观规律，从来都不是自发地实现的，而是通过人民群众的斗争来实现的。

人类命运共同体以"自由人的联合体"这一理想社会为未来指向，不断推动经济全球化朝着更加开放包容普惠平衡共赢的方向发展，是热爱和平与人类进步事业的世界人民的共同呼声和努力方向。为了实现这一伟大梦想，需要全人类的积极参与和共同努力。习近平指出："构建人类命运共同体，需要世界各国人民普遍参与。我们应该凝聚不同民族、不同信仰、不同文化、不同地域人民的共识，共襄构建人类命运共同体的伟业。"② 无论是打造合作共赢、共同发展的经济共同体，相互尊重、平等协商的政治共同体，和而不同、兼收并蓄的文化共同体，公道正义、共建共享的安全共同体还是尊崇自然、绿色发展的生态共同体，都离不开包括中国人民在内的世界人民的支持和努力。正如习近平在党的十九大报告中所强调的："各国人民同心协力，构建人类命运共同体，建设持久和平、普遍安全、共同繁荣、开放包容、清洁美丽的世界。"③

其二，人是人类命运共同体的价值享受主体。人类命运共同体理念付诸实践过程中形成的诸如和平、合作、和谐、发展、共赢等重要价值成果将被世界人民所共享。在第二次世界大战中，世界人民团结合作形成统一战线，取得了反法西斯战争的伟大胜利，各国人民在历经战争创伤后加深了对持久和平世界的价值认同，同时也对合作在应对人类危机和挑战时所表现出来的重要价值有更深刻理解。随着冷战的结束，邓小平根据国际形势变化作出判断：较长时间内不会发生大规模的世界战争，和平与发展成为时代主题。和平讲的是政治问题，发展讲的是经济问题，当今世界所面临的根本问题便是发展问题，唯有实现经济社会持续健康发展才能为应对

---

① 《毛泽东选集》第 3 卷，人民出版社，1991，第 1031 页。
② 习近平：《携手建设更加美好的世界——在中国共产党与世界政党高层对话会上的主旨讲话》，人民出版社，2017，第 7 页。
③ 习近平：《决胜全面建成小康社会 夺取新时代中国特色社会主义伟大胜利——在中国共产党第十九次全国代表大会上的报告》，人民出版社，2017，第 58~59 页。

各类社会问题提供坚实的物质基础。习近平说："发展是解决一切问题的总钥匙。"① 在和平与发展两大主题中，和平是保障，发展是基础，各类冲突争端往往是由发展不充分或者不平衡所引发的，唯有实现发展才能从根本上降低冲突的概率。没有和平就没有发展，没有发展也就不可能有真正的和平，在和平中求发展、在发展中促和平成为人类世界走向美好未来的重要条件。时至今日，求和平、谋发展、促合作、图共赢的重要价值取向已经成为当今国际社会的共同愿望、时代潮流的大势所趋。进入 21 世纪以来，中国共产党人基于中国传统文化的系统观、整体观提出了和谐世界的伟大构想，折射出了和谐这一中华民族核心价值追求。和谐是中国传统文化的思想精髓，是中华民族重要的文化基因，不仅是中国人民而且是爱好和平的世界人民的共同价值追求，体现出人类命运共同体理念所追求的理想世界样态。

以习近平同志为核心的党中央所提出的人类命运共同体理念构绘了人类理想社会图景，表达了人们对美好生活的憧憬。构建人类命运共同体，要"始终不渝走和平发展道路、奉行互利共赢的开放战略，坚持正确义利观，树立共同、综合、合作、可持续的新安全观，谋求开放创新、包容互惠的发展前景，促进和而不同、兼收并蓄的文明交流，构筑尊崇自然、绿色发展的生态体系"②。这一美好愿景的实现离不开世界人民的共同努力，其所展现的价值成果也应由各国人民共同分享。

其三，人是人类命运共同体的价值评价主体。价值评价是指价值主体将自身需要的内在尺度运用于客体，对主体与客体之间的价值关系作出肯定或否定的判断③。习近平新时代中国特色社会主义思想牢牢把握"以人民为中心"的重大原则，紧紧围绕实现人的全面发展的发展目标，体现出鲜明的人民性。人类命运共同体理念作为其重要组成部分，顺应世界人民对美好生活的向往和期待，追求人的自由而全面发展，强调要充分发挥主体人的创新能力和创造活力，不断激发人类的共同主体意识。具体表现为维护人民的政治权利，实现其政治解放；推动人民的安全发展，保障其安全

① 《习近平谈治国理政》第 2 卷，外文出版社，2017，第 457 页。
② 习近平：《决胜全面建成小康社会　夺取新时代中国特色社会主义伟大胜利——在中国共产党第十九次全国代表大会上的报告》，人民出版社，2017，第 25 页。
③ 李秀林、王于、李淮春：《辩证唯物主义和历史唯物主义原理》（第三版），中国人民大学出版社，1990，第 297 页。

价值；发挥人民的主体创造性，满足其经济需要；推动人民的文化交流，丰富其精神需求；化解人与自然的异化危机，实现人与自然的和谐共生①。由此可见，落实人的主体性并发挥其价值是人类命运共同体的核心命题之一，人类命运共同体的价值评价主体只能是人。

二 民族国家主体

当今时代是全球化的时代，全球化"是对传统的国际关系，对国家主权及其他权利，对以国界标识的人群活动区别的规则的一种深入持久的挑战"②，其理论和实践始终致力于消弭民族国家的边界和壁垒，世界经济的"集团化""一体化"势态逐渐加强，某种意义的超国家利益也在形成，似乎是民族国家中心范式正在式微。然而，我们仔细考察就会发现，随着全球化进程中国际竞争加剧，民族国家在国际竞争中的作用不但没有被削弱，反而日益加强，呈现在我们眼前更多的是民族国家自身利益的考量、地位的强化和意识的增强。在构建人类命运共同体理想蓝图的过程中，民族国家主体所能发挥的作用依旧是至关重要的。

黑格尔早就提出"国家理念"，即国家及其所追求的民族利益始终是国际政治和民族交往中最具影响力的因素，民族国家是国际交往的最基本单位，国际关系的背后是民族国家利益之争。依照亚当·斯密的经济自由主义原则，本地人是自身获利的最佳评判者。也可以得出，民族国家仍是全球化发展过程中的基本单位，而非全人类，而且在较长的时间内这种状况还将持续。如果此基础不改变，那么国际政治体系建立的基本原则——竭尽所能地利用民族国家政权来维护本民族的权益——就会持续下去。国家的存在，一国范围内的民众关心自己国家的利益以及国家的当政者从自身利益出发制定内外政策都是合理的。正如美国学者罗尔斯在《万民法》中所言："无论从历史的观点看，一个社会的边界的划定有多么任意，但一个人民的政府的一个重要角色，就是作为人民具有代表性的和有效性的代理人，对自己的领土、人口规模、环境完整性及其供养人民能力负责"③。这

---

① 郎慧慧、张继龙：《新时代人类命运共同体的人民主体性意蕴及路径研究》，《重庆社会科学》2019年第1期。

② 王逸舟：《民族主义概念的现代思考》，《战略与管理》1994年第3期。

③ 〔美〕约翰·罗尔斯：《万民法》，陈肖生译，吉林出版集团有限责任公司，2013，第24页。

种控制与反控制的博弈证明，民族国家仍是各国人民经济福利最基本的核算单位，那种妄图抛弃民族国家来实现本民族利益的企图，是不切实际的。如今，全球化发展的同时推动了全球的分裂化，使得民族国家的地位愈益凸显，民族和国家的纽带关系更加牢固。有人认为："国家观与民族观脱钩，这是从现代时代向全球时代转变的最重要方面。"① 然而这仅仅是一种误解。虽然马克思、恩格斯倡导世界主义，追求阶级和国家都消失后的"自由人的联合体"，然而他们也在《共产党宣言》里提出，在无差别的理想社会到来以前，劳动阶级争取解放的形式首先是民族的，他们斗争的舞台是国内，在未达到马克思所设想的劳动生产率极高，产品极为丰富的未来社会前，人们只有在民族国家的盔甲下争取有限的资源才能维持自身的生存与发展。

在民族国家依旧是国际交往价值主体的今天，大国特别是以中国为代表的新兴大国在人类命运共同体的构建中发挥着较大的作用。人类命运共同体既是中国所提出的打造国际新秩序的重要设想，也是构建新型国际关系的中国方案，更是完善全球治理体系的科学指南。西方发达资本主义国家是现今国际秩序和国际规则的缔造者和维护者，已从这一体系中受益良多，因而在国际体系变革中会趋于保守和自利。列宁指出："资产阶级和资产阶级民主派的民族主义，口头上承认民族平等，行动上则维护（常常暗中，背着人民）一个民族的某些特权，并且总是力图为'自己的'民族（即为本民族的资产阶级）获得更大的利益。"② 如今，美、日、欧拥有压倒性的竞争优势，资产阶级统治者用尽各种手段不断为本国企业创造更多的市场机遇、打造更广阔的生存空间，甚至通过打压他国来促进自身发展。而以中国为代表的新兴大国为了优化国际秩序使其适应国际力量对比变化，会致力于通过提高制度创设能力来改变国际利益分配格局，使其朝着更加公正合理的方向发展。习近平指出："作为大国，意味着对地区和世界和平与发展的更大责任，而不是对地区和国际事务的更大垄断。"③ 无论何时，大国和谐，世界就能维持和平安定；大国交恶，全球就会充满动荡冲突。

---

① 〔英〕马丁·阿尔布劳：《全球时代——超越现代性之外的国家和社会》，高湘泽等译，商务印书馆，2001，第272页。
② 《列宁全集》第24卷，人民出版社，2017，第250页。
③ 《习近平外交演讲集》第1卷，中央文献出版社，2022，第231~232页。

身处一个各国利益相互交融、人类命运密不可分的世界，大国应将世界和平与发展放在优先考虑的位置，努力为各国遮风挡雨、提供援助，而非各自为政、互不干涉。大国的崛起绝不仅是自身实力的强大，更意味着由其所倡导的一种价值观念的兴起，中国作为新兴大国，顺应国际秩序和国际体系变革的时代潮流，提出人类命运共同体的伟大倡议，为全球治理体系变革贡献了中国智慧、提供了中国方案。

三 人类社会主体

马克思指出："人的本质不是单个人所固有的抽象物，在其现实性上，它是一切社会关系的总和。"①"类"是人的本质属性，没有孤立原子式的个人，人总是处于各种复杂的联系当中，唯有在充满联系的社会关系当中，人才能充分发挥主观能动性来开展价值创造活动。人类历史之所以存在，并非因为孤立个体的存在，而是人类持续多样的社会结合过程推动了人类历史向前发展。由此，由许多原子式的个人集结而成、包含各类社会关系的人类社会，不但有共同的利益诉求，一致的价值观念，还拥有相互关联的权利责任，这就构成了人类社会这一价值主体。

人类命运共同体将推动人类事业向前发展作为使命追求，以"自由人的联合体"为目标指向，并为实现这一转变提供现实条件。马克思在论述未来社会时深刻地阐释了"个体"同"真正的共同体"之间的关系，并指出："只有在共同体中，个人才能获得全面发展其才能的手段，也就是说，只有在共同体中才可能有个人自由……从前各个人联合而成的虚假的共同体，总是相对于各个人而独立的；由于这种共同体是一个阶级反对另一个阶级的联合，因此对于被统治的阶级来说，它不仅是完全虚幻的共同体，而且是新的桎梏。在真正的共同体的条件下，各个人在自己的联合中并通过这种联合获得自己的自由。"② 也就是说，"真正的共同体"的建立依赖于每个个体的自由联合，而每个个体的自由发展也只能在共同体当中才能实现。马克思主义认为，共产主义并非乌托邦，而是从人类历史发展的一般规律和资本主义运动的特殊规律出发得出的科学结论，是那种使当前世界

① 《马克思恩格斯文集》第 1 卷，人民出版社，2009，第 505 页。
② 《马克思恩格斯文集》第 1 卷，人民出版社，2009，第 571 页。

革命化、用实际行动改变世界以实现共产主义的具体运动。如今，人类主体利用和改造自然客体的能力随着人类社会发展阶段的演变而不断提升，但伴随生产力的发展也带来了一系列复杂而又严峻的国际问题，使人类面临日益严重的非传统安全威胁，新冠疫情的全球大流行更是推升了人类社会的整体安全需求，呼吁世界人民坚定信心、团结合作、众志成城，共同应对全球性危机和挑战。人类共同生活在一个地球村，各国在分工与交往过程中形成了紧密的联系。人类命运共同体将世界各国即整个人类社会看作价值主体，超越了国家、民族、宗教、地域等身份，是人类社会最高层次、最广范围的共同体。人类命运共同体不是着眼于某一领域，也不是着眼于一般的人类问题和共同利益，而是超越了一般的、具体领域的利益，着眼于人类社会的前途命运以及与之密切关联的带有根本性的共同利益。由此可见，人类社会是人类命运共同体最为关注也是最为相关的价值主体。

　　值得注意的是，虽然人类主体高于民族国家主体，但不能将对人类的关怀与对民族国家的关怀决然分开，只重视民族国家发展而忽视人类社会发展将产生民族主义，而将人类关怀作为唯一考量则走向抽象人道主义，都是片面的、绝对化的且脱离实际的。一方面，唯民族国家利益至上反而有损自身利益，因为在全球化的条件下每一个国家的发展都与其他国家的发展息息相关，仅关心本国利益是不可行的；另一方面，只重视人类利益而忽视本国利益也是不可持续的，一个国家如果不够强大也无法为人类作出应有的贡献。民族国家和全人类的这种互促共进关系表明了不同层次主体之间的内在联系，生动展现了人类社会发展的客观规律。价值立足于人类社会发展的客观规律，唯有遵循这一规律，厘清其内在的辩证关系，才能真正地实现民族国家乃至全人类的共同价值。

　　近代西方政治哲学的窠臼在于唯个人、民族国家主体至上，在本国内部宣扬人权、自由、平等、民主、博爱，但在国际关系的处理上秉持冷战思维、零和博弈，奉行霸权主义、强权政治。作为人类命运共同体关涉最多的价值主体，人类社会主体体现出对西方民族国家主体的价值超越性。零和博弈、冷战思维是西方二元对立文化的产物，是近代以来西方资本主义国家的思维方式和价值遵循，它常常以文明冲突和历史终结等价值标准评判世界事务和全球局势，基于此类思维方式的主体行为极易造成世界范围内的对抗与冲突。究其原因，还在于西方的认知结构体系中过于关注民族国家，忽视高于"国家"这一政治单位的价值主体，于是在处理国际关系上过于偏狭，在国际交往中多以自我为中心，造成国家间关系更加错综复杂，国际秩序更加混沌不清。需要特别注意的是，民族国家间的对抗冲突有损人类社会内在的平衡关系，因此，要推动人类社会向前发展需要构建相互尊重、公平正义、合作共赢的新型国际关系，超越唯资本利益是图的旧思想、旧观念，这是人类命运共同体理念生成的逻辑使然。人类命运共同体理念充分展现了世界历史发展的一般规律，以人类的生命价值作为出发点，以实现人类整体利益、创造人类美好未来为目标，努力打造"命运与共"的基本价值遵循，积极构建人类"观"世界的科学视域和价值标准。中国一直以来都是一个有担当的国家，中国共产党人提出的人类命运共同体理念立足于"天下"意识，超越民族国家这一层级的价值分析视域，从全人类的整体利益出发，以"天下"的视角描绘人类社会的未来发展，追求全人类的共同利益，实现全世界的共享发展。如今，经济全球化发展的大势不可逆转，冷战思维、零和博弈和单边主义没有出路，西方视域下以资本扩张为中心、以国家为本位和以西方中心主义为特征的现代化道路只会给世界带来迟滞与苦难。面对高度依赖的世界，不但机遇需要人们共同去创造，挑战也需要人们合作去应对。国际合作应当不断超越零和博弈的传统思维，跨越陈旧的丛林法则，变压力为动力，化危机为生机，以合作取代对抗，以共赢取代独占，同舟共济，权责共担，不懈追求人类的共同利益，不断彰显人类社会作为价值主体的重要意义。

总之，需从历史唯物主义的视角，也就是从现实的人出发探明不同层次主体形态及其辩证关系。由于现实的人不仅是孤立的个体，更是归属家庭、民族、阶级、国家乃至人类的人，是集不同层次主体于一身的综合个体。所以，绝不能将其中某一层次主体形态予以分离，或者忽视、轻视其他层次主体形态。立于该理论可认为人类命运共同体理念关涉的个人主体、民族国家主体和人类社会主体缺一不可，相互关联，存在辩证统一的关系。人类命运共同体理念具有个人主体导向，不仅依靠每一个人的努力去构建，发展成果也要让每一个人参与共享。与此同时，构建人类命运共同体需要各民族国家的共同努力与支持，要尊重并维护各国的发展权利和机会，特别主张新兴大国更多参与国际事务、承担国际责任，推动国际秩序向着更加公正合理的方向发展。而民族国家主体并不意味着唯民族国家主体，人类命运共同体理念超越西方国家以自我为中心的交往法则，将人类社会作为构建人类命运共同体的出发点和落脚点，不断推动人类社会的共同发展和全面进步，努力实现"自由人的联合体"的美好图景。

第二节　价值目标：人民幸福、世界大同与人类进步的有机统一

价值的实现离不开合理价值目标的设立和导向，离不开价值主体对价值目标持续不断的追求和付出。人类命运共同体理念基于个人、民族国家和人类社会三层价值主体，提出与之对应的价值目标。从个人主体出发，人类命运共同体理念追求基础层次上人的安全、人的平等，以及最高意义上的人的自由而全面的发展；从民族国家主体出发，人类命运共同体理念倡导各国同心协力，建设持久和平、普遍安全、共同繁荣、开放包容、清洁美丽的世界；从人类社会主体出发，人类命运共同体理念以"真正的共同体"为价值旨归，为推动实现人类解放，满足人类幸福生活需要而不懈努力。这些价值目标从个人到人类，从基本需求到高级需要，从形象要求到抽象目标，在不同层次、不同领域、不同方面为人类"改变世界"的行动描绘了现实路径，指明了奋斗方向。

一　个人：安全、平等与全面发展

按照马斯洛（Maslow）的需求层次理论，人的需求从低到高大致可以分为五层，低层次的需求有对于安全感的需要，人们需要稳定、安全、受到保护、有秩序、能免除恐惧和焦虑等，面对传统安全与非传统安全威胁并存的社会现状，应当树立新安全观，将人的安全置于同国家安全同等重要的地位；紧随其后的高一层次需求是社交需求，随着全球化的深入推进，无论是人与人还是国与国之间扩大交往都必须基于地位上的平等，建设相互尊重、公平正义、合作共赢的新型国际关系，用"事实上的平等"替代资本主义"形式上的平等"，而这也是热爱和平与人类进步事业的世界人民的共同呼声和努力方向；最高层次需要是自我实现需要，在低层次需要满足后，人们开始向往自我实现，追求人的自由而全面发展，虽然这一理想在"自由人的联合体"当中才能实现，但是以其为最终指向的人类命运共

同体理念及其实践立足于当下时代背景和社会现实，为实现人的全面发展提供了重要的理念遵循和丰富的物质条件。

（一）人的安全

人类命运共同体理念倡导共同、综合、合作、可持续的新安全观，在应对和处理全球问题时重视人的主体地位及其价值实现，将个人安全置于与国家安全同等重要的地位，认为"人的安全是国家安全的目的，国家安全是人的安全的手段"[1]，维护人的安全与国家安全是辩证统一的。近代以来，诸多思想家在论证国家起源时便指出国家的建立基于人们对于安全的需要，如霍布斯认为国家利用自身权威打压了人性中"恶"的部分以及不受限制的自由，继而使人得到安全感。卢梭则认为，"自然"的威胁需要人类合作应对，"当时自然状态中不利于人类生存的种种障碍，在阻力上已超过了每个个人在那种状态中为了自存所能运用的力量……所以人类没有别的办法可以自存，除非是集合起来形成一种力量的总和才能够克服这种阻力……"[2] 然而，长期以来由于国家主权理论的盛行和民族主义的兴起，国家安全同人的安全之间手段与目的的关系颠倒了，国家安全成为唯一需要重视的安全问题，人的安全在国家安全面前几乎被抹杀。直至冷战结束，人的安全才重新获得重视，并开启了国际政治传统安全维度的人文转向，开始强调国家安全和人的安全之间一致和互补的关系，指出"人的安全议程的多数议题都发挥了国家的作用，增强了国家的能力，而提高人的安全则可以增强国家的合法性和稳定性并加强国家安全"[3]。联合国开发计划署1994 年发布《人类发展报告》最先提出并界定"人的安全"，报告中强调："人的安全有两大方面的内容。其一是免受诸如饥饿、疾病和压迫等长期性威胁的安全；其二是在家庭、工作或社区等日常生活中对突如其来的、伤害性的骚扰的保护。"[4] 此后，保护人的安全日益成为各民族国家内政外交的重要议题。

---

[1] 柳建平：《安全、人的安全和国家安全》，《世界经济与政治》2005 年第 2 期。

[2] 〔法〕卢梭：《社会契约论》，何兆武译，商务印书馆，1997，第 22 页。

[3] 封永平：《安全维度转向：人的安全》，《现代国际关系》2006 年第 6 期。

[4] United Nations Development Program, *Human Development Report* 1994 (New York: Oxford University Press, 1994), p. 23.

当今世界和平与发展仍是时代主题，较长时间内不会发生大规模的世界战争，但是世界面临的不稳定性不确定性因素增加，传统安全问题与非传统安全问题并存，像贸易摩擦、恐怖主义、核扩散威胁、难民潮、重大传染性疾病暴发、气候变化等非传统安全领域问题日益严重，而这些问题与人的安全息息相关，如重大传染性疾病的暴发直接影响着人们的生命安全和身体健康，生态安全能够为人们提供安全的生存环境和活动场所，核扩散和恐怖主义给人们带来恐慌情绪和安全威胁。这些非传统安全问题虽基于国家安全的视角被提出，但其影响较为间接，相反更多地将安全主体定位至个人，认为维护国家安全的最终目的还在于保护人的安全，由此可见，以人为中心的安全观在某些方面已经超越了以国家为中心的安全观，安全问题的重心出现了巨大改变。但是，很多灾难是人力无法控制的，做好灾难的预防以及灾难发生后的救治工作便成为国家主体的关键职能，一旦政策失误或者部门失职将会引发更大的灾难甚至国家安全危机。所以，国家安全依旧是保护人的安全的重要手段和有力支撑，人的安全对国家安全的依赖关系在短期内也难以发生变化，两者之间互为依靠、互为补充，构成一种目的手段的关系。站在人类进步史的高度考察，对人的安全的关注反映出全球化时代的现实关切，开辟了维护国家安全的新领域，预示着重要的安全发展方向。人类命运共同体理念顺应人类社会发展规律和全球发展新动向，认为安全的重心应当置于"人"的身上，为此倡导能够实现国家安全和人的安全辩证统一的新安全观，希望各国合作应对全球性人的安全问题，采取建设性姿态化解矛盾和冲突，以实现人类社会的持久和平和共同发展。

（二）人的平等

列宁指出："平等是人在实践领域中对他自身的意识，也就是说，人意识到别人是同自己平等的人，人把别人当做同自己平等的人来对待。平等是法国的用语，它表示人的本质的统一、表示人的类意识和类行为、表示人和人的实际的同一性"①，资本主义也强调平等，但是资本主义的平等，只是商品交换的平等，对于广大不占有生产资料的无产者，对于受剥削、

---

① 《列宁全集》第55卷，人民出版社，2017，第11~12页。

受压迫的劳动者来说，却是真实的不平等。"平等！因为他们彼此只是作为商品占有者发生关系，用等价物交换等价物。"① 可是一旦离开商品交换的领域，双方就不同了。"原来的货币占有者作为资本家，昂首前行；劳动力占有者作为他的工人，尾随于后。一个笑容满面，雄心勃勃；一个战战兢兢，畏缩不前，像在市场上出卖了自己的皮一样，只有一个前途——让人家来鞣。"② 这种不加掩饰的剥削以及由此引发的极端不平等使得资产阶级同无产阶级之间的矛盾不断加深，无产阶级革命正是在此基础上发生的。随着国际交往的不断深入和全球化的迅速发展，西方资本主义国家内部的不平等和无法解决的社会矛盾迅速蔓延至世界范围，继而引发了国际社会的焦虑情绪，激化了国与国之间的摩擦争端。

经济上，伴随资本主义的全球扩张，国际资产阶级逐渐兴起，这就使得资产阶级对无产阶级的压迫和剥削超出一国和多国的范围，成为国际性的。马克思、恩格斯曾说："一个国家里在资产阶级各个成员之间虽然存在着竞争和冲突，但资产阶级却总是联合起来并且建立兄弟联盟以反对本国的无产者；同样，各国的资产者虽然在世界市场上互相冲突和竞争，但总是联合起来并且建立兄弟联盟以反对各国的无产者。"③ 各民族无产阶级遭受着本民族资产阶级和异族资产阶级的双重剥削和压迫。这种国际性的剥削和压迫使得底层人民生活困苦不堪，世界人民之间的贫富差距不断拉大。对此，人类命运共同体理念以马克思主义平等观为重要遵循，强调要实现"事实上的平等"，虽然消灭阶级后的"事实上的平等"还为时尚早，但在共产主义社会来临之前，拥有较强经济实力的国家、阶级和个人应当秉持正确的义利观，主动承担社会责任，尽力帮助遭受剥削与压迫的贫苦大众，以此缩小已经拉大的世界贫富差距，最大限度地让世界人民享有生存权和发展权。

资本主义社会经济方面的不平等决定了其政治上平等的形式性。在政治方面，人类命运共同体理念倡导每个人都应当拥有平等的政治地位和社会权利。马克思指出："一切人，或至少是一个国家的一切公民，或一个社

---

① 《马克思恩格斯文集》第 5 卷，人民出版社，2009，第 204 页。
② 《马克思恩格斯文集》第 5 卷，人民出版社，2009，第 205 页。
③ 《马克思恩格斯文集》第 1 卷，人民出版社，2009，第 694 页。

会的一切成员，都应当有平等的政治地位和社会地位。"① 以往的大量事实已经证明，社会不公、规则混乱、族群歧视等现象会引发不同成员、群体乃至阶级之间的严重对立乃至暴力冲突。实现社会政治和谐，就要实现政治权利、机会乃至制度上的公平公正。人类命运共同体理念倡导构建公正合理的政治秩序，完善公平正义的制度规范，确保每个人都能享有平等的政治权利，而这也成为实现政治层面人的平等的重要举措。

在文化方面，当代资本主义社会的文化排外主义使众多非西方国家人民遭遇信仰危机，生存权和安全权惨遭践踏。西方国家在文化方面秉承"西方中心论"，以"普世价值"的名义进行文化扩张和文化殖民。而在接纳外来移民这一问题上，欧洲极端政治势力极力迎合民众的反移民情绪，诉诸文化差异理论。"他们把穆斯林罩袍、古兰经和尖顶的清真寺等视为对欧洲文化和民族认同的挑战，或直接把伊斯兰移民与恐怖分子、犯罪联系起来，甚至极端地要求禁止一切形式的穆斯林移民。"② 种种行为加深了民众之间的敌对情绪，使得世界冲突频发、矛盾频现、摩擦不断。人类命运共同体理念倡导文化上的平等，尊重每一个民族、每一个国家、每一个地区的文化独特性，反对借文化的名义剥夺他人的生存权和安全权，让世界人民在享有文化信仰自由的同时促进不同文明的交流互鉴。

在生态方面，西方发达资本主义国家通过资源掠夺和转嫁污染的方式实现了自身利益的最大化，却让发展中国家为其发展所带来的环境成本买单。这一行为直接导致全球生态恶化，特别是发展中国家的生存环境日益恶劣，造成人们在享受美好生活环境和利用有限生态资源上处于不平等的状态，未能实现平等的发展权利。人类命运共同体理念强调要实现马克思"事实上的平等"，就要坚持生态治理上共同但有区别的责任原则。一方面，生态环境和气候变化问题关系到全人类的共同利益，每一个人都理应承担起保护环境和改善生态的重要责任；另一方面，从所负责任来看，制造着全球最大环境透支的西方发达资本主义国家拥有更强大的经济技术实力，应当承担更多的责任和义务，不能以自身享受为目的而置他国人民的生存环境于不顾，而要尽力帮助发展中国家的人民重归美好生态环境，实现全

---

① 《马克思恩格斯文集》第9卷，人民出版社，2009，第109页。
② 张莉：《当前欧洲右翼民粹主义复兴运动的新趋向》，《欧洲研究》2011年第3期。

球范围的生态可持续发展，让人人都享有绿水青山。

无产阶级的阶级利益同全人类利益相一致意味着无产阶级的革命性同"平等"这一全人类共同价值相匹配。恩格斯明确指出："无产阶级平等要求的实际内容都是消灭阶级的要求。任何超出这个范围的平等要求，都必然要流于荒谬。"① 因此，只有"随着阶级差别的消灭，一切由这些差别产生的社会的和政治的不平等也自行消失"②，继而实现真正的社会平等，虽然这种平等只有在共产主义社会才能实现，但人类命运共同体理念为我们指明了未来社会的发展方向。立足于国内外现实背景，人类命运共同体理念从马克思主义的平等观出发，强调通过一系列的政策举措控制社会分化和缩小贫富差距，克服种族歧视和阶级压迫，遏制文化殖民和生态掠夺，构绘人人平等、自由、幸福的美好画面。

（三）人的全面发展

人的全面发展是科学社会主义的重要组成部分。马克思从历史主体的活动出发，以人类的能力发展和社会经济进步状态（自由的进步）的统一为尺度，把人类的自由进步过程划分为三个历史阶段。"人的依赖关系（起初完全是自然发生的），是最初的社会形态，在这种形态下，人的生产能力只是在狭窄的范围内和孤立的地点上发展着。以物的依赖性为基础的人的独立性，是第二大形态，在这种形态下，才形成普遍的社会物质变换，全面的关系，多方面的需求以及全面的能力的体系。建立在个人全面发展和他们共同的社会生产能力成为他们的社会财富这一基础上的自由个性，是第三个阶段。"③ 基于马克思对三个阶段的历史性划分和对人的本质的科学认识，人的全面发展的基本含义被认为是，人作为主体的实践活动、社会关系、人的需要、各种能力、潜能素质的全面发展。受到社会实践和历史条件等因素的限制，人对自然、社会乃至人自身的认识需经历长时间的发展完善，也就是说，人的发展需要经过多个历史阶段的相对发展，即与当

① 《马克思恩格斯文集》第 9 卷，人民出版社，2009，第 113 页。
② 《马克思恩格斯文集》第 3 卷，人民出版社，2009，第 442 页。
③ 《马克思恩格斯全集》第 46 卷（上），人民出版社，1979，第 104 页。

时社会环境和条件相适应的发展阶段后实现人的全面发展的终极目标。① 人类命运共同体理念及其实践立足于当前社会条件和时代背景，为实现人的全面发展提供重要的理念遵循和丰富的物质条件，为推进人与社会的共同进步贡献了中国智慧和中国方案。

首先，人的全面发展是人的实践活动和创造活动的全面发展。人的生命首先要表现为活动，而人的活动首先要表现为劳动实践并随实践的发展而发展。马克思曾言："一个社会即使探索到了本身运动的自然规律……它还是既不能跳过也不能用法令取消自然的发展阶段。"② 这意味着在探寻到人类社会发展规律后，应当选择当下最切合实际的发展道路。人的全面发展只有在物质资料极大丰富的基础上才能实现，"只有当社会生活过程即物质生产过程的形态，作为自由联合的人的产物，处于人的有意识有计划的控制之下的时候，它才会把自己的神秘的纱幕揭掉"③。如今的国际社会仍属人类阶级社会，生产力较为落后，生活水平相对较低，劳动依旧是谋生的基本方式。然而这并不代表着"自由人的联合体"的理想社会虚无缥缈，马克思从未将共产主义仅仅看作理想社会的抽象描绘，而是将其扎根于改变现实社会的点滴努力当中。"实际上，而且对实践的唯物主义者即共产主义者来说，全部问题都在于使现存世界革命化，实际地反对并改变现存的事物。"④ 相较于资本逻辑作茧自缚，人类命运共同体理念将改善全球治理作为推动世界历史演变的新动力源，进一步扩大文明间的普遍交往，促进世界范围内生产方式的革新。尽管"人类命运共同体"与"真正的共同体"之间尚有距离，但人类命运共同体理念致力于把马克思共同体思想的理想目标逐步现实化、阶段化、具体化，在更多领域、更广范围和更深程度上创造有利于实现人的自由而全面发展的良好环境，是一套集理想主义与现实主义于一体的世界改造方案，这正是对马克思"改变世界"的一种践行。

其次，人的全面发展是个人能力的全面发展。全面发展的活动、广泛的社会关系、多样性的需要，必然要集结并升华为人自身多方面的能力，

---

① 傅洪健、曹兴平：《马克思关于"人的全面发展"的思想及其现实意义》，《思想教育研究》2009 年第 6 期。
② 《马克思恩格斯文集》第 5 卷，人民出版社，2009，第 9~10 页。
③ 《马克思恩格斯文集》第 5 卷，人民出版社，2009，第 97 页。
④ 《马克思恩格斯文集》第 1 卷，人民出版社，2009，第 527 页。

并以此实现人的能力普遍化和全面化的发展。马克思认为人的能力主要包括人的体力和智力、自然力、社会能力、潜在的能力和现实的能力等。其中，马克思尤其强调要发展人的体力和智力即劳动能力，他说："我们把劳动力或劳动能力，理解为一个人的身体即活的人体中存在的、每当他生产某种使用价值时就运用的体力和智力的总和。"① 而且他将劳动能力看作"人的本质力量的公开的展示"②。实际上马克思看到了正是体力和智力的分离才导致人的片面发展，而只有重视人的劳动能力的发展才能有效地消除人的异化，促进人的全面发展。为了满足人们的劳动需求，我国重视亚洲基础设施投资银行和丝路基金的设立，进一步推动亚洲地区的基础设施建设，为更多的国家及其人民创造就业机会，满足人们的各种劳动需求，使人的能力在劳动实践的过程中得到进一步发展。此外，马克思把个人能力发展置于一定的社会关系中进行研究，强调人的能力的形成、发展和表现都离不开社会关系。"一个人的发展取决于和他直接或间接进行交往的其他一切人的发展"③，构建人类命运共同体是为了实现更好的交往，通过深化交往与合作使各国互通有无、互学互鉴、互利共赢，继而发展并完善人的社会关系，推动个人能力的全面提升。

再次，人的全面发展是个人需要的全面发展。人的需要既是历史的产物，又是人走向文明的尺度。马克思高度评价了人的需要发展对共产主义社会和人的历史发展的积极意义："我们已经看到，在社会主义的前提下，人的需要的丰富性，从而某种新的生产方式和某种新的生产对象，具有什么样的意义。人的本质力量的新的证明和人的本质的新的充实。"④ 人的对客观世界的、自然的、物的世界的需求和占有表现出需求是一个发展的体系，在这个体系中需要的种类越来越多样，且低层次需要日益缩减，高层次需要持续增加。第一层次是人的自然需要，指维持人的生存所必须的衣、食、住等需要；第二层次是人的社会需要，它直接同社会生产和社会消费相联系，并通过交换来满足；第三层次是真正的社会需要，即人的全面发展的需要。社会生产力的高度发展，社会财富的充分涌流，使人们能够获

---

① 《马克思恩格斯文集》第5卷，人民出版社，2009，第195页。
② 《马克思恩格斯文集》第1卷，人民出版社，2009，第193页。
③ 《马克思恩格斯全集》第3卷，人民出版社，1960，第515页。
④ 《马克思恩格斯全集》第3卷，人民出版社，2007，第339页。

得更多自由时间来实现能力的全面发展。需要是通过人的生产劳动来满足的，而人的生产是社会的生产，单个人的力量根本无法满足人们不断发展的需求。人们必须互帮互助、协同合作，进行社会化的生产，才能解决生产和生活中的各种复杂问题。人类命运共同体理念以实现第三层次人的全面发展为目标指向，从当前人民日益增长的美好生活需要和不平衡不充分的发展之间的社会主要矛盾出发，逐渐消除使人的发展片面化、固定化的旧式分工，积极倡导生产的社会化和交往的全球化，通过扩大的社会生产和合理的国际分工推动生产力的飞速发展、科学技术的巨大进步和物质产品的极大丰富，继而为满足人们的美好生活需要、实现人的全面发展奠定坚实的物质基础。

最后，人的全面发展是个人的社会关系的全面发展。人的本质存在于人的社会关系当中，"社会关系实际上决定着一个人能够发展到什么程度"①。马克思、恩格斯指出："每一个单个人的解放的程度是与历史完全转变为世界历史的程度一致的……单个人才能摆脱种种民族局限和地域局限而同整个世界的生产（也同精神的生产）发生实际联系，才能获得利用全球的这种全面的生产（人们的创造）的能力。"② 单个人的自主活动随着交往扩大，造就日益丰富的社会关系，既有受动的一面，也有被促进的一面，关键在于独立于单个人活动之外的交往形式的条件是否同人的个性相一致。因此，要促进人的全面发展，必须创造与其相适应的交往形式。人类命运共同体理念遵循世界历史的发展规律，顺应全球化的发展趋势，始终秉持开放包容的基本原则，不断扩大对外交往，构建开放型世界经济体系。即使在逆全球化思潮兴起的当下，习近平仍坚持强调对外开放的基本国策，并指出："中国开放的大门永远不会关上，只会越开越大。我们将实行更加积极主动的开放战略，创造更全面、更深入、更多元的对外开放格局。"③在这一理念的指导下，"一带一路"建设工程深入推进，亚洲基础设施投资银行和金砖国家新开发银行运行良好，通过设施建设、经济往来和人文交流，使得国家、地区、民族间的界限变得模糊，造就了更为紧密、更为多

---

① 《马克思恩格斯全集》第3卷，人民出版社，1960，第295页。
② 《马克思恩格斯文集》第1卷，人民出版社，2009，第541~542页。
③ 《习近平关于社会主义经济建设论述摘编》，中央文献出版社，2017，第306页。

样、更为深入的社会关系，而这也进一步推动了人的全面发展。

二 世界：持久和平、普遍安全、共同繁荣、开放包容、清洁美丽

习近平站在历史制高点和时代最前沿，从人类整体和未来福祉出发，在党的十九大报告中呼吁"各国人民同心协力，构建人类命运共同体"①，为破解当今人类社会面临的共同难题提供了新原则新思路。作为一种大国外交策略和全球治理方案，人类命运共同体理念所倡导的共商共建共享的全球治理观需在政治互信、国际安全、经济发展、文化包容和生态合作等方面得到真正落实和体现，推动世界各国一道建设"持久和平、普遍安全、共同繁荣、开放包容、清洁美丽的世界"②。

第一，持久和平。当前，和平与发展仍是时代主题，国际社会需要的是合作而非对抗、是正义而非强权、是协作共赢而非零和博弈，弱肉强食不是人类共存之道，穷兵黩武无法带来美好世界，传统的以民族国家利益至上的国际交往原则已然无法满足新时代的国际交往需要，要有一种新的交往观来维护世界的持久和平和共同发展。习近平总书记指出："每个国家和民族的历史传统、文化积淀、基本国情不同，其发展道路必然有着自己的特色。"③ 各国家、各民族只有发展程度的不同和历史背景的差异，没有高低贵贱之分，必须尊重其他国家的领土和主权完整，尊重彼此之间的制度选择和文化信仰，互不侵犯、互不干涉内政，不在军事上恃强凌弱，不在政治上以大压小，不在经济上以富欺贫，各国"相互尊重、平等协商，坚决摒弃冷战思维和强权政治，走对话而不对抗、结伴而不结盟的国与国交往新路。"④ 必须认识到，当今时代要和平不要战争，要发展不要贫穷，要合作不要对抗，要公平不要强权，要携手共赢不要零和博弈。世界各国应当摒弃制度模式的偏见，突破意识形态的枷锁，在互商互谅的基础上构

---

① 习近平：《决胜全面建成小康社会 夺取新时代中国特色社会主义伟大胜利——在中国共产党第十九次全国代表大会上的报告》，人民出版社，2017，第58页。
② 习近平：《决胜全面建成小康社会 夺取新时代中国特色社会主义伟大胜利——在中国共产党第十九次全国代表大会上的报告》，人民出版社，2017，第58~59页。
③ 《习近平谈治国理政》，外文出版社，2014，第155页。
④ 习近平：《决胜全面建成小康社会 夺取新时代中国特色社会主义伟大胜利——在中国共产党第十九次全国代表大会上的报告》，人民出版社，2017，第59页。

建起顺应时代发展潮流的新的国际交往观，实现各国、各地区在政治、经济、文化上的平等权利，推动国际关系民主化、法治化、合理化，以此构建一个持久和平的世界。

第二，普遍安全。安全的普遍性首先体现在安全是世界各国普遍追求的价值，"不能一个国家安全而其他国家不安全，一部分国家安全而另一部分国家不安全，更不能牺牲别国安全谋求自身所谓绝对安全"①。安全的普遍性还体现在国与国之间的安全存在普遍联系，整个世界的安全处于牵一发而动全身的状态，任何一个国家的安全都要依赖于其他国家的安全和整个世界的安全。同样，世界的安全也依赖于每个国家的安全。随着科学技术的进步和世界在表现形式上的扁平化，更多的安全议题已超出民族国家的治理范围，任何一个国家的政府都难以独自应对全球化和网络化对安全、经济、政治、文化所带来的种种负面效应。世界的和平与安全来之不易，需要每一个国家的积极参与和携手合作。面对错综复杂的国际安全局势，"要坚持以对话解决争端、以协商化解分歧，统筹应对传统和非传统安全威胁，反对一切形式的恐怖主义"②。唯有各国政府、组织和人民积极参与、共担责任，摆脱利己主义的束缚，积极践行共同、综合、合作、可持续的新安全观，共同清除引起战争冲突的根源，才能构筑起世界的安全防线。

第三，共同繁荣。随着经济全球化的迅速发展，人类社会依存程度不断加深，不同国家和地区之间存在某种利益冲突的同时也拥有极为广泛的纽带联系和携手共赢的发展空间。因此，世界各国要超越极端的国家主义，站在全人类的高度来审视国际冲突、应对全球挑战、处理全球事务，努力寻求各国利益交汇点，实现个己私利向全人类共同利益的当代转向，携手打造一个共同繁荣的经济共同体。人类命运共同体理念坚持互利共赢的基本原则，努力探求不同国家、不同民族、不同地区之间团结协作的发展之路，"既要让自己过得好，也要让别人过得好"③，力争建设一个共同发展、普遍繁荣的新世界。既要坚持正确的市场价值导向和义利观，反对以邻为

---

① 习近平：《积极树立亚洲安全观 共创安全合作新局面——在亚洲相互协作与信任措施会议第四次峰会上的讲话》，《人民日报》2014 年 5 月 22 日。
② 习近平：《决胜全面建成小康社会 夺取新时代中国特色社会主义伟大胜利——在中国共产党第十九次全国代表大会上的报告》，人民出版社，2017，第 59 页。
③ 《习近平谈治国理政》，外文出版社，2014，第 315 页。

壑、损人利己，又要加强经济上的往来与合作，制定公正合理的竞争规则，形成有序的国际竞争秩序，继而推动各国的共进式发展。共同繁荣源于开放型的世界经济。"我们要共同维护和发展开放型世界经济，共同促进世界经济强劲、可持续、平衡增长，推动贸易和投资自由化便利化，坚持开放的区域合作，反对各种形式的保护主义，反对任何以邻为壑、转嫁危机的意图和做法。"① 只有开放才能推动全球治理体系的构建，才能共同维护多边贸易体制，才能促进生产要素在全球更加自由便捷地流动。各国要尊重彼此的发展选择，在相互借鉴发展经验的基础上，"推动经济全球化朝着更加开放、包容、普惠、平衡、共赢的方向发展"②。

第四，开放包容。文明如同生命有机体，有的已经消逝，有的得以繁荣发展。文明"如果长期自我封闭，必将走向衰落。交流互鉴是文明发展的本质要求。只有同其他文明交流互鉴、取长补短，才能保持旺盛生命活力"③。虽然不同的文明之间会有差异，但就像自然界是多样性的统一，文明也是人类社会多样性的统一。在人类文明的发展过程中，既有对历史文明的积累沉淀，又有对未来文明的不懈追求。一切以文明、民族、宗教冲突为借口的制裁和侵略，都是反人类、反社会、反历史的行为。世界各国、各民族之间应当相互交流、相互学习和相互借鉴，而不是相互隔离、相互排斥和相互取代。文明的差异是必然存在的，在对待其他文明时，需要通过交流互鉴吸收其他文明的优势，以此来丰富和发展本国、本民族的文明，进一步推动人类文明向前发展。唯有树立平等、互鉴、对话、包容的新文明观，"以文明交流超越文明隔阂，以文明互鉴超越文明冲突，以文明共存超越文明优越"④，才能增进各国人民友谊、推动人类社会进步、维护世界和平与发展。

第五，清洁美丽。当今世界，环境污染、生态恶化和能源短缺等全球性生态问题严重影响和制约着人类的生存与发展，全球自然灾害和极端天

---

① 《习近平著作选读》第1卷，人民出版社，2023，第150页。
② 习近平：《决胜全面建成小康社会 夺取新时代中国特色社会主义伟大胜利——在中国共产党第十九次全国代表大会上的报告》，人民出版社，2017，第59页。
③ 习近平：《深化文明交流互鉴 共建亚洲命运共同体——在亚洲文明对话大会开幕式上的主旨演讲》，人民出版社，2019，第7页。
④ 习近平：《弘扬"上海精神" 构建命运共同体——在上海合作组织成员国元首理事会第十八次会议上的讲话》，人民出版社，2018，第4页。

气的频发也为人类的可持续发展敲响了警钟，成为人类社会发展进步的巨大障碍。对气候变化、环境污染、生态破坏、资源短缺等全球性问题，如果总是抱着功利主义的思维，最终将损人不利己。为此，习近平总书记指出："要坚持环境友好，合作应对气候变化，保护好人类赖以生存的地球家园。"① 一方面，各国要"牢固树立尊重自然、顺应自然、保护自然的生态文明理念"②，努力形成全面、合理、有效应对的全球生态保护体系，继续探索能够实现经济社会发展和生态环境保护辩证统一的可持续发展模式，"让人民群众在绿水青山中共享自然之美、生命之美、生活之美，走出一条生产发展、生活富裕、生态良好的文明发展道路"③，打造清洁美丽的生态共同体；另一方面，生态问题这一复杂而重大的全球性问题的解决，需要全球共识、全球行动，建构多样而畅通的对话渠道，建设灵活而务实的对话机制。国际社会各方要有保护地球的责任意识，尤其是要注重发挥大国的作用。发达国家要主动承担历史性责任，改变不合理的生产和消费方式，减少对全球自然资源的过度消耗，并从资金和技术等方面支持发展中国家，帮助它们增强可持续发展能力。而发展中国家也应根据本国国情，制定并实施可持续发展战略。世界各国共商对策，统一行动，共同治理，构筑全球生态文明体系，携手共建生态良好的地球家园，实现世界的可持续发展和人的全面发展。

总之，人类命运共同体理念将"持久和平、普遍安全、共同繁荣、开放包容、清洁美丽"④ 看作中国特色大国外交在政治互信、国际安全、经济发展、文化包容和生态合作等方面的价值目标，用具体目标规范政策制定，用理想蓝图激励社会行动，倡导各国人民互帮互助，同心协力，共商宏图伟业，共享发展成果，共筑美好未来。

三　人类：解放与幸福

马克思对人的价值与人类命运抱持强烈的忧患意识与使命感，为此，

---

① 习近平：《决胜全面建成小康社会　夺取新时代中国特色社会主义伟大胜利——在中国共产党第十九次全国代表大会上的报告》，人民出版社，2017，第59页。
② 《习近平关于社会主义生态文明建设论述摘编》，中央文献出版社，2017，第43页。
③ 习近平：《在纪念马克思诞辰200周年大会上的讲话》，人民出版社，2018，第21~22页。
④ 习近平：《决胜全面建成小康社会　夺取新时代中国特色社会主义伟大胜利——在中国共产党第十九次全国代表大会上的报告》，人民出版社，2017，第58~59页。

他深刻总结人类历史发展的必然规律，强调无产阶级要将实现人类解放和谋求人类幸福作为奋斗方向，不断推进历史向世界历史的转变，实现必然王国到自由王国的伟大跨越。人类命运共同体理念秉持马克思主义的理论精髓和核心要义，将人类解放和人类幸福作为人类社会的重要价值目标，超越了国家主义的狭隘观念，尽力避免了民族国家之间的矛盾冲突，为维护世界和平注入了持久动力，为推进世界发展指明了正确方向。

（一）人类解放

唯物史观表明，人的发展本质上是追求人类解放进而实现人自由而全面发展的历史，归根结底是人类从必然王国向自由王国不断转化的过程。恩格斯在描绘这一历史进程时指出，伴随着生产力的极大发展和资本主义基本矛盾的彻底解决，资产阶级被消灭，资本主义私有制从此变为社会主义公有制，生产资料由私人占有转化为集体占有。伴随着生产资料被社会集体占有，商品生产以及产品对生产者的统治将同时被消除，曾经那些作为异己的、支配着人的自然规律而同人们相背离的人们自身行动的规律，将反过来受人们的控制和支配。以往人们本身的社会结合常常以某种自然界和历史强行施加于其上的东西与自身相对立，如今，也成为由其自身控制的自由行动了。① 正如恩格斯指出："只是从这时起，人们才完全自觉地自己创造自己的历史；只是从这时起，由人们使之起作用的社会原因才大部分并且越来越多地达到他们所预期的结果。这是人类从必然王国进入自由王国的飞跃。"②

"人类"是人类命运共同体实质上的价值主体，既是建设人类命运共同体的主体，也是享受自由和发展的主体。人类命运共同体理念以实现人类解放为价值目标，向往"每个人的自由发展是一切人的自由发展的条件"③的共产主义社会。这种自由而全面的发展是"全人类"的自由发展和全面发展，而非单个人或者某些特权阶级的自由发展和全面发展。正如马克思指出的："要不是每一个人都得到解放，社会也不能得到解放"④，体现了社

---

① 石云霞：《论人类命运共同体与"自由人联合体"的关系》，《北方论丛》2019年第6期。
② 《马克思恩格斯文集》第9卷，人民出版社，2009，第300页。
③ 《马克思恩格斯文集》第2卷，人民出版社，2009，第53页。
④ 《马克思恩格斯文集》第9卷，人民出版社，2009，第310页。

会解放与个人解放的统一。人类命运共同体理念站在全人类的高度，立足于当前人类在政治、经济、文化、安全、生态等诸多领域的共同问题，直面人类共同面临的威胁和挑战，解放人类自身，最终实现人的全面发展，而这一价值目标只有在共产主义社会才能实现。在共产主义理想社会来临前，人类只能经历这一超越意识形态和社会制度差异的"史前阶段"，但是正如马克思在《〈政治经济学批判〉序言》中考察人类"经济的社会形态"的演进时代时指出："资产阶级的生产关系是社会生产过程的最后一个对抗形式，这里所说的对抗，不是指个人的对抗，而是指从个人的社会生活条件中生长出来的对抗；但是，在资产阶级社会的胎胞里发展的生产力，同时又创造着解决这种对抗的物质条件。因此，人类社会的史前时期就以这种社会形态而告终。"① 人类命运共同体是迈向"自由人的联合体"的阶段性目标和历史阶梯，反映了当前人类的美好愿景和社会理想。

对于人人享有"自由而全面的发展"的共产主义社会形态，马克思、恩格斯指出："共产主义对我们来说不是应当确立的状况，不是现实应当与之相适应的理想。我们所称为共产主义的是那种消灭现存状况的现实的运动。"② 只有在这一历史运动中人的"自由而全面的发展"才能得以实现。基于历史活动的视角，可以发现"历史的全部运动，既是这种共产主义的现实的产生活动，即它的经验存在的诞生活动，同时，对它的思维着的意识来说，又是它的被理解和被认识到的生成运动"③。马克思、恩格斯对"自由人的联合体"的描绘为当下构建人类命运共同体提供了重要的理论遵循和行动指引。如今，很多人认为"自由人的联合体"令人向往，但也虚无缥缈，忽视其在当下实践中的生成性。马克思曾指出："理论在一个国家实现的程度，总是取决于理论满足这个国家的需要的程度。但是，德国思想的要求和德国现实对这些要求的回答之间有惊人的不一致，与此相应，市民社会和国家之间以及和市民社会本身之间是否会有同样的不一致呢？理论需要是否会直接成为实践需要呢？光是思想力求成为现实是不够的，现实本身应当力求趋向思想。"④ 人类命运共同体虽与"自由人的联合体"

① 《马克思恩格斯文集》第 2 卷，人民出版社，2009，第 592 页。
② 《马克思恩格斯文集》第 1 卷，人民出版社，2009，第 539 页。
③ 《马克思恩格斯文集》第 1 卷，人民出版社，2009，第 186 页。
④ 《马克思恩格斯文集》第 1 卷，人民出版社，2009，第 12~13 页。

尚有距离，但从实现理想社会的美好前景来看，推动构建人类命运共同体的意义远不止构建一个过渡性的共同体形态，而是创造性地开辟了通向理想社会的现实路径。具体来说，第一，奠定了物质基础。构建人类命运共同体立足于生产力的进步，社会经济的发展，物质财富的涌流，致力于消灭剥削、消除贫困，助力协同发展、共同富裕，继而为实现共产主义理想社会夯实物质基础。第二，建立了制度基础。人类命运共同体理念批判了资本主义制度的不可持续性，明确反对单边主义、霸权主义、保护主义，着眼于改变不公正不合理的国际规范和国际秩序，努力构建符合时代发展潮流的新型社会制度。第三，打造了思想基础。人类命运共同体理念倡导不同文明间的和谐共生和交流互鉴，通过互学互鉴进一步提升世界文明的整体水平，提高全人类的思想修养和精神境界，为未来社会的发展进步奠定坚实的思想基础和理论根基。[①]

尽管共产主义社会离我们还很遥远，但人类命运共同体理念致力于把实现人类解放的理想目标逐步现实化、阶段化、具体化，于更多领域、更广范围和更深层次创造有利于实现人的"自由而全面的发展"的良好环境，是一套集理想主义与现实主义于一体的世界改造方案，这正是对马克思"改变世界"的一种践行。然而，也正因为人类命运共同体是一个伟大的构想，是关乎全球治理和国际秩序的崇高目标，是人类历史上从未经历过的美好社会，因而其构建过程必然是漫长而艰辛的，不可能一蹴而就，也不可能一帆风顺，但正如习近平所说："我们不能因现实复杂而放弃梦想，不能因理想遥远而放弃追求。"[②] 只有各国人民同心协力，才能使人类命运共同体的伟大构想成为现实，并进一步达至人类解放的共产主义"自由王国"。

（二）人类幸福

人类幸福是马克思毕生追求的目标，也是沿袭马克思主义核心要义的人类命运共同体理念的价值追寻。马克思早在中学时期就坚定而明确地表达了他终其一生的职业选择和价值立场——人类幸福。为了实现人类幸福，

[①] 石云霞：《习近平人类命运共同体思想科学体系研究》，《中国特色社会主义研究》2018 年第 2 期。

[②] 《习近平谈治国理政》第 3 卷，外文出版社，2020，第 46 页。

为无产阶级发声，马克思、恩格斯写作了著名的《共产党宣言》，指出："过去的一切运动都是少数人的，或者为少数人谋利益的运动。无产阶级的运动是绝大多数人的，为绝大多数人谋利益的独立的运动。无产阶级，现今社会的最下层，如果不炸毁构成官方社会的整个上层，就不能抬起头来，挺起胸来。"① 在《共产党宣言》的结尾，马克思、恩格斯再次强调："共产党人不屑于隐瞒自己的观点和意图。他们公开宣布：他们的目的只有用暴力推翻全部现存的社会制度才能达到。让统治阶级在共产主义革命面前发抖吧。无产者在这个革命中失去的只是锁链。他们获得的将是整个世界。"② 正因为马克思为人类的幸福而工作、为了无产阶级和人类解放而工作的价值立场，"历史上从未出现过建立在笛卡尔思想之上的政府，用柏拉图思想武装起来的游击队，或者以黑格尔的理论为指导的工会组织"③，唯有马克思主义由一种个人的思想变成跨民族、跨时代的千百万人的信仰，变成一种世界范围内的运动和制度。人类命运共同体理念承继马克思主义追求"人类幸福"的价值立场，其价值预设是人类普遍利益和幸福的共享，为此它主张建立一种世界制度，制止诸如民族主义、殖民主义、保护主义以及政治、经济、文化、军事等领域的霸权主义和单边行动，通过打造政治和平、普遍安全、经济发展、文化繁荣、生态良好的美好世界来实现人类幸福的价值目标，不断迈向"自由人的联合体"的理想社会。

人类幸福离不开持久和平。两次世界大战的爆发让人们对战争深恶痛绝，冷战结束后，世界人民更加期盼和平，力求摆脱战争的梦魇。"当今世界是一个变革的世界，是一个新机遇新挑战层出不穷的世界，是一个国际体系和国际秩序深度调整的世界，是一个国际力量对比深刻变化并朝着有利于和平与发展方向变化的世界。"④ 如今，和平与发展的时代主题没有变，在相当长的时间内不可能发生大规模的世界战争，但局部地区的小范围摩擦和冲突不可避免。世界不能任由不公正、不合理、不平等的国际秩序体系来支配，国际社会也不能放任单边主义、霸权主义和强权政治的扩张蔓

---

① 《马克思恩格斯文集》第 2 卷，人民出版社，2009，第 42 页。
② 《马克思恩格斯文集》第 2 卷，人民出版社，2009，第 66 页。
③ 〔英〕特里·伊格尔顿：《马克思为什么是对的》，李杨、任文科、郑义译，新星出版社，2011，第 2 页。
④ 《习近平谈治国理政》第 2 卷，外文出版社，2017，第 442 页。

延，中国发展乃至世界发展必须顺应和平与发展的时代潮流，努力维护来之不易的和平局势。为了维护世界的持久和平，造就人类的幸福未来，人类命运共同体理念强调任何国家和团体都不要指望用暴力强迫的方式使他国接受自身意愿，要用沟通、协商、谈判来和平解决彼此之间的矛盾争端，习近平总书记说："沟通协商是化解分歧的有效之策，政治谈判是解决冲突的根本之道。只要怀有真诚愿望，秉持足够善意，展现政治智慧，再大的冲突都能化解，再厚的坚冰都能打破。"①

人类幸福离不开普遍安全。著名心理学家马斯洛认为人类的需要分为五层次，最基本的需要在于生理需要和安全需要，只有当基本需要得到满足后才能进一步寻求高层次需要的满足。如今，世界已经发展成为一个"地球村"，人与人的联系日益紧密，相互依赖度逐步提升，所面临的威胁和挑战也极具共性，特别是有些安全威胁，如核扩散、恐怖主义、气候变暖、环境污染、金融危机、难民危机、网络安全、大规模传染性疾病等已经具有全球性。构建安全共同体既是当代国际社会亟须解决的重要课题，也是人们追求幸福道路上的基本需要。唯物辩证法强调任何事物均是由各部分相互联系所组成的有机整体，部分离不开整体，整体高于部分，只有坚持用整体和全面的视角把握认识对象，才能在抓住事物要害和根本的同时充分发挥其整体功能。随着全球化进程的深入推进，人类越来越成为一个具有共同利益、面临共同挑战、担负共同责任、拥有共同价值的命运共同体，其安全问题也表现出全球性的特征。"没有一个国家能凭一己之力谋求自身绝对安全，也没有一个国家可以从别国的动荡中收获稳定。"② 只有继续扩大合作领域、创新合作方式，在团结一致的基础上不断维护各国、各族、各地区的安全局势，才能让人类在一个普遍安全的和谐环境中共享幸福生活。

人类幸福离不开经济发展。习近平曾说："发展是解决一切问题的总钥匙。"③ "发展是第一要务，适用于各国。"④ 如今，和平与发展的时代主题

---

① 《习近平主席在出席世界经济论坛 2017 年年会和访问联合国日内瓦总部时的演讲》，人民出版社，2017，第 23 页。
② 《习近平谈治国理政》第 2 卷，外文出版社，2017，第 523 页。
③ 《习近平谈治国理政》第 2 卷，外文出版社，2017，第 457 页。
④ 《习近平谈治国理政》第 2 卷，外文出版社，2017，第 542 页。

没有变，和平是发展的必要前提，发展是和平的有力保障，经济发展能够为各类社会问题的解决提供重要的物质基础，对立和冲突多是发展的不充分或不平衡所造成的，只有经济发展才能真正地减少矛盾冲突的产生。人类命运共同体理念致力于推动各国、各地区的共进式发展，助力人类走上幸福的康庄大道。为此，中国作为一个负责任的大国付出了诸多努力，在2013年首倡"一带一路"建设工程后，又倡议成立金砖国家新开发银行和亚洲基础设施投资银行，为构建人类命运共同体建立了良好的实践平台和保障机制。人类命运共同体理念所倡导的这种共进式发展理念及其实践，顺应了经济全球化的时代大势，超越了西方单一中心发展道路，通过经济发展实现物质财富的共创共享，继而满足人们的各式需要，提升世界人民的生活水平，开创人类幸福美好的生活。

人类幸福离不开文化繁荣。自远古以来的人类历史其实是各民族文化共生发展的历史，随着社会生产力的不断发展，各民族、国家和地区的联系逐渐加强，彼此隔绝的历史逐渐演变成为世界历史。由于各民族的频繁交往，民族文化也在广阔的世界舞台上不断交流交融交锋，使世界变得富有朝气和生机。然而，以美国为首的一些西方发达资本主义国家固守文化殖民主义和文化排外主义，不仅触发了其他民族国家的反抗情绪，而且使得国际局势动荡不安，阻碍多元文化共生发展。习近平说："世界上有200多个国家和地区、2500多个民族、多种宗教。不同历史和国情，不同民族和习俗，孕育了不同文明，使世界更加丰富多彩。文明没有高下、优劣之分，只有特色、地域之别。文明差异不应该成为世界冲突的根源，而应该成为人类文明进步的动力。"① 为了实现文化的繁荣，丰富人们的精神生活，人类命运共同体理念倡导多种文化和而不同、开放包容的世界文化格局，"'一花独放不是春，百花齐放春满园。'如果世界上只有一种花朵，就算这种花朵再美，那也是单调的"②。万紫千红才是春。"我们既要让本国文明充满勃勃生机，又要为他国文明发展创造条件，让世界文明百花园群芳竞艳"③，

① 《习近平主席在出席世界经济论坛2017年年会和访问联合国日内瓦总部时的演讲》，人民出版社，2017，第28~29页。
② 《习近平谈治国理政》，外文出版社，2014，第258页。
③ 习近平：《深化文明交流互鉴 共建亚洲命运共同体——在亚洲文明对话大会开幕式上的主旨演讲》，人民出版社，2019，第7页。

进而满足人类对精神文化生活的需要和对幸福美好生活的追求。

人类幸福离不开生态良好。良好的生态环境是人类赖以生存的根本，然而在资本逻辑的宰制下环境污染、生态失衡、能源危机、气候变暖等已成为人类难以回避的危机与挑战，威胁着全人类的生存与发展。习近平着眼于人类幸福的实现，指出："我们不能吃祖宗饭、断子孙路，用破坏性方式搞发展。绿水青山就是金山银山。我们应该遵循天人合一、道法自然的理念，寻求永续发展之路。"① 为此必须尊重自然、顺应自然、保护自然，摒弃粗放式、掠夺式发展，坚持走生产发展、生活富裕、生态良好的文明发展道路，"还老百姓蓝天白云、繁星闪烁""还给老百姓清水绿岸、鱼翔浅底的景象""为老百姓留住鸟语花香田园风光"②，共同建设一个清洁美丽的世界。人类只有一个地球，各国共处一个世界，生态问题事关各国，气候变暖、空气污染、海洋枯竭、生物多样性减少等一系列影响地球居民的生态问题需各国共商对策、统一行动，此时大国的道义担当至关重要。如果抱着功利主义的思维，总是希望自己多占点便宜、少承担责任，最终的结果将是损人不利己。各国政府，特别是西方发达资本主义国家的政府要不断超越民族利己主义的思想束缚，正视人类共同命运问题，为改善地球环境加强国际合作，"共同保护不可替代的地球家园，共同医治生态环境的累累伤痕，共同营造和谐宜居的人类家园"③，通过打造人与自然生命共同体，推动人类社会的可持续发展，让人人都享有水清岸绿、鱼翔浅底的美好生态环境，感受人与自然和谐共生的幸福生活。

人类命运共同体理念将实现人类幸福作为价值目标和实践宗旨，而要实现人类幸福的理想离不开持久和平、普遍安全、经济发展、文化繁荣和生态良好等一系列具体目标的实现，只有不断推进政治上的平等互信、安全上的守望相助、经济上的合作共赢、文化上的交流互鉴、生态上的责任共担才能建成持久和平、普遍安全、共同繁荣、开放包容、清洁美丽的世界，进而实现人类幸福的价值目标。

---

① 《习近平谈治国理政》第 2 卷，外文出版社，2017，第 544 页。
② 《习近平谈治国理政》第 3 卷，外文出版社，2020，第 368~370 页。
③ 《习近平谈治国理政》第 3 卷，外文出版社，2020，第 435 页。

第三节　价值评价：中华优秀传统文化与全人类共同价值的有机统一

价值评价构成了价值理论到实践即创造价值的中间环节，对于价值本质和各种具体形式的研究和认识，对于价值意识、价值观念的研究和讨论，全都是为了人们如何合理地进行评价、如何合理地把握价值而服务的，而价值选择、价值创造、价值实现又都以价值评价为前提条件。评价的失误必然导致价值选择的失误，导致创造价值实践的失败。① 构建人类命运共同体从理论到实践的成功离不开正确且有效的价值评价，基于中华优秀传统文化和全人类共同价值的价值评价将公正价值和兼爱理念推展于民族国家之间，形成了包含天下为公与公平正义、和而不同与多元并存、和谐共生与和平发展等复合价值评价标准，超越了西方"非此即彼"的思维桎梏，符合人类社会发展趋势和世界人民的共同期盼，有着重要的时代价值和人类意义。

一　天下为公与公平正义

人类命运共同体理念着眼于天下主义，跨域了民族国家的边界，从全人类发展的视角来分析解决问题，生动展现了天下主义的广阔胸怀，超越了西方单一中心的固有思维，成为全世界爱好和平人们的共同期盼。据《史记》记载，早在传统的三皇五帝时期，作为中华民族始祖的黄帝就已提出了"万国和"的倡议，主张化解万国之间的冲突，建立和谐的国际秩序。《尚书·尧典》则提出"协和万邦"思想。大禹实现了"九州攸同""四奥既居""四海会同""万国为治""声教讫于四海"的大一统格局。② 《礼记·礼运》中更是描绘了"天下为公"的大同世界，"大道之行也，天下为公。选贤与能，讲信修睦。故人不独亲其亲，不独子其子，使老有所终，壮有所用，幼有所长，矜、寡、孤、独、废疾者，皆有所养。男有分，女有归。货，恶其弃于地也，不必藏于己。力，恶其不出于身也，不必为己。

---

① 参见马俊峰《马克思主义价值理论研究》，北京师范大学出版社，2012，第 243 页。
② 参见郑任钊《何休的公羊学思想》，载《经学今诠三编》，辽宁教育出版社，2002，第 361 页。

是故谋闭而不兴，盗窃乱贼而不作。故外户而不闭，是谓大同。"① 可见，天下是超越民族国家之上的最高价值，天下为公的理想世界展现出人类对和谐美好生活的向往，人类命运共同体理念承继了中华传统"天下为公"理念，是其在新时代的创造性转化和创新性发展。

天下为公强调大一统为正统。《元史》中就说："自古帝王非四海一家不为正统。"② 四海一家是大一统，而大一统又是正统，因而在天下主义中"一统"与"正统"是结合在一起的。"正统"中的"正"是正义价值，"一统"离不开"正统"，失去"正统"的"一统"也就失去了价值合理性、政治合法性。欧阳修从公羊学角度理解春秋大义，强调"大居正"与"大一统"的结合，主张"正者，所以正天下之不正也；统者，所以合天下之不一也"。这样在天下主义中"一统"和"正统"就结合起来了：统一是正义的统一，正义是统一的正义。"'统'为空间之大一统也；'正'为公之大义也，相当于民心这大一统。兼备四海与民心两种大一统乃是充分意义上的大一统。"③ "天下为公"的大一统思想将统一和正义相结合，指出统一可避免专制，正义可避免分裂，继而使得天下为公成为构建理想世界秩序的重要价值遵循。

由此可见，"天下为公"中的"公"，既是原始公社的公、公共的公，也可谓之公平正义。《辞源》中对"公正"的解释为：不偏私、正直。公平正义通常指对人、对事始终秉持统一标准，不偏私、不护短、不歧视。马克思主义也主张公平正义，马克思、恩格斯认为资本主义社会生产力的极大发展促进了社会和个人的进步，也实现了相较于以往社会更多的公平正义。然而，资本主义社会的私有制基础使得公平正义的问题难以得到真正解决，无产阶级饱受资产阶级的压迫，人与人之间仅剩下赤裸裸的金钱利益关系，资产阶级以少数人的民主标榜全民民主，利用形式上的平等来掩盖事实上的不平等。对于如何实现公平正义，恩格斯指出："真正的自由和真正的平等只有在公社制度下才可能实现；要向他们表明，这样的制度是正义所要求的。"④ 只有到达共产主义社会，私有制被消灭，阶级差别消失，

---

① （元）陈澔 注《礼记》，金晓东 校点，上海古籍出版社，2016，第 248 页。
② 《元史·刘整传》，中华书局，1976，第 3786 页。
③ 赵汀阳：《惠此中国：作为一个神性概念的中国》，中信出版集团，2016，第 80 页。
④ 《马克思恩格斯全集》第 3 卷，人民出版社，2002，第 482 页。

"一切由这些差别产生的社会的和政治的不平等也自行消失"①。由此可见，唯有在共产主义制度下才能消灭剥削、消灭压迫，真正实现社会的公平正义。

古今中外，公平正义从未离开过人们的视野，成为全人类共同追寻的价值旨归，推动历史的车轮向着光明的目标前进。公平正义是衡量社会制度安排及其文明发展程度的重要尺度，社会公平正义实现程度越高说明人类社会文明程度越高。此外，公平正义还是化解矛盾、解决冲突的重要方式，是维护和平、促进发展的价值保障。坚守公平正义的理念能够合理调节和有效分配各成员的责任与义务，促进公利与私利、自我与他者之间的矛盾解决，助力世界人民的安居乐业和人类社会的长足进步。

总之，无论是中国古代文明的"天下为公"，还是其在现代社会的创造性转换"公平正义"都是人类命运共同体理念的重要价值评判，体现出对西方"唯我独尊"传统思维模式的批判和超越。公平正义是热爱和平与人类进步事业的世界人民的共同追求和努力方向，其实现作为人类命运共同体理念从理论到实践的成功评判标准，是正确把握和评价人类命运共同体理念的本质属性、未来指向和重要意义的关键所在，只有国际社会始终秉持公平正义的原则协商解决国际事务，才能真正打造持久和平和共同繁荣的新世界，推动人类社会的文明进程。

二　和而不同与民主自由

"和而不同"是中华传统文化的精髓，所谓"同"是完全的一致，无法容忍一丝"差异""区别"，而"和"则更加大气，更加包容，它能"容异"，强调多样性的并存与互补，更加强调事物在千差万别中协调发展。"和而不同"含有善解能容、独立自主的意蕴，延伸至当下体现出对"民主自由"的价值追求，超越了西方"二元对立"的价值标准和评价思维，显现出中华民族传统文化的博大胸怀，表达了爱好和平的国家和人民的共同期盼。

"和"属于儒家哲学的核心范畴，极其深刻地影响着中华民族的性格养成和生活方式，"君子和而不同，小人同而不和"（《论语·子路》），"和

---

① 《马克思恩格斯文集》第3卷，人民出版社，2009，第442页。

实生物，同则不继"（战国·左丘明《国语》），"万物并育而不相害，道并行而不相悖"（《中庸·第三十章》）等均表明，"和"是一种具有整体性、包容性的思维方式和行为习惯，且这种整体意义上的和谐包含着对多样性的尊重和差异性的包容，即"和羹之美，在于合异"（晋·陈寿《三国志·魏书·夏侯玄传》）。对于事物之间必然存在的种种差异，儒家哲学认为应当以一种包容的态度对待。当今世界正经历着百年未有之大变局，不稳定性不确定性因素不断增多，人类面临诸多共同危机的同时也迎来了许多新的机遇，儒家哲学所倡导的和合共生既彰显了和为贵的核心理念，又极大地包容了差异性与多样性，为求同存异、开放包容的文化交往观奠定了哲学理论基础。

"和而不同"自古以来便是中华民族孜孜以求追寻的理想境界和价值旨归。由此可见，中国文化是着眼于中和的文化，是一种多元涵容的文化。早在西周末年，先贤便意识到"去和而取同"的时弊，继而引发"和同之辨"，认识到"和实生物，同则不继"，唯有包容差异才能使整体获得进一步发展。一个民族在漫长的历史发展过程中所沉淀的思想观念、行为习惯和认知信仰，充分彰显了其民族性的价值追求，不仅是区别于异族的鲜明标识，更是助力民族发展的重要精神支撑。在这种思维方式的影响下，必须尊重并承认每一个民族文化发展的正当性，充分包容和欣赏异族文化，在尊重民族平等性的基础上互学互鉴，并在这一过程中不断发展完善自身文化。"夫物之不齐，物之情也。"（《孟子·滕文公上》）和而不同尊重和认同矛盾的客观存在，其所追求的并非完全的"同一"，而是在辩证互动中趋向"同一"的客观指向和现实结构。

在人类共同价值中，"和"的理念生动展现于民主、自由的价值观，因为"和"不仅要求相互尊重、平等相待、共生共荣，而且强调和而不同、求同存异、兼容并包。和而不同是以尊重"不同"为前提的人群相处之道，创造了一种普遍性的合作规则和交往秩序，每个人、每个群体都可保留其内在差异，彰显其包容万千的广阔胸怀、容纳万物的宏伟气概和百家争鸣的开放视野，即民族自由、民主自由、人民自由。民主、自由作为全人类共同价值，是推动构建人类命运共同体的重要价值目标，也是中国特色社会主义核心价值观的一部分。当今国际社会，国际力量对比呈现"东升西降"态势，多极化继续向前发展，各国协商对话的多边主义格局业已形成。

习近平指出："什么样的国际秩序和全球治理体系对世界好、对世界各国人民好，要由各国人民商量"①。我国倡导推进国际关系民主化，尊重各国人民自主选择发展道路的权利，反对霸权主义和强权政治，坚持共商、共建、共享的全球治理观，展现了对中华传统"和"文化的继承与发展。

在过去的历史中，由于各文明体在价值选择、文化观念、宗教信仰等方面有着较为明显的差异，使得不同国家、民族乃至地区之间因不同的价值选择而做出联合抑或对抗的行动，这一过程体现出人类基于自身的价值选择和文化差异而作出的各不相同的价值评价。西方传统的"非此即彼"的霸道思维催生了极具主观性和不确定性的"二元对立"价值评价，给世界带来了摩擦与冲突，动荡与不安。秉持"和而不同"理念的"民主自由"价值评价与西方本国优先、唯我独尊的"普世价值"有着本质上的区别。一些西方国家以"民主卫士"自居，以自己的尺度评判他国，甚至通过颜色革命、使用武力迫使他国照搬自己的政治制度、民主模式，致使当地人民长期处于动荡的局势中。现实充分证明：民主自由绝不是空洞的口号，决不能脱离具体国情，它不仅是观念形态的价值观和理论，更是历史的、具体的、现实的制度和体制，唯有将民主、自由真切地融于人民群众的具体实践中，才能真正造就美美与共的理想世界，实现人类孜孜以求的美好社会。

2020 年 9 月 22 日，联合国秘书长古特雷斯指出："当今世界面临五大挑战：严重的地缘紧张局势、气候危机、全球互不信任、数字世界的黑暗面和新冠疫情。"② 要应对这些危机与挑战，必须摆脱西方单一中心的思维定式，制定新的社会契约，构建起符合时代发展要求的新的价值评价标准。人类命运共同体理念致力于在价值评价的过程中为人类整体做加法，为不同文明体做乘法，其所追求的"和而不同""民主自由"的价值评价方式克服了西方"二元对立"评价方式所衍生出来的丛林法则、零和博弈和冷战思维的种种弊端，造就了政治上平等相待、经济上共生共荣、安全上互帮互助、文化上互学互鉴、生态上和谐共生的价值目标。围绕这一目标制定

---

① 《习近平谈治国理政》第 2 卷，外文出版社，2017，第 41 页。
② 《联合国秘书长呼吁改进全球治理，征服危及人类的"天启五骑士"》，搜狐网，https://www.sohu.com/a/420681628_ 99947734，最后访问日期：2023 年 9 月 3 日。

的具体价值规范和行动规则能够真正实现对世界多样性的认同与尊重，改善国家和地区之间的不平衡发展现状，进一步满足世界人民对美好生活的期待和追求。

三　和谐共生与和平发展

习近平在庆祝中国共产党成立 100 周年大会上的讲话中指出："和平、和睦、和谐是中华民族 5000 多年来一直追求和传承的理念。"① 历史上的中国，始终站在正义的一边，从不无端进攻他国，从不无故干涉他国内政。如今，和平与发展的时代主题没有变，世界人民对美好生活的期盼没有变，世界各国相互依存、休戚与共的发展态势没有变。承载着人类共同期盼的人类命运共同体理念在追求和平发展的同时期盼和谐共生，努力造就国与国之间和平共处、人与自然和谐相处的生动局面，推动世界的整体发展与人类的共同进步。

第二次世界大战以来，世界上的绝大多数国家都对两次世界大战给世界人民造成的伤害铭记于心，对战争的破坏性与杀伤性记忆犹新，这给保持和平带来了希望，也使人们认识到一切问题的解决仍要靠发展。然而，伴随着两极格局的形成，国际社会仍处于战争的阴霾当中。两极格局瓦解后，世界面临着建构新的国际体系和国际秩序的迫切任务，而多方面动荡因素的存在使得国际社会走向和平与发展的前景还有很大的不确定性。如今，新冠疫情反复延宕，世界经济脆弱性更加突出，地缘政治局势持续紧张，全球治理严重缺失，粮食和能源等多重危机叠加，人类面临着更为严峻的挑战。面对"世界怎么了，我们怎么办"的世纪之问，习近平坚定站在和平一边，站在对话一边，站在历史正确一边，用共同利益、共同挑战、共同责任把各国前途命运联系起来，发起推动构建人类命运共同体的伟大倡议。人类命运共同体理念传承了中国传统文化中的和合思想，将攸关中国前途命运的中国梦与攸关世界各国前途命运的世界梦紧密连接在一起，是应对全球化发展困境、推动全球治理体系变革、构建国际新秩序的应时、应势、应需之举。面对当今世界霸权主义和强权政治依然存在、国际秩序缺陷重重的社会现实，中国倡导以和平途径融入西方主导的国际秩序，以

---

① 《习近平谈治国理政》第 4 卷，外文出版社，2022，第 11 页。

自身力量推动全球治理向着共商共建共享的方向转变。而实现这一转变的关键一是和平，二是发展，习近平指出："没有和平，中国和世界都不可能顺利发展；没有发展，中国和世界也不可能有持久和平。"[①] "中国坚定不移走和平发展道路，倡导各国共同走和平发展道路，推动构建以合作共赢为核心的新型国际关系，打造人类命运共同体。"[②]

如今，国际局势具有极大不确定性，同时全球生态危机不断加剧、人类生存环境日趋恶化，对当代人类生存发展构成严重威胁。人类命运共同体理念成为应对当下错综复杂世界形势的中国方案，它承继了中国传统的"和合"文化，将和谐共生看作至关重要的价值评价标准，强调既要实现国际关系的和谐共生，也要维护人与自然的和谐共生，以此促进世界的可持续发展，满足人们对美好生活的追求，构建人人期盼的和谐世界。

一方面，国际关系的和谐共生是人类命运共同体理念的关键考量。和谐一直以来都是中华文明的重要价值目标，"和合"思想被认为是中华文明的灵魂，是关乎社会行为体相互作用关系的理论阐释。中华文化一直以来都极为崇尚和谐，"和合"文化源远流长、影响深远，蕴含天人合一、和谐共生的宇宙观，以和为贵、协和万邦的国际观，以民为本、天下为公的政治观，求同存异、和而不同的交往观，以及包容互鉴、美美与共的文化观。在中华文明漫长的演进历程中，中华民族始终秉承和平、和睦、和谐、和美、和气的传统文明理念，并用实际行动予以证明。习近平总书记指出："中华民族的血液中没有侵略他人、称王称霸的基因"[③]，以和为贵、与人为善的交往理念在中国传承延续，在中华民族的基因中留下了深重的烙印。无独有偶，西方也早有对和谐思想的阐发，古希腊哲学家柏拉图设计了以正义和谐为主要内容的理想国；德国古典哲学家康德阐发了永久和平论；空想社会主义者欧文（Irving）致力于建设"新和谐公社"；傅立叶（Fourier）提出了"和谐社会"，发表了《全世界和谐》《新世界》等著作；魏特林（Weitling）有志于建立一种全体和谐与自由的社会主义社会。在科学的历史观指导下，马克思主义哲学批判地继承了此类思想资源，提出未

---

① 《习近平谈治国理政》，外文出版社，2014，第248页。
② 《习近平外交演讲集》第1卷，中央文献出版社，2022，第398页。
③ 习近平：《在庆祝中国共产党成立100周年大会上的讲话》，人民出版社，2021，第16页。

来世界将是阶级性质的国家消失、各国不平等和民族隔阂消除的"自由人的联合体","整个人类社会将成为永久和平、和谐、共融、共荣的新世界"①。

在马克思主义和中华优秀传统文化的影响下,和谐共生的思想也一直贯穿在中国外交理念和政策的发展过程中。毛泽东同志早在新民主主义革命时期就提出中国革命的重要目标是"争取中国和世界的永久和平"②,新中国成立后他又积极倡导独立自主的和平外交政策,并提出著名的"和平共处五项原则",这对于维护国际关系的和谐和捍卫世界的和平都起到了积极的作用。2005 年 12 月 22 日,《中国的和平发展道路》白皮书中指出:持久和平、共同繁荣的和谐世界是全球人民的共同心愿和中国走和平发展道路要实现的崇高目标,并明确将民主的世界、和睦的世界、公正的世界、包容的世界作为和谐世界理念的基本要求。③ 胡锦涛在党的十八大报告中明确提出:"要和平不要战争,要发展不要贫穷,要合作不要对抗,推动建设持久和平、共同繁荣的和谐世界,是各国人民共同愿望。"④ 进入新时代以来,以习近平同志为核心的党中央不断丰富和拓展马克思主义和谐世界理念的思想内涵,鲜明地指出中国有两个梦想,分别是"中国梦"和"世界梦","中国梦同世界各国人民的美好梦想息息相通"⑤,追求和平、幸福和奉献的"中国梦",已经成为推动构建人类命运共同体这一"世界梦"的强大动力。正如习近平所说:"中国是促进世界和平与发展的建设性力量。我们将继续抱着谦虚的态度,学习借鉴其他国家的先进理念和发展经验,包容并蓄,走同其他国家和谐共生的发展道路。"⑥

构建人类命运共同体旨在回答"中国应当推动建设什么样的世界"这一重大国际关切,在国际关系上倡导一种和平共处、和谐共生的理想秩序状态。在这种理想秩序状态中,各国相互尊重、平等相待、和睦相处、合作

---

① 李爱华:《马克思主义国际关系理论专题研究》,人民出版社,2013,第 21 页。
② 《毛泽东外交文选》,中央文献出版社、世界知识出版社,1994,第 9 页。
③ 中华人民共和国国务院新闻办公室:《中国的和平发展道路》,《人民日报》2005 年 12 月 23 日。
④ 《十八大以来重要文献选编》(上),中央文献出版社,2014,第 36 页。
⑤ 习近平:《弘扬和平共处五项原则建设合作共赢美好世界——在和平共处五项原则发表 60 周年纪念大会上的讲话》,人民出版社,2014,第 13 页。
⑥ 《习近平会见 21 世纪理事会北京会议外方代表》,《人民日报》2013 年 11 月 3 日。

共赢，尊重彼此选择的政治制度和发展道路，以及相互的地位、权利和特征，充分发扬国际关系中的平等互信、公平公正、合作共享等理念，促进国际关系的民主化、公正化、和谐化。和谐也是不断化解矛盾的秩序状态，国际社会由于没有统一的中央政府，没有一个国家之上的权威机构来保障自身安全，使得各类矛盾纠纷频发。因此，要用和平而非战争的手段解决国际争端，用协商而非胁迫的方式化解国际矛盾，因为强权政治只会使得矛盾冲突加剧，继而引发更为紧张的国际局势，只有摒弃零和思维和冷战思维，走共商、共建、共治、共享、共赢的和平发展道路才能维护世界的和谐稳定和健康发展。和谐还是一种共进式的发展状态。世界各国及其人民要在共建共创的同时共享发展成果，每一个国家要在关注自身发展的同时助力他国共同进步，世界的长期发展决不能建立在全球贫富分化日益严重的基础上，唯有各国共同发展才能造就世界更好发展。正如习近平指出："一个国家要谋求自身发展，必须也让别人发展；要谋求自身安全，必须也让别人安全；要谋求自身过得好，必须也让别人过得好。"① 和谐共生思想作为一种全新的政治伦理观，体现了人类对安定团结、共同繁荣、和谐共处理想社会的向往，反映了自由、和平、平等等人类共同追求的价值理想。国际关系的和谐共生是人类命运共同体理念的重要考量，不仅使人们认识世界、改造世界有了全新的理论视角和实践进路，而且使世界秩序的建构从哲学意义上进入了一个崭新的层次。

另一方面，人与自然的和谐共生是人类命运共同体理念的价值标准。中国传统生态哲学主张"天人合一"。"天人合一"讲究天道人伦化，将伦理原则扩展至自然，遵循自然规律和道德法则的内在统一，追求人与自然的和谐共生，体现了宇宙生命统一论，诸如儒家的"与天地何其德"，道家的"道法自然"，墨家的"以天为法"，佛家的"众生平等"都是强调"天道"与"人道"合一，高扬的都是"敬畏生命"的伦理精神。马克思主义同样强调人与自然的辩证关系，倡导人与自然的和谐共生。首先，人由自然动物变为社会动物是自然界发展到一定阶段的产物，人类的生产实践活动使"自在自然"不断地向"人化自然"转变；其次，马克思、恩格斯从生产活动视角考察了人与自然的关系，指出"没有自然界，没有感性的外

---

① 施芝鸿：《改革潮头鼓呼集》（下），人民出版社，2019，第919页。

部世界，工人就什么也不能创造。它是工人用来实现自己的劳动、在其中展开劳动活动、由其中生产出和借以生产出自己的产品的材料"①。"我们不要过分陶醉于我们人类对自然界的胜利。对于每一次这样的胜利，自然界都对我们进行报复。"② 在此基础上，马克思进一步指出了"人类与自然的和解以及人类本身的和解"③ 的理想途径，即共产主义。"这种共产主义，作为完成了的自然主义，等于人道主义，而作为完成了的人道主义，等于自然主义，它是人和自然界之间、人和人之间的矛盾的真正解决"④，马克思所说的完成了的"自然主义"与"人道主义"在肯定自然是万物之基和承认人的主体地位的前提下，扬弃人与人关系上的异化，把人从非人性的自然关系中解放出来。人类命运共同体理念以实现人的自由而全面发展为未来指向，同样追求人与自然的和谐共生，并将其实现状况作为价值评价的关键要素和重要考量。

在马克思主义自然观的基础上，习近平进一步强调："人与自然是生命共同体"⑤，要"坚持人与自然和谐共生"⑥。人是自然界的产物，人的生存和发展依赖于自然，以自然的存在和发展为前提，自然为人的生存和发展提供了空间和物质资料。人与自然是一对永恒的矛盾，人具有主观能动性，能够改造和利用自然，但是人的这种活动具有两面性：一方面，人通过改造自然生产出满足自身需要的产品，创造出丰富的物质财富；另一方面，人对自然的改造也会引发各类环境问题，反过来影响和作用于人。在农业文明时代，受限于落后的生产力，还谈不上对自然环境的破坏。到了工业文明的时代，生产力的突飞猛进在创造了大量物质财富的同时也消耗了大量的自然资源。工业文明的传统观点认为，经济发展与环境保护是一对矛盾，发展必然意味着资源的消耗和环境的破坏，绿水青山和金山银山是无法相容的。诚然，经济发展与环境保护的关系涉及人与人、地区与地区、国与国之间乃至代与代之间复杂的利益关系，各国在面对全球生态危机时

---

① 《马克思恩格斯全集》第 42 卷，人民出版社，1979，第 92 页。
② 《马克思恩格斯文集》第 9 卷，人民出版社，2009，第 559~560 页。
③ 《马克思恩格斯文集》第 1 卷，人民出版社，2009，第 63 页。
④ 《马克思恩格斯文集》第 1 卷，人民出版社，2009，第 185 页。
⑤ 习近平：《高举中国特色社会主义伟大旗帜　为全面建设社会主义现代化国家而团结奋斗——在中国共产党第二十次全国代表大会上的报告》，人民出版社，2022，第 23 页。
⑥ 《习近平谈治国理政》第 3 卷，外文出版社，2020，第 19 页。

出于自身利益的考量往往作出不同的选择，西方发达国家为了维护自身的优势地位和特殊权益，继续凭借资本的力量加大对全球资源的掠夺，同时将生态危机转嫁给发展中国家，而发展中国家为了尽快摆脱贫穷落后的生存状态，又走上西方发达国家的老路，以资源环境为代价推动经济增长。无论是发达国家还是发展中国家，为了加快发展的步伐，都在向自然开战。然而，这些超越环境承载力的开发和破坏行为给全球带来了生态危机，不平衡的发展更是加剧了这一危机。种种事实表明：自然是人类行为的一面镜子，人与自然是共生共荣的生命共同体，"人类可以利用自然、改造自然，但归根结底是自然的一部分，必须呵护自然，不能凌驾于自然之上。我们要解决好工业文明带来的矛盾，以人与自然和谐相处为目标，实现世界的可持续发展和人的全面发展"[①]。

从加速发展的工业文明过渡到统筹人与自然和谐发展的生态文明是一项庞大的系统工程，需要根本性地从人与自然的对立哲学转向人与自然的和谐哲学，全方位地改变人类的生产方式、生活方式、思维方式和行为方式，构建系统完备、科学规范、运行高效的和谐制度体系，要极为重视生态环境的承载力，将发展的规模和速度控制在生态可承载范围内，顺应人与自然和谐共生的发展规律。其中，统筹经济发展与环境保护，推动绿色变革，是实现人与自然和谐发展的重要着力点，正如习近平指出："我们既要绿水青山，也要金山银山。宁要绿水青山，不要金山银山，而且绿水青山就是金山银山。"[②] 这一理念深刻地揭示了人与自然、经济发展与环境保护、绿水青山与金山银山的内在统一关系。只有建立新型绿色经济增长指标考核体系，持续地推动科学技术进步和产业改造升级，才能实现人与自然的和谐共生，为建设美丽中国、实现中华民族永续发展提供有力保障。如今，经济全球化的发展使得整个世界成为休戚与共的命运共同体，全球生态危机关系到世界各国的共同利益和共同福祉。面对人类前途命运紧密相连的社会现实，中国共产党人呼吁世界各国共同参与生态文明建设，只有真正认清全球生态危机的威胁，共同应对全球生态问题的挑战，才能让人类命运共同体这条大船乘风破浪、行稳致远。

---

① 《习近平谈治国理政》第 2 卷，外文出版社，2017，第 525 页。
② 《习近平关于社会主义生态文明建设论述摘编》，中央文献出版社，2017，第 20~21 页。

　　总体而言，当今国际局势在保持总体和平稳定态势的同时仍存在局部性的战争、动荡与危机，世界各国在扩大交往的同时依然有着矛盾和冲突，人与自然关系在总体和谐的同时也面临着发展悖论，各国在应对全球生态危机的同时也遭遇着责任分配难题。面对当今世界出现的种种困难和现实挑战，需要秉持人类命运共同体的理念精髓和核心要义，将和平发展与和谐共生作为评价人与人、人与社会、人与自然关系发展的重要价值标准，倡导以开放包容的姿态处理各类矛盾争端，以平等协商的态度对待各种摩擦冲突，以团结合作的方式应对各种机遇挑战，继而打造一个更加和谐、更加繁荣、更加美好的理想世界。

第五章　人类命运共同体理念的马克思主义认识论分析

　　基于认识论的视角可以发现，人类命运共同体理念是中国共产党人将人们所处时代条件和历史方位置于马克思共同体演进的话语体系中进行深入剖析的思想产物，其本质是一种全球治理的马克思主义实践观念，是"自由人的联合体"理想在现实社会的具体化实践化。在当下历史阶段，只有通过真切的实践活动才能将"理想的图景"转变为"物质的力量"，在推进全球治理和国际合作的过程中实现马克思主义的在场性，彰显中国化时代化的马克思主义的普遍性意义。

第一节　理论定位：全球治理的马克思主义实践观念

　　实践是辩证唯物主义认识论的核心和基石。基于认识论的视角，人类命运共同体理念归属实践理念的范畴，是"自由人的联合体"理想的当代表达，是科学社会主义的理论逻辑同"两个大局"同步交织、相互激荡的现实逻辑相结合的产物，是以习近平同志为核心的党中央所构想的、能够指引人类走进理想社会的行动指南。它立足于当代社会现实，围绕现实困境的解决，"通过批判旧世界发现新世界"[①]，而后反过来重塑现实，引导和驾驭资本逻辑。经历了这种认识和实践的循环往复运动，人类命运共同体理念得到了进一步的充实和发展，反过来对实践的作用也在持续深化。

一　理论创立：立足当代

　　就理论概念的生成而言，人类命运共同体这一新概念的诞生是马克思主

　　[①]　《马克思恩格斯文集》第 10 卷，人民出版社，2009，第 7 页。

义中国化时代化的一次概念飞跃，是以习近平同志为核心的党中央将"两个大局"置于马克思主义共同体演进的话语体系中进行解读剖析的理论产物。理论与现实的互联互通、互促共进在新概念的创制中得以生动彰显。

　　一方面，人类命运共同体这一新概念反映了身处"虚幻的共同体"中，面对世界各国相互联系、相互依存程度空前加深的时代背景，以及众多危机和挑战需要全人类共同应对的现实境遇，人类未来极有可能形成的一种新型关系样态。由中国首倡的人类命运共同体概念本质上正是对这种新型关系样态抽象化、符号化的产物。马克思主义认识论是关于认识的本质和规律的学说，揭示了认识主体的思维历程，即感觉、抽象、概念化和推理，可见新概念的产生首先源自对现实社会的感知，继而对这一抽象过程进行概念化，形成具有特定内涵的思维产物。人类命运共同体这一理论概念的创制深刻展现了人类自身面对的现实困境及应对方案的理论自觉，是对马克思主义立场、观点、方法的灵活运用和生动彰显。

　　另一方面，人类命运共同体这一新概念的诞生展现了在全球化发展深入推进、世界历史加速演进的时代大势中，人与人、人与社会、人与自然相互依存的内在规律和客观现实。通过不断地掌握新情况、处理新问题来创制新理论、生成新概念，推进马克思主义中国化时代化，是马克思主义永葆生机和活力的真谛。奥尔曼指出："马克思自己成就的特色有时是通过引入新概念，如'剩余价值'，而实现更加充分的理解，从而体现出来的。"① 既往政治学家、经济学家、社会学家虽发现了劳动产品的分配不公，但受制于既有经济范畴，难以找到不同经济形式的交汇点，直至"剩余价值"概念的提出。与之类似，人类命运共同体概念的提出抽象出贯穿相互依赖理论、国际社会理论、全球治理理论等各类西方国际关系理论的核心并使其概念化，在彰显当下时代特征的同时启人深思，走进马克思主义政治哲学深处。

　　总之，人类命运共同体概念的创制反映了人类前途命运息息相关的客观现实，顺应了马克思主义所揭示的共同体演变规律，彰显了马克思主义与时俱进的理论品格。这一概念化的过程创造了全新的研究对象，为新理

---

① 〔美〕伯特尔·奥尔曼：《辩证法的舞蹈：马克思方法的步骤》，田世锭、何霜梅译，高等教育出版社，2006，第183页。

论的生发奠定了概念基石，其自身意义也将在理论资源与现实实践的有力支撑下不断完善发展。

二　理论应用：应对困境

马克思在《黑格尔法哲学批判》导言中指出："理论在一个国家实现的程度，总是取决于理论满足这个国家的需要的程度。"① 从理论应用于实际问题的解决出发，人类命运共同体理念本质上是将马克思主义理论应用于全球治理伟大实践不可或缺的中介环节。要将抽象的理论概念应用于实际问题的解决必须转换理论形态，使其与具体实际相结合，通过具体化的过程将其转变为实践观念形态，不然那些能够理性反映客观认知的抽象概念就难以成为现实的行动指南，无法对具体的实践活动提供科学指引。理论观念转化为实践观念的过程本身便是实践主体通过抽象的想象，将概念寄托于意象而具体化，获得理想形态继而充分发挥其规范指引作用的逻辑过程，如同建筑师设计蓝图、工程师制定程序。李达曾指出："要获得那种客观的正确的指导的理论，就必须把捉住一般根本路程上的经济的进化之客观的法则，同时具体的考察中国经济的特殊的发展法则，以期建立普遍与特殊之统一的理论。"② 因此，要想在全球治理实践过程中坚持正确方向，必须将马克思主义基本原理同"两个大局"同步交织、相互激荡的时代背景以及当前全球治理问题和治理现状进行有机结合。

习近平在党的二十大报告中对当今世界大势作出判断，指出："当前，世界之变、时代之变、历史之变正以前所未有的方式展开。一方面，和平、发展、合作、共赢的历史潮流不可阻挡，人心所向、大势所趋决定了人类前途终归光明。另一方面，恃强凌弱、巧取豪夺、零和博弈等霸权霸道霸凌行径危害深重，和平赤字、发展赤字、安全赤字、治理赤字加重，人类社会面临前所未有的挑战。"③ 面对共同挑战，长期主导国际事务的美欧日等西方国家无能为力、无可奈何、无所作为。于是，这一历史重任落到了作为世界第二大经济体的中国身上。中国作为负责任的大国积极参与全球治理、

① 《马克思恩格斯文集》第1卷，人民出版社，2009，第12页。
② 《李达文集》第3卷，人民出版社，1984，第24页。
③ 习近平：《高举中国特色社会主义伟大旗帜　为全面建设社会主义现代化国家而团结奋斗——在中国共产党第二十次全国代表大会上的报告》，人民出版社，2022，第60页。

主动承担世界责任，以满足人们对和平与发展的需要为目标，提出并践行超越西方单一中心主义的人类命运共同体理念。这一理念既体现了当前世界各国共同应对全球性挑战的需要，也表达出各国利用全球化趋势发展自身、增进人类共同福祉的需要。它源自马克思主义基本原理，通过"两个结合"成为一种实践观念形态的马克思主义理论，为中国特色大国外交的持续发展提供了理论指引，为全球治理体系改革和建设提供了行动指南。

三　理论指向：改变世界

对人类现实生存境遇的关切和未来发展图景的描绘始终是马克思现代性批判的关注焦点。从理论建构的内容层次来看，人类命运共同体理念可析出三种社会认识层次，即现实认知、前瞻性认识和社会理想层次。哲学家冯契将自在之物转化为为我之物的运动过程归纳为："由本然界化为事实界，而事实界的规律性的联系提供可能界，人根据这种可能的现实与人的需要来创造价值，故有价值界。"[1] 依据这一分类标准，现实认知层次为本然界，前瞻性认识层次为可能界，社会理想层次为价值界。只有在对现实的认知和一定前瞻性认识的基础上才能造就社会理想，也正是对现实认知的深入挖掘和进一步完善造就了前瞻性的认识，而现实认知还会受到历史认识的影响。由此可见，人类命运共同体理念的时代使命已经超越了以"解释世界"为目标的"事实界""可能界"层次，达至以"改变世界"为指向的"价值界"层次，希望通过新理论形态的创制及其付诸实践，在扬弃现实的基础上创造美好未来。

人类命运共同体理念在观念上实现着主客体之间两种存在方式、运动形式和发展逻辑之间的交互转化。[2] 在此视角下，认识主体对社会现实的认知既涵盖了人类实践活动和历史活动中所凝聚成的政治、经济、文化等各种社会领域、社会要素、社会关系等所构成的社会整体和运行机制，还包括了维护世界和平、构建和谐世界、推动共同发展的美好愿景。由此可见，人类命运共同体理念不仅追求"真"，还指向"善"和"美"，不仅要"认

① 冯契：《冯契文集》第 10 卷，华东师范大学出版社，2016，第 307 页。
② 张郭男、曾祥云：《人类命运共同体：理论定位、理论承继及特质——基于马克思主义认识论的视角》，《哈尔滨工业大学学报（社会科学版）》2019 年第 5 期。

识世界"，还要"改造世界"，实现了合目的性和合规律性的统一。这种结合既是实践观念的创制过程和价值的创造过程，也是认识转化为实践极为重要的一步。我们要擅于在"真""善""美"的统一中把握人类命运共同体理念，努力实现马克思主义的中国化、时代化、大众化，不断将中国特色大国外交事业推向前进。

　　总之，不管是从理论概念的创制、理论应用于实际困境，还是理论指向改变世界来看，人类命运共同体理念都应被视为一种全球治理的实践观念。作为"自由人的联合体"思想的当代表达，人类命运共同体理念顺应了历史唯物主义所揭示的人类社会发展规律，自觉地将自身置于从"虚幻的共同体"到"真正的共同体"的演进逻辑之中，是马克思主义时代化、具体化、民族化的真实体现，对进一步完善中国特色大国外交，推动国际秩序和全球治理朝着更加公正合理的方向发展具有深远意义。

第二节　理论发展：在批判现实中开创美好未来

　　哲学的时代使命就在于把握时代精神、萃取文化精华、升华人类智慧、引领时代进步。为比，需充分发挥其反思、批判、前瞻等功能，会通古今、领航时代。作为一种全球治理的实践观念，人类命运共同体理念充分展现了理论发展的辩证运动，先是利用辩证思维剖析全球化的本质规律，在理性反思中增强思想自觉，而后基于马克思主义"分娩论"和"逆向选择法"发现新世界秩序的"潜在"性，在批判现实中开创美好未来，最后依托马克思主义需要理论创建实践观念，在科学前瞻中实现价值追求。

一　辩证分析：在理性思考中增强思想自觉

　　辩证思维是马克思主义哲学的根本方法，人们利用辩证思维来分析处理问题的能力被称为辩证思维能力。习近平总书记指出："辩证思维能力，就是承认矛盾、分析矛盾、解决矛盾，善于抓住关键、找准重点、洞察事物发展规律的能力。"[①] 要深入分析人类命运共同体理念的辩证运动，首先

---

　　① 中共中央党校哲学教研部编著《习近平关于读经典学哲学用哲学论述摘编》，中共中央党校出版社，2015，第210页。

就是要利用辩证思维剖析全球化的本质规律，在理性思考中提升思想自觉。在这一环节中，人类命运共同体理念承继了马克思主义的辩证思维方式，深刻反思由无数事实组成的知识经验领域，在概念中再现矛盾、联系、发展的客观实际，主要表现在以下四个方面。

第一，利用关系思维审视国际社会的相互依存性。马克思主义唯物辩证法告诉我们，任何事物都不是孤立存在，联系是一切事物、现象和过程所共有的客观、普遍的本性。从马克思的关系哲学出发，人类命运共同体理念作出了整个世界"一荣俱荣，一损俱损"的科学论断，展现了人与人、人与社会、人与自然相互依存的客观现实，批驳了单一中心、你输我赢、唯我独尊的狭隘国际交往观，重申了人类主体层次的使命、责任与担当。

第二，依托系统思维产生人类共同利益思想。系统思维是指从整体和全局上把握物质系统相互联系的各方面及其功能结构的思维方法。在西方资本主义社会，私有制使人们在交际中形成了以自我为中心、个人至高无上等观念，看不到全人类共同利益的存在。人类命运共同体的本质是利益共同体，旨在追求本国利益时兼顾他国合理关切，在谋求本国发展中促进各国共同发展，它站在人类社会的高度，立足于整体发展的时代背景，强调要采取共同行动，承担共同责任，统筹全球性问题的解决。

第三，通过矛盾思维把握国际社会的矛盾统一性。人类命运共同体理念将国际社会看作一个矛盾统一体，"经济全球化为世界经济增长提供了强劲动力，促进了商品和资本流动、科技和文明进步、各国人民交往"[①]。但它并未能使全体人民都享受到它所创造的巨大财富，相反使得世界贫富差距越来越大，阶级矛盾日益尖锐。因此，要从国际力量对比的变化揭示全球治理体系变革的重要转折点，从"杰文斯悖论""技术解决方案"的现实困境中认清全球治理问题的实质，从全球化与逆全球化的博弈中发现人类未来发展方向，从权力与责任的平衡中呼吁大国担当。

第四，运用和谐思维提炼人与自然生命共同体、人类卫生健康共同体、网络空间命运共同体、多元文化命运共同体等诸多先进概念，深刻彰显人与人、人与自然、人与社会和谐共生、良性循环、全面发展、持续繁荣的文化伦理形态，重新审视人与自然和谐、国际关系和谐和文化交往和谐在

---

① 《习近平谈治国理政》第 2 卷，外文出版社，2017，第 477 页。

全球治理实践中的重要意蕴，努力建设持久和平、共同繁荣的和谐世界。

二　寻找潜在：在批判现实中勾画美好未来

马克思曾深刻指出："哲学家们只是用不同的方式解释世界，问题在于改变世界。"① 对马克思而言，对现实的思考绝不仅仅是一个单纯的理论问题，还是一个重大的实践问题。改变世界的根源在于对现实社会的不满，其行为指向一个能够满足需要的更加美好的世界。因此，必须持批判的态度对待旧的现存世界，以主体对于现实世界的客观性知识为基础，将人的价值理想和主体性努力灌注其中，在批判现实的基础上建构未来理想世界的可能图景。人类命运共同体理念指向"真正的共同体"，依托"分娩论"与"逆向研究法"发现新社会因素的存在和新世界秩序的"潜在"，在批判旧社会中畅想新社会，在把握新趋向中预见新未来。

一方面，人类命运共同体理念利用马克思主义的"分娩论"，挖掘出当前不公正不合理的国际政治经济秩序母体中"新社会因素"的存在，及其向着更加公正、平等、包容的国际新秩序发展的"潜在"，批判了部分西方学者宣告的"历史的终结"以及资本主义全球化模式的永久落成，为人类描绘了"自由人的联合体"的美好未来。在各种挑战层出不穷、风险日益增多的当下，西方发达国家倚仗强大的综合国力和优势的话语地位始终坚持本国利益至上，甚至为了自身利益将风险和危机转嫁给广大发展中国家。而占世界绝大多数人口的发展中国家不仅未能享受到发展所带来的种种好处，相反被迫承担由全球化发展所带来的诸多风险与挑战。这种极化的发展格局造成世界贫富差距难以弥合，国际社会动荡不安。人类命运共同体理念承继了马克思主义的"分娩论"思想，在寻找到当前不公正不合理国际政治经济秩序中孕育的新社会因子的基础上，明确了当今全球规则和国际秩序向着更加公正、合理、包容的方向发展的可能性和必然性。马克思、恩格斯在《共产党宣言》中指出："当人们谈到使整个社会革命化的思想时，他们只是表明了一个事实：在旧社会内部已经形成了新社会的因素，旧思想的瓦解是同旧生活条件的瓦解步调一致的。"② 这指明了"新社会因

① 《马克思恩格斯文集》第 1 卷，人民出版社，2009，第 502 页。
② 《马克思恩格斯文集》第 2 卷，人民出版社，2009，第 51 页。

素"在资本主义内部孕育的事实。"新社会因素"是为未来新社会的产生准备条件的因素，当今国际体系和国际秩序正经历着深刻而又复杂的变化，且与全球治理相互作用和相互影响。面对西方资本主义国家领导的全球治理体系的失灵、失效、失能，各种制度和理念难以有效应对全球性问题的挑战，国际秩序和全球治理体系有望朝着更加公正合理的方向发展。人类命运共同体理念正是在批判旧秩序的基础上发现新秩序的"潜在"，将"自由人的联合体"的共产主义社会作为价值目标，具体描绘出世界人民本该身处的美好景象——"坚持对话协商，推动建设一个持久和平的世界；坚持共建共享，推动建设一个普遍安全的世界；坚持合作共赢，推动建设一个共同繁荣的世界；坚持交流互鉴，推动建设一个开放包容的世界；坚持绿色低碳，推动建设一个清洁美丽的世界"①。"五个世界"的美好蓝图是人类的希望和出路，指引了世界发展的正确方向，勾画了实现理想的现实路径，并成为全人类共同发展的价值坐标。

另一方面，人类命运共同体理念依托马克思主义"逆向研究法"，从研究现存社会出发，推断要像现在这般表现和作用对于如此复杂的现象来说需要获得什么，并沿着这一推断方向继续研究。正是基于这一方法，马克思在纷繁的历史事实中抓住其条件性特征，作出垂死制度的最后时刻是新制度的产生时刻这一科学论断。人类命运共同体理念立足于当前国际社会矛盾斗争的解决，把握全球化背景下国际社会相互作用的重要线索，勾画了能够满足需要的崭新的生存样态和文明形态。在当前国际社会矛盾的斗争与解决过程中，实现这一新的人类生存方式和文明形态的可能性已从全球化发展的诸多新表现和新特征中显现出来，像是世界市场的持续扩张、新科技革命的迅猛发展、国际力量对比深刻调整等，这些线索为构想人类命运共同体这一新文明形态提供了合理依据和现实可能。

总体而言，人类命运共同体理念立足于百年未有之大变局的时代背景，西方民族主义扩张蔓延的社会现实以及资本主义同社会主义长期并存的客观状态，批判了西方资本主义国家所认为的自由主义全球化模式将成为最终社会发展模式的"历史终结论"，在解构现实的基础上预见未来，为世界

---

① 习近平：《高举中国特色社会主义伟大旗帜　为全面建设社会主义现代化国家而团结奋斗——在中国共产党第二十次全国代表大会上的报告》，人民出版社，2022，第62~63页。

人民勾画了理想社会的美好图景。它汲取了马克思主义社会共同体思想的丰富营养，自觉地将自身置于从"虚幻的共同体"到"真正的共同体"的历史发展谱系之中，不仅顺应了历史唯物主义所揭示的人类社会发展规律，而且符合当今世界的时代主题和发展需要，是马克思主义时代化、具体化、现实化的生动展现。伴随人类命运共同体理念的深入宣传和有效传播，这一理念获得了国际社会的广泛支持与认同，满足了世界人民对和平与发展的渴望，为改善全球治理、增进团结合作提供了思想指引，其所预示的"新世界秩序""新生存方式""新文明形态"也逐渐清晰可见。

三　满足需要：在科学前瞻中实现价值追求

对"潜在"的认识达到一定程度后，便需要沿着这一方向继续实践来满足主体的需要，以实现合目的性与合规律性的统一。这一过程既是实践观念的形成过程也是价值的实现过程，成为认识向实践飞跃的关键环节。"'世界历史性'现实需要就是新哲学视野或哲学世界观诞生的基本动力和基本杠杆。"[1] 在该环节，人类命运共同体理念延伸扩展了马克思的需要理论，将满足需要作为其形成发展的重要指向，展现出对实现人的自身发展、满足人们对美好生活需要的目的性。马克思指出："在社会历史领域内进行活动的，是具有意识的、经过思虑或凭激情行动的、追求某种目的的人；任何事情的发生都不是没有自觉的意图，没有预期的目的的。"[2] 一种理念是否能够得到贯彻落实，不仅反映外在物的尺度，同时也反映了人的实践活动需要，即人的内在尺度。人类命运共同体理念将关注的焦点置于全人类的共同发展，既体现了当前世界各国共同应对全球性挑战的需要，也展现了各国利用全球化发展自身、增进人类共同福祉的需要。

其一，人类命运共同体理念是走出现代性困境、破解全球危机、创建美好家园的必由之路。人类命运共同体理念的提出立足于对当今世界各国相互联系、相互依存日益紧密，人类面临的共同危机和挑战层出不穷、明显增多，以及当前资本主义全球治理体系达到其内在张力的极限、日渐式微的现实认知。进入21世纪以来，随着全球高新技术的迅速发展、世界分

---

① 任平：《当代视野中的马克思》，江苏人民出版社，2003，第37页。
② 《马克思恩格斯文集》第4卷，人民出版社，2009，第302页。

工的不断细化以及国际交往的日益密切，世界逐渐形成一个紧密联系的整体。全球化的深入发展在强化了世界整体性联系的同时也使得各国面临着严重的治理赤字，美国经济危机、希腊主权债务危机、欧债危机等区域性、全球性经济危机频发；以基地组织、宗教极端势力、欧洲恐怖主义袭击事件为代表的国际恐怖主义、宗教极端主义有抬头趋势；寨卡病毒、埃博拉病毒、中东呼吸综合症等重大传染性疾病威胁着人类的生命健康；全球气候变暖、生物多样性受损、能源危机等生态问题更加凸显。这些问题都给全球治理带来新的挑战，没有哪个国家能够单打独斗、独自发展，也没有哪个国家能置身事外、独善其身。基于对社会现实的理性认知，人类命运共同体理念倡导合作应对全球危机、团结应对国际挑战，在不违背时代发展潮流和各国共同利益的前提下为推动经济全球化朝着更加开放包容普惠平衡共赢的方向发展提供了中国方案。

其二，人类命运共同体理念是充分发挥全球化的正面效应、改善全球治理、推动共同发展的重要途径。改革开放后，中国主动打开国门，积极参与全球化进程，利用资本的力量来发展中国特色社会主义，使中华民族实现了从站起来到富起来的伟大飞跃。进入新时代以来，习近平又指出："中国开放的大门只会越开越大"①，由于对资本的成功驾驭，中国蝉联世界第一制造之位，继续稳居世界第二大经济体，迎来了从富起来到强起来的伟大飞跃。2008 年国际金融危机爆发以来，世界经济进入深度调整的"新平庸"状态，西方国家就此掀起以保护主义、分离主义为特征的"逆全球化"潮流，不仅极大地威胁到经济全球化的深入发展，而且使得全球贸易摩擦和民族国家冲突持续上演。对此，习近平指出："国际金融危机也不是经济全球化发展的必然产物，而是金融资本过度逐利、金融监管严重缺失的结果。把困扰世界的问题简单归咎于经济全球化，既不符合事实，也无助于问题解决。"② 要让经济全球化重拾平衡状态，就必须遏制资本的无序扩张，发挥资本全球化的正面外溢效应，满足人们共同繁荣进步的需要。

时代是思想之母，实践是理论之源，人类命运共同体理念在实践中不断丰富和提炼。马克思主义认识论认为，"从理性抽象认识上升到理性具体

① 《习近平谈治国理政》第 3 卷，外文出版社，2020，第 210 页。
② 《习近平谈治国理政》第 2 卷，外文出版社，2017，第 477 页。

认识，绝不仅仅是一个思维发展的过程，还是一个理论运用于实践，在实践中经受检验，在实践中丰富和发展的过程"①。也就是说，实践观念到实践的转化是双向的、反复的相互作用过程。对于这个过程，列宁概括："从生动的直观到抽象的思维，并从抽象的思维到实践，这就是认识真理、认识客观实在的辩证途径。"② 毛泽东进一步将其概括为实践、认识、再实践、再认识，循环往复以至无穷的辩证发展过程。在中国革命、建设和改革的历史进程中，我们党之所以能够领导人民在一次次求索、一次次挫折、一次次开拓中完成中国其他各种政治力量不可能完成的艰巨任务，在于不断推进马克思主义中国化时代化，不断推进马克思主义话语体系创新，并且在实践中不断取得重大成就。

马克思主义时代性的理论特质要求在把握新情况的过程中创建新话语，在解决新问题的过程中产生新理论。在这个开放的体系中，人类命运共同体理念依托全球治理实践来检验理论是否科学，推动实践观念的进一步修正、丰富和完善，实现了历史、现实和未来的统一。马克思主义反对预设的理论理性，主张生成和建构的实践理性，人类命运共同体理念的创制生动彰显了这一重要思想，它绝不仅仅是用马克思主义的抽象原则来套用现实问题，而是在客观实践过程中完成观念与现实、批判与建构、观念批判与实践批判、观念建构与实践建构的交互作用，继而不断推进当代中国马克思主义的理论创新以及人类文明的进步发展。总体而言，人类命运共同体理念是一个持续开放、动态更新、不断发展的现代化理论，注定要在客观实践中持续地进行调整、完善和创新，使自身不断适应当今世界形势发展变化，推进全球治理体系向着更加公正合理的方向发展。在这一过程中，必然要吸取中国开展现代化建设和大国外交的实践经验，总结新兴国家和发展中国家参与全球治理体系改革和建设的经验教训，不断提高人类命运共同体理念的凝聚力、感召力和影响力。

第三节　理论特质：形态跃迁下的理论创新

人类命运共同体理念是理论形态的马克思主义跃迁至实践形态的产物，

---

① 欧阳康：《马克思主义认识论研究》，北京师范大学出版社，2012，第186页。

② 《列宁全集》第55卷，人民出版社，2017，第142页。

其目的是对马克思主义理论范式进行重塑、拓展和创新，为推进全球治理体系变革与完善奠定坚实基础。从认识内容来看，人类命运共同体理念体现了综合统一与系统开放的有机统一；从认识功能来看，人类命运共同体理念表现出现实超越与实践趋向的有机统一；从认识资源来看，人类命运共同体理念展现了理性精神与感性情愫的有机统一。

一　认识内容：综合统一与系统开放的有机统一

从认识内容来看，人类命运共同体理念体现了综合统一与系统开放的有机统一。一方面，人类命运共同体理念展现出综合统一的理论特征，是一个内容极为广阔的复合型理论—实践体系，在这一体系中，不仅涵盖了"一荣俱荣、一损俱损""荣辱与共、休戚相关"的整体性世界观，还提出了"和平共处""互惠互利""合作共赢"的方法论要求；既包括"天下大同""自由人的联合体""人类共同体"等终极理想，也拥有"国际关系民主化""相互尊重、平等协商""正确义利观"等具体交往准则；既提出了从"中华民族共同体"到中国同周边国家"命运共同体"和"亚洲命运共同体"，再到中国同发展中国家以及发达国家"命运共同体"的发展步骤，也强调了构建"人类命运共同体"这一当下实践的最终目标；既明确了以广大发展中国家为中坚，覆盖全人类的实践主体，也建构了完善全球治理，重构世界秩序，应对国际挑战的艰巨实践任务。因此，可以认为人类命运共同体理念创造性地实现了主体与客体、目的与手段、必然与应然、理想与现实、精神与物质的有机统一，展现出宽广的认知范围和深厚的理论内涵。这一特征绝非处于理论样态的马克思主义所能够拥有的，它鲜明地展现了人类命运共同体理念作为连结实践主体与客观世界的桥梁纽带作用，形成并铸就了多元一体、系统科学、综合高效的实践理论体系，印证了以习近平同志为核心的党中央对于全球治理实践的核心认知和系统把控已达至总结提升的高级阶段。

另一方面，人类命运共同体理念拥有系统开放的理论特征。它是一个随着时代进步与环境变化而不断发展，逐渐完善的理论体系。人类命运共同体理念的建构过程本质上是以习近平同志为核心的党中央充分利用马克思主义的立场、观点和方法对全球治理实践过程中的客体必然性和合目的性持续剖析的过程。在这一过程中，实践观念（理性认知和具体实践的中介）能够不断超越原来的层级和水平，持续丰富自身的概念内涵，使人类命运共同体的理论体系层次分明而又科学合理。例如，在信息化时代，随着全球网络安全问题的凸显，以习近平同志为核心的党中央提出要构建网络空间命运共同体，有效应对网络安全面临的风险挑战，共同解决国际互联网的治理困境；面对新冠疫情这近百年来最严重的传染病大流行，习近平又指出世界各国人民应携手并肩、加强团结、深化合作，共同构建人类卫生健康共同体；根据不同国家特点和交往程度，中国共产党人适时提出"中阿命运共同体""中拉命运共同体""中非命运共同体""中国—东盟命运共同体""亚洲命运共同体"等一系列区域性的，能推动人类命运共同体最终实现的共同体形式；根据全球治理实践中关注领域的不同，又提出构建"利益共同体""安全共同体""责任共同体""发展共同体""人文共同体"等一系列外交新理念。由此可以看出，伴随各层次、各领域、各区域共同体理念的提出、建设和发展，人类命运共同体这一内涵丰富、系统有序、层次分明的理论体系将不断丰富，未来人类社会的美好图景也将逐渐成为现实。

二　认识功能：现实超越与实践趋向的有机统一

从认识功能来看，人类命运共同体理念体现出现实超越与实践趋向的有机统一。一方面，人类命运共同体理念具有现实超越的理论特性，是在对当前国际秩序和全球治理体系的缺陷进行批判基础上的纠偏。人们不仅要认识世界，而且要改变世界，改变世界的前提是对现实世界进行批判，在批判现实中建构起理想社会的蓝图，再用具体实践将蓝图变为现实。人类命运共同体理念的产生基于对当代国际政治经济体系不合理成分的批判与否定，致力于对当代国际秩序固有弊病进行改造和纠偏。作为一种对人类文明新形态理想状态的观念预设，人类命运共同体理念所倡导的共商共建共享的全球治理观超越了贸易保护主义；相互尊重、公平正义、合作共赢的新型国际关系超越了政治霸权主义；平等互鉴、包容对话的新文明观超越了文化排外主义；开放多元的全球伙伴关系网络超越了外交单边主义；生态治理上的责任共担超越了生态帝国主义。可见，正是在对社会现实进行深刻批判，不断反思的过程中，人类命运共同体理念应运而生并成为满足世界人民共同心愿和根本利益的重要思想，充分展现了理想蓝图超越现实、引领实践、凝心聚力的鲜明特质和强大力量。

另一方面，人类命运共同体理念是一种观念化的实践模型，具有实践趋向的基本属性。马克思曾说："哲学家们只是用不同的方式解释世界，而问题在于改变世界。"① 马克思主义认识论的全部理论观点，都是以实践作为起点，又以实践改造客观世界为最终归宿。人类命运共同体理念作为中国特色社会主义理论体系的重要组成部分和当代创新成果，其时代使命绝非仅仅停留在"解释世界"，而是迈入了"改变世界"的重要阶段，寄希望于通过新型理论形态的打造与付诸实践，在批判与扬弃现实世界的过程中构建理想的人类社会，推动社会进步，促进思想革新，助力人类解放。从为世界谋大同的价值目标出发，人类命运共同体理念强调要不断推动实现马克思主义的时代化和具体化，通过将经济全球化和全球治理的事实性知识转变成助力实践过程的预见性目的，使其充满务实和意向色彩。具体来讲，人类命运共同体理念依据当前国际形势的变化和全球治理实践的需要而不断发展，实践主体从以无产阶级为主要力量发展至世界人民这一"类主体"，实践方式从注重"批判性逻辑"转化为"建构性逻辑"，实践层次由初级阶段的"物质共同体""利益共同体""安全共同体"发展至更高层次的"责任共同体""发展共同体""命运共同体"，实践目的由更为基础的"完善全球治理"深化至更可持续的"助力共进式发展"，实践范围从更为重视同"周边国家和发展中国家"的发展合作扩展至覆盖全球的"当今世界各国"。也正是在人类命运共同体理念的指导下，中国提出并践行了诸多卓有成效且影响深远的政策举措，如"一带一路"倡议构想的实施、"亚洲基础设施投资银行"和"金砖国家开发银行"的成立、"丝路基金"的设立、"全球政党大会"的召开，以及国际维和、海域护航等。这些举措是对人类命运共同体理念的具体实践，为打造人类命运共同体这一理想社会发挥了重要的引导和推动作用。其中，"一带一路"倡议作为人类命运共同体理念最具代表性的实践成果影响深远，"一带一路"伟大工程的建设带动了沿线各国之间的经济合作、贸易往来、政策沟通和文化交流，在多个领域、多个方面促进了沿线各国之间的友好合作，实现了资源共享、优势互补、互利共赢，为构建人类命运共同体提供了重要的保障支撑，发挥了关键的

---

① 《马克思恩格斯文集》第 1 卷，人民出版社，2009，第 506 页。

桥梁纽带作用。

三 认识资源：理性精神与感性情愫的有机统一

从认识资源来看，人类命运共同体理念是理性精神与感性情愫的有机统一。一方面，人类命运共同体理念传承了马克思主义的理性精神，跨越了民族、国家、意识形态和宗教信仰的藩篱，为展望理想社会、勾画人类未来提供了新视角，为维护世界和平、促进共同发展提供了新方案。马克思主义具有科学性和真理性，不仅深刻揭示了自然、思维与人类社会发展的普遍规律，而且为实现每个人自由而全面的发展指明了正确方向，是人们认识世界、改造世界的强大思想武器。人类命运共同体理念的直接思想来源是马克思历史唯物主义思想，马克思在理性分析和科学总结人类社会发展规律的基础上作出世界必将走向"自由人的联合体"理想社会的科学论断，而这一论断也成为人类命运共同体理念所追求的终极目标。不仅如此，人类命运共同体理念将共产主义奋斗目标与当下时代条件和社会现实相结合，既不固守成规，也不超越现实，致力于用马克思主义的科学立场、观点、方法来分析和解决人类所共同面临的问题和挑战，将构建更加公正合理的国际新秩序作为现实目标和根本追求，彰显出人类命运共同体理念所内含的理性精神和科学意蕴。

另一方面，人类命运共同体理念在承继了马克思社会共同体理论理性精神的同时也融入了中华民族优秀传统文化的感性情愫。实践理念这一认识与实践"中间环节"的理论地位使其在生成的过程中必然会受到实践主体情感、意志、信念等感性情愫的影响和制约，表现出浓烈的本土特色和人文内涵。历史证明，中华民族优秀文化是中华民族最根本的精神基因，是中华民族最深厚的文化软实力，也是中华民族最强大的精神动力。正是这种深深植根于中华民族基因之中的优秀传统文化，潜移默化地影响着中国人的思想和行为，影响着中国的社会发展、民族复兴和国家进步。人类命运共同体理念蕴含"天下大同""和而不同""仁者爱人""民为邦本""义利相兼"等中国传统文化思想精髓，辩证地吸收了西方共同体思想中的合理成分，潜移默化地引导着实践主体不断追寻"真""善"和"美"。它将马克思主义的理性精神与中国优秀传统文化的感性情愫相结合，对于解决当代人类面临的诸多难题有着重要的启示，是充分利用中华民族优秀传统文化推进当代全球治理、重塑当今国际秩序的优秀案例，也正是通过与马克思主义相结合，中华文明在世界舞台上焕发出蓬勃生机，中国的国际话语权和话语地位显著提升，中国的国际影响力和感召力日益增强，中国人民的理论自信和文化自信不断彰显，进一步展现了中华民族优秀传统文化博大精深且异彩纷呈的精神品貌。总体而言，人类命运共同体理念是中国为国际社会所贡献的具有中国风格、中国特色和中国气派的宝贵精神产品和科学治理方案，不仅是中国的，也是世界的珍贵财富，它将理性精神同感性情愫相结合，致力于解决人类共同面临的问题和挑战，为改革和完善全球治理体系贡献了中国智慧、提供了中国方案。

第六章 唯物史观视域下人类命运共同体理念的逻辑理路

马克思主义是彻底而严整的科学体系，上述基于马克思主义世界观、历史观、价值论和认识论对人类命运共同体理念的哲学剖析构成一个内容丰富、逻辑严谨、系统完整的理论体系，且统一于唯物史观。唯物史观深刻揭示了人类社会发展的一般规律以及资本主义发展的特殊规律，找到了实现社会变革的正确路径。唯有从唯物史观出发，深入剖析关于人类命运共同体理念世界观、价值论和认识论的哲学逻辑理路，有效展现三重逻辑间的内在联系，才能充分凸显人类命运共同体理念深厚的哲学基础和严密的逻辑体系，生动彰显当代中国马克思主义的理论创新和时代担当。

第一节 世界观逻辑

在百年变局和世纪疫情相互交织的复杂形势下，国内外发展环境发生了深刻变化，世界面临的不稳定不确定因素不断增加。为科学把握时代本质，解决人类当前所面临的重大问题，习近平总书记立足中华民族伟大复兴战略全局和世界百年未有之大变局，提出了要回答好"世界怎么了""人类向何处去""我们怎么办"的时代之题，生动展现了人类命运共同体理念的世界观逻辑，不仅赋予中国化马克思主义深厚的哲学根基，也为我们认识世界和改造世界提供了科学指南。

一 普遍联系：世界怎么了？

2017 年 1 月 18 日，习近平在联合国日内瓦总部发表题为《共同构建人类命运共同体》的主旨演讲时向世界发出"世界怎么了，我们怎么办"的时代之问。"当前，世界百年未有之大变局正在加速演进，世界进入新的动

化、社会信息化、文化多样化成为时代潮流和发展方向，随着科学技术的迅速发展和全球化的深入推进，世界也越来越成为密不可分的整体。对此，习近平在 2014 年中央外事工作会议上用三个"不会改变"概括了"人类向何处去"的时代之问，他指出："要充分估计国际格局发展演变的复杂性，更要看到世界多极化向前推进的态势不会改变。要充分估计世界经济调整的曲折性，更要看到经济全球化进程不会改变。要充分估计国际矛盾和斗争的尖锐性，更要看到和平与发展的时代主题不会改变。"①

一是世界多极化向前推进的态势不会改变。20 世纪 80 年代末 90 年代初以来，随着两极格局结束，新兴市场国家和发展中国家力量壮大，国际力量对比发生前所未有的革命性变化，世界格局和国际秩序进入转型重塑期，推动国际关系民主化、构建公正合理国际秩序的呼声日益高涨。虽然单边主义、霸权主义和强权政治仍然存在，但伴随着国际力量对比更趋均衡，多极化的大势难以逆转。

二是和平与发展的时代主题不会改变。世界多极化趋势的发展也有助于维护国际和平局势。回首百年来的人类历史，战争给世界人民带来了莫大的伤害，维护和平成为人们的共同愿望和美好追求，和平与发展成为时代主题和不可抗拒的历史潮流。如今，这一潮流并未改变，习近平在党的二十大报告中深刻研判时代大势，指出："和平、发展、合作、共赢的历史潮流不可阻挡，人心所向、大势所趋决定了人类前途终归光明。"②

三是经济全球化进程不会改变。和平与发展是各国人民共同期盼和人类持久凤愿，合作共赢是不可阻挡的时代潮流，虽然当前逆全球化思潮急剧冲击着国际秩序和全球治理体系，但全球化大势不可逆。"资本逻辑有内在界限也有外在界限，受制于双重界限，全球化与逆全球化将持续存在且长期处在交织博弈之中。一方面，生产社会化与生产资料私人占有之间的矛盾在资本主义社会的全部生产力发挥出来之前无法彻底解决。因此，资本逻辑在全球扩张中遇到的新情况、新问题还会触发更多保护主义、单边主义、孤立主义行动。另一方面，全球化中各种生产要素和资源在世界范

---

① 《习近平谈治国理政》第 2 卷，外文出版社，2017，第 442 页。
② 习近平：《高举中国特色社会主义伟大旗帜　为全面建设社会主义现代化国家而团结奋斗——在中国共产党第二十次全国代表大会上的报告》，人民出版社，2022，第 60 页。

围内的自由流动也在不断创造新的生产方式，为进入更高级社会形态积累物质基础。伴随生产社会化水平的不断提升，全球发展终将进入马克思所设想的'真正的共同体'时代。"①

习近平指出："人类是一个整体，地球是一个家园。面对共同挑战，任何人任何国家都无法独善其身，人类只有和衷共济、和合共生这一条出路。"② 从历史逻辑来看，人类历史在不同民族、不同文化的相遇相知中向前发展；从时代潮流来看，相互联系、相互依存是世界历史不可逆转的发展潮流；从现实需要来看，解决全球性问题和挑战需要世界各国同舟共济、协调行动。人类是不可分割的有机整体，三个"不会改变"等科学论断为解决"我们怎么办"的问题提供了充分的历史依据和现实依据，也为人类未来发展指明了正确方向。

三　回应时代：我们怎么办？

当前，中华民族伟大复兴战略全局和世界百年未有之大变局同步交织、相互激荡，和平与发展的时代主题正面临严峻的现实挑战，"世界又一次站在历史的十字路口，何去何从取决于各国人民的抉择"③。然而，无论是人类所面临的现实境遇，还是人类社会发展的必然趋势均表明，霸权主义、单边主义和强权政治没有出路，国际关系民主化进程不会止步。在这个"地球村"中，没有哪个国家可以独善其身，也没有哪个国家可以包打天下，人类必须紧密团结应对各种风险挑战。如今，中国特色社会主义进入新时代，以习近平同志为核心的党中央以统筹全局的战略思维，宽广深邃的历史视野，积极进取的创新精神，勇于担当的大国胸怀，立足中国而又面向世界，总结历史而又放眼未来，基于唯物史观社会共同体的思想理论，结合党的几代领导人提出的国际战略思想，在研究新情况、解决新问题的过程中不断进行实践、探索和理论创新，深刻阐发了同心构建人类命运共

---

① 董楠、袁银传：《百年未有之大变局下逆全球化思潮的表现、趋势及应对》，《思想教育研究》2022 年第 9 期。

② 习近平：《加强政党合作　共谋人民幸福——在中国共产党与世界政党领导人峰会上的主旨讲话》，人民出版社，2021，第 3 页。

③ 习近平：《高举中国特色社会主义伟大旗帜　为全面建设社会主义现代化国家而团结奋斗——在中国共产党第二十次全国代表大会上的报告》，人民出版社，2022，第 60 页。

同体的重要思想，强调"只要坚持走和平发展道路，同各国人民一道推动构建人类命运共同体，就一定能够迎来人类和平与发展的美好未来！"① 这是针对时代之问给出的中国答案，是新时代中国为推进世界和平与发展作出的重大贡献。

构建人类命运共同体是应对全球性问题的必由之路。在全球经济持续低迷的大背景下，构建人类命运共同体的重要意义不断彰显。不管是应对当前挑战还是建设理想社会，各国人民都应当团结一心、同舟共济、携手向前。习近平总书记指出："任何国家都不能从别国的困难中谋取利益，从他国的动荡中收获稳定。如果以邻为壑、隔岸观火，别国的威胁迟早会变成自己的挑战。"② 各国人民只有本着命运与共的情怀团结合作，共建人类命运共同体，才能破解各种世纪性难题和挑战，建设一个更加美好的世界。

构建人类命运共同体是顺应世界历史发展趋势的必然要求。马克思、恩格斯认为，在人类历史发展进程中奔涌着一条世界化的洪流，这便是由民族史向世界史的转变。"各民族的原始封闭状态由于日益完善的生产方式、交往以及因交往而自然形成的不同民族之间的分工消灭得越是彻底，历史也就越是成为世界历史。"③ 而历史和现实也一再证实了这一人类社会发展的必然规律。人类可以认识、顺应、运用历史规律，但无法阻止历史规律发生作用。虽然当前全球化遭遇重重阻碍，但全球化大势不可逆转，各国必须顺应历史大势，把握时代潮流，拿出更大勇气和务实行动推动构建人类命运共同体，让各国人民共享经济全球化和世界经济增长成果。

基于对"世界怎么了"的本体论追问，推动构建人类命运共同体成为"人类向何处去""我们怎么办"的正确答案。正如习近平在党的二十大报告中指出的，"和平、发展、合作、共赢的历史潮流不可阻挡，人心所向、大势所趋决定了人类前途终归光明"④。如今，中国与世界正从"我和你"的姿态走向"我们"的状态，面对百年变局的严峻考验，中国共产党人所

① 习近平：《在纪念中国人民志愿军抗美援朝出国作战 70 周年大会上的讲话》，人民出版社，2020，第 13 页。

② 习近平：《习近平在联合国成立 75 周年系列高级别会议上的讲话》，人民出版社，2020，第 9 页。

③ 《习近平在联合国成立 75 周年系列高级别会议上的讲话》，人民出版社，2020，第 9 页。

④ 习近平：《高举中国特色社会主义伟大旗帜 为全面建设社会主义现代化国家而团结奋斗——在中国共产党第二十次全国代表大会上的报告》，人民出版社，2022，第 60 页。

提出的推动构建人类命运共同体成为人类应对全球性挑战的必由之路，增进各国人民福祉的光明大道，开创人类更加美好未来的应势之举。"万物并育而不相害，道并行而不相悖。只有各国行天下之大道，和睦相处、合作共赢，繁荣才能持久，安全才有保障。"① 只有各国顺应和平、发展、合作、共赢的时代潮流，同心打造人类命运共同体，世界人民才能迎来马克思所设想的"真正的共同体"。

第二节　价值论关切

人类在世界中不仅寻求"生命"与"发展"，更追求"生活"与"意义"。构建人类命运共同体事关人类幸福和人类解放，是在事实中生成的一个价值问题。对这一理念的研究阐释必须超越事实层面，以新的认识视角构筑超越事实真理的价值真理，形成对人类生存与世界发展关系的全新认知，真正理解人类命运共同体理念已然超越应对和解决世界问题的维度，达至以使命担当关切人类命运的价值论高度，即价值论关切。从唯物辩证法的角度来分析，人类命运共同体理念在理论逻辑层面实现了主体与客体的辩证统一，在价值逻辑层面实现了真理观和价值观的辩证统一，在实践逻辑层面实现了价值塑造与实践引领的统一，顺应了唯物史观所揭示的人类社会发展的一般规律，成为人类命运共同体理念进一步丰富发展的根本遵循。

一　理论逻辑：主体与客体的统一

从理论逻辑层面来说，人类命运共同体理念的价值论基础在于主客体的统一性，即人类同世界的统一性。人类命运共同体理念立足于人类同世界原初统一的价值论基础，在辩证价值、历史价值以及现实价值三重维度展现出对主客体统一关系的价值论超越。

其一，人类命运共同体理念展现"人对世界的否定性统一"的辩证价值。人类命运共同体理念对人同世界关系的价值论超越源自时代与实践内

---

① 习近平：《高举中国特色社会主义伟大旗帜 为全面建设社会主义现代化国家而团结奋斗——在中国共产党第二十次全国代表大会上的报告》，人民出版社，2022，第62页。

涵的否定性统一,既展现出理念的创新,也代表着一种新的发展秩序。人对世界的否定性统一主要表现在两个方面。一是构建人类命运共同体的前提是获得全体人民的一致认同,但不同个体、不同民族乃至不同国家依据不同标准审视世界,这也就意味着不同认知主体根据自身需要认知客体世界的过程中必然包含否定性理解。二是在构建人类命运共同体的具体实践活动中,不仅需要合乎"物的尺度"的合规律性的活动,也需要合乎"人的尺度"的合目的性的活动,并且两者之间相互联系、相互作用、相互影响,共同造就人们改造客观世界的物质性活动的辩证统一性。

其二,人类命运共同体理念扬弃"个人历史与世界历史"的历史价值。资本主义的发展"首次开创了世界历史,因为它使每个文明国家以及这些国家中的每一个人的需要的满足都依赖于整个世界"①。基于唯物史观可以发现,"个人史""民族史""国家史"的主客体动态统一方式都极大地推动了世界发展与人类进步。然而,伴随着全球化进程的深入推进,逆全球化思潮逐渐兴起,意味着这一主客体统一方式已成为阻碍人类社会进步的绊脚石。人类命运共同体理念在汲取历史教训、谋划当前发展、规划未来社会等方面实现了对"个人历史与世界历史"的历史价值超越,在廓清关乎人类未来发展的科学真理和价值真理的基础之上,不断践行和衷共济、和合共生的价值承诺,以崭新的主客体统一样态助力人类社会的发展与进步。

其三,人类命运共同体理念把握"交往实践与客观世界"的现实价值。人具有趋利性,在生产实践与扩大交往中不断推动生产力的发展,助力人类社会的进步和人类文明的演进。人类命运共同体理念以人类对世界发展进步的现实需要为根本指引,从生产实践与社会交往出发,直面人类所面临的各种风险挑战,在主体人类普遍交往与客体世界多样化发展的辩证统一中完成对现实价值的超越。人类命运共同体理念的现实价值绝不仅仅是对物质需求的满足,面对人类社会相互依存、命运与共的大趋势,人类命运共同体理念致力于公平正义的价值实现,在顺应世界发展大势的同时满足人类对和平与发展的普遍需要,在构绘人类未来发展光明图景的同时彰显大国的道义与担当。

---

① 《马克思恩格斯文集》第 1 卷,人民出版社,2009,第 566 页。

二　价值逻辑：真理观与价值观的统一

就价值逻辑层面而言，真理和价值是相互统一的。认识世界的目的，在于改造世界；而改造世界的目的，在于满足人自身的需要。这样在追求真理的基础上提出了价值的问题。真理和价值都是反映人与世界关系的哲学范畴，是在人类实践活动中具体的历史的统一，把真理观与价值观的辩证统一作为马克思主义认识论和历史观的重要内容是哲学理论的创新。真理与价值既对立又统一，两者贯穿于人类认识世界和改造世界的全部社会历史活动之中，成为人们实践活动所遵循的基本原则。真理原则意味着人们必须按照事物的本来面目和客观规律去认识世界和改造世界，注重客观事实性；价值原则关注人们意识和行为追求对主体需要的满足，注重主观意义性。在辩证唯物主义语境中，人类命运共同体理念既遵循真理尺度，又符合价值尺度，是客体运动规律和主体发展需要的统一，是合规律性和合目的性的统一，充分展现出其丰富的哲学内涵和重要的时代价值。

一方面，人类命运共同体理念展现了对客观真理的追求。真理是人们对客观事物及其规律的正确认识，它通过语言、思想、理论等形式，展现概念、判断、推理等逻辑思维过程，是主观与客观相符合的内容，体现了通过实践和认识的相互作用而实现的主观向客观不断靠近。人类命运共同体这一概念是从马克思主义所揭示的共同体演进规律中得出的理论概念，它继承了辩证唯物主义的思维方法，在概念中重现了联系、矛盾、发展等丰富多样的社会现实。马克思主义揭示了人类社会的本质，即"全部社会生活在本质上是实践的"[①]，与自然本身的存在相比，人类社会是自我存在的，但不能否认社会发展的客观性。人类社会在实践中不断发展，使得不同民族、不同国家之间的交往范围不断扩大。虽有个别国家从其狭隘的民族国家视域出发，妄图逆天下潮流而动，开历史倒车使世界回复到全球化前的状态，即回到占据世界霸主地位的状态，继续保持其优势地位。然而，全球化大势不可逆转，"发展"作为主体人类与客体世界共同的价值认同，其合法性与正当性证实了主客体的统一性。在全人类前途命运紧密相连的当下，构建人类命运共同体的主客体具有动态性与延伸性，遵循历史发展

---

① 《马克思恩格斯文集》第 1 卷，人民出版社，2009，第 501 页。

规律、顺应时代发展潮流、指向"自由人的联合体"这一理想社会，是拓展人类发展前景的康庄大道。

另一方面，人类命运共同体理念表现出对理想价值的追寻。人类命运共同体理念中不但有对"真"的追求，即按照世界的本来面目去认识和改造世界，追求和服从真理，还有对"善"和"美"的诉求与向往，即按照自身尺度和需要去认识和改造世界，使世界适合人的生存和发展。人类命运共同体理念传承并发展了马克思主义的需要理论，强调这里的需要主要指"人的需要"，马克思主义认为，"在价值领域中'人'普遍地居于最高的、主导的地位，是'普照的光'，在任何时候说价值，都意味着这一点"①。人类命运共同体理念将满足"人的需要"作为首要的价值目标，强调要不断满足人们对美好生活的需要，极力驳斥资本对人的日常生活和政治生活的控制，反对用资本的需要替代人的需要。值得注意的是，抽象的"人的需要"是不存在的，要在客观存在中具体地、历史地把握实践主体的需要。两次世界大战的浩劫给人类留下深重灾难和沉痛教训，曾经饱受战争创伤的人们再也不愿回到腥风血雨之中，从儒家"大同社会"理想、康德的"永久和平论"、洪堡（Humboldt）的"有限国家学说"到如今各类世界性共同体构想及其实施方案，无不表达了人类对和平共处、和谐相处、共同发展的价值诉求。齐格蒙特·鲍曼指出："'共同体'意味着一种'自然而然的''不言而喻的'共同理解。"② 这种"共同理解"其实就是价值选择，唯有普遍的需要才可造就这种"不言而喻的"价值选择。在人类前途命运紧密相连的现实背景下，这一选择既要遵循社会历史规律和自然规律，还要关注世界人民对和平与发展的美好期盼，对公平正义的强烈呼声以及对合作共赢的坚定追求，继而作出为人类所共同需要的价值选择。

唯物史观深刻揭示人类社会发展的一般规律，突出人在历史实践中主观能动性的发挥，为人们描绘了"自由人的联合体"的美好图景。从唯物史观的立场、观点、方法出发，人类命运共同体理念全面确证人类与世界价值实现的普遍真实和德行遵循，生动造就了人类主体与世界客体有机统一，真正实现了真理观与价值观的辩证统一。

---

① 李德顺：《立言录——李德顺哲学文选》，黑龙江教育出版社，1998，第280页。
② 〔英〕齐格蒙特·鲍曼：《共同体》，欧阳景根译，江苏人民出版社，2003，第7页。

三　实践逻辑：价值塑造与实践引领的统一

在实践逻辑层面，人类命运共同体理念从"抽象思维"转向"实践思维"，追求当下的现实构建。在一个充满不稳定性不确定性的时代，"人类更多地是通过共同行动去展示人的社会力量的，并通过共同行动去证明人的共同体生活的"①。价值行为依据寻求价值共识的价值目标展开，通过确定性的实践活动来应对各种不稳定性不确定性，在全人类共同价值指导下的具体实践中实现价值塑造与实践引领具体的历史的统一。

习近平在党的二十大报告中呼吁"世界各国弘扬和平、发展、公平、正义、民主、自由的全人类共同价值，促进各国人民相知相亲，尊重世界文明多样性，以文明交流超越文明隔阂、文明互鉴超越文明冲突、文明共存超越文明优越，共同应对各种全球性挑战"②。社会存在决定社会意识，不同地域、不同民族、不同国家的人们由于身处不同的地理环境和物质环境，有着不同的文化背景和宗教信仰，叠加发展程度的差异，因而对于"自由""民主""平等"等概念有着不尽相同的理解。正如习近平指出："世界上没有放之四海而皆准的发展模式，各方应该尊重世界文明多样性和发展模式多样化。"③对不同文明的尊重和包容是构建人类命运共同体的重要价值前提，全人类共同价值作为人类命运共同体理念的重要价值基础，是世界人民的"最大公约数"，展现了一致性与多样性的统一，遵循了世界历史发展的必然规律，符合各国人民的共同期待。"我们要本着对人类前途命运高度负责的态度，做全人类共同价值的倡导者，以宽广胸怀理解不同文明对价值内涵的认识，尊重不同国家人民对价值实现路径的探索，把全人类共同价值具体地、现实地体现到实现本国人民利益的实践中去。"④

作为一种致力于应对世界危机、改革国际秩序、完善全球治理的理念创新，人类命运共同体理念一经提出便获得了众多国家的认同和支持，成为需要世界人民共同努力将其变为现实的马克思主义实践观念，对全人类

---

① 张康之、张乾友：《共同体的进化》，中国社会科学出版社，2012，第354页。
② 习近平：《高举中国特色社会主义伟大旗帜　为全面建设社会主义现代化国家而团结奋斗——在中国共产党第二十次全国代表大会上的报告》，人民出版社，2022，第63页。
③ 《习近平谈治国理政》，外文出版社，2014，第307页。
④ 《习近平谈治国理政》第4卷，外文出版社，2022，第425页。

共同价值的弘扬体现在人类命运共同体的具体建构上必然是"共商共建共享"。马克思曾指出:"理论一经掌握群众,也会变成物质力量"①,只有通过人民群众的具体实践才能将理论的力量转化为物质的力量,使马克思主义在全球治理实践中焕发出勃勃生机。"一花独放不是春,百花齐放春满园"②,将全人类共同价值同尊重文化多样性相结合是人类文明保持生机活力的关键,也是实现人类命运共同体理念创新的重要前提。构建人类命运共同体需立足于这一前提,将共商共建共享的外交理念真正落实到政治互信、国际安全、经济发展、文化包容和生态合作等方面,"坚持对话协商,推动建设一个持久和平的世界;坚持共建共享,推动建设一个普遍安全的世界;坚持合作共赢,推动建设一个共同繁荣的世界;坚持交流互鉴,推动建设一个开放包容的世界;坚持绿色低碳,推动建设一个清洁美丽的世界"③。新时代新征程,中国将继续坚定站在历史正确的一边、站在人类文明进步的一边,同世界上一切进步力量携手,为开创人类更加美好的未来贡献力量。

第三节 认识论理路

实践观点是马克思主义哲学的一个最基本的范畴,也是唯物史观的基石,展现了马克思历史辩证法的主体向度。马克思、恩格斯将实践置于辩证唯物主义本体论中,厘清了实践活动对人们认识活动的决定性作用,以及作为认识活动结果的概念、观念对实践活动的引导性作用。一直以来,中国共产党人坚持将马克思主义普遍原理同中国具体实际和中华优秀传统文化相结合,从统一战线和对外交往的多重经验出发,不断创新合作理念;从马克思主义共同体思想出发,不断推进"真正的共同体"的具体化;从新时代外交实践出发,不断开辟中国特色大国外交新境界,生动展现认识与实践的辩证运动及其规律,符合唯物史观所昭示的人类社会历史发展的内在规律与动力,具有前所未有的科学性、创造性和丰富性。

---

① 《马克思恩格斯文集》第1卷,人民出版社,2009,第11页。
② 《习近平谈治国理政》第3卷,外文出版社,2020,第202页。
③ 习近平:《高举中国特色社会主义伟大旗帜 为全面建设社会主义现代化国家而团结奋斗——在中国共产党第二十次全国代表大会上的报告》,人民出版社,2022,第62~63页。

一　经验奠基：在历史交往中创新合作理念

统一战线和外交合作的历史经验为人类命运共同体理念的形成奠定经验基础。在新民主主义革命时期，作为无产阶级先锋队的中国共产党始终坚持团结一切可以团结的力量，先后经历了第一次国共合作的统一战线、工农民主统一战线、抗日民族统一战线、人民民主统一战线等几个时期，探索出了一条与不同党派、阶级乃至社会团体建立统一战线，共同夺取新民主主义革命胜利的正确道路，为革命的胜利作出了重要贡献。尤其是在抗日战争中，中国共产党运用原则性与灵活性相统一、一致性与多样性相统一、团结与斗争相统一的统一战线策略，把一切爱国的、不愿受帝国主义奴役的人们团结在自己的周围，建立了最为广泛的抗日民族统一战线，积累了丰富的党派、阶级合作的历史经验。新中国成立后，中国共产党继续发扬统一战线精神，从1956年《论十大关系》提出的共产党与民主党派"长期共存，相互监督"的八字方针到中国共产党第十二次全国代表大会提出的"长期共存，互相监督，肝胆相照，荣辱与共"十六字方针，再到习近平在庆祝中国共产党成立100周年大会讲话中指出的"爱国统一战线是中国共产党团结海内外全体中华儿女实现中华民族伟大复兴的重要法宝"[1]，都为人类命运共同体理念的产生与发展提供了重要的智慧源泉。

丰富的外交经验同样为人类命运共同体理念的形成赋予经验基础。在新民主主义革命历程中，中国共产党积极倡导并主动加入世界反法西斯同盟，在与盟国合作的过程中积累了丰富的外交经验。在新中国成立后，中国开创了独立自主的和平外交道路，"和平共处五项原则"成为中国外交所遵循的基本准则，并据此与一大批社会主义国家和第三世界国家建立了和平的外交关系。改革开放后，中国共产党带领中国人民，解放思想、锐意进取，实现了从生产力相对落后到经济总量跃居世界第二的历史性突破，迎来了从站起来、富起来再到强起来的伟大飞跃。历史唯物主义表明经济活动位居人类实践活动的中心位置，生产力的发展决定着人类社会的进步。马克思主义以经济活动的本源性和基础性构筑了自身的完整理论体系。马克思指出："物质生活的生产方式制约着整个社会生活、政治生活和精神生

① 习近平：《在庆祝中国共产党成立100周年大会上的讲话》，人民出版社，2021，第18页。

活的过程。不是人们的意识决定人们的存在，相反，是人们的社会存在决定人们的意识。社会的物质生产力发展到一定阶段，便同它们一直在其中运动的现存生产关系或财产关系（这只是生产关系的法律用语）发生矛盾。于是这些关系便由生产力的发展形式变成生产力的桎梏。那时社会革命的时代就到来了。随着经济基础的变更，全部庞大的上层建筑也或慢或快地发生变革。"①中国的迅速崛起使其国际影响力和话语权显著提升，越来越多的国家期望同我国进行国际合作，中国的发展同世界的发展紧密联系在一起，要抓住机遇、应对挑战、加快发展，就必须把中国的发展放到世界的大局中去思考。于是，中国共产党进一步扩大自己的交往圈，积极主动融入国际社会，坚定推行多边主义外交政策，推动国际政治经济秩序向着更加公正合理的方向转变。如今，习近平总书记积极贯彻多边主义的外交政策，在提出高质量发展目标的同时强调要进一步扩大交往、提升我国国际地位和话语权，通过讲好"构建人类命运共同体"的中国故事彰显大国风范和国际胸怀，助力国际交流与共同发展。

进入新时代以来，中国共产党团结带领全国各族人民取得的一系列伟大成就，尤其是"一带一路"等外交合作战略的成功实施，为充满不确定性的国际局势提供了巨大的稳定性，为人类社会追求更美好未来注入了强大的正能量，为人类命运共同体从理念转化为行动，从愿景变为现实奠定了良好基础。正如习近平在党的二十大报告中指出的："我们实行更加积极主动的开放战略，构建面向全球的高标准自由贸易区网络，加快推进自由贸易试验区、海南自由贸易港建设，共建'一带一路'成为深受欢迎的国际公共产品和国际合作平台。"② 从理论创新的视域来看，人类命运共同体理念的创新逻辑是对马克思主义认识论逻辑的生动阐释和客观写照。实践是认识的来源，也是认识发展的动力。从党的十八大首次提出人类命运共同体概念到如今形成较为完整的理论体系，充分彰显了认识与实践相互依存、相互作用、相互促进的辩证统一关系。

总之，人类命运共同体理念高扬了唯物史观的实践特质，它立足于

---

① 《马克思恩格斯全集》第 31 卷，人民出版社，1998，第 412~413 页。
② 习近平：《高举中国特色社会主义伟大旗帜 为全面建设社会主义现代化国家而团结奋斗——在中国共产党第二十次全国代表大会上的报告》，人民出版社，2022，第 9 页。

"两个大局"相互激荡、同步交织的时代背景，顺应人类社会历史发展的必然规律，彰显了中国共产党伟大的历史主动精神、蓬勃的创造活力和勇于实践的磅礴力量。正如习近平指出："时代是思想之母，实践是理论之源。"① 唯有善于实践，敢于实践，才能产生真理性认识和科学性思考。人类命运共同体理念这一真理性认识的形成发展离不开前期广泛的交往合作所奠定的经验基础，实现了理论创新和实践创新的良性互动，不仅有力展现了马克思主义中国化时代化的真理力量，还生动彰显了马克思主义政党鲜明的实践品格和磅礴的实践伟力。

二　理论转化：推进"真正的共同体"的具体化

马克思的共同体思想无疑是建立在唯物史观基础之上。在马克思看来，历史的产生源自现实的物质生产过程，生产方式是剖析人类社会各个历史发展阶段的钥匙。正如马克思指出："全部人类历史的第一个前提无疑是有生命的个人的存在。"② "人们为了能够'创造历史'，必须能够生活。但是为了生活，首先就需要吃喝住穿以及其他一些东西。因此第一个历史活动就是生产满足这些需要的资料，即生产物质生活本身"③，而且，这是人们从古至今一以贯之为维持基本生活需要所必须从事的历史活动，"是一切历史的基本条件"④。这种历史观"不是从观念出发来解释实践，而是从物质实践出发来解释各种观念形态"⑤。唯物史观不仅是马克思共同体思想的理论根基，也是人类命运共同体理念的思想前提。作为马克思历史唯物主义理论逻辑和现代人类文明发展的历史逻辑的辩证统一体，人类命运共同体理念在战略上为解决人类问题贡献了中国智慧和中国方案，在实践上为马克思"自由人的联合体"这一最高理想创造了现实条件，为实现人类自我解放事业提供了正确指引。⑥

基于唯物史观的视角，从"自然的共同体""虚幻的共同体"走向"真

---

① 《习近平谈治国理政》第 2 卷，外文出版社，2017，第 34 页。
② 《马克思恩格斯文集》第 1 卷，人民出版社，2009，第 519 页。
③ 《马克思恩格斯文集》第 1 卷，人民出版社，2009，第 531 页。
④ 《马克思恩格斯文集》第 1 卷，人民出版社，2009，第 531 页。
⑤ 《马克思恩格斯文集》第 1 卷，人民出版社，2009，第 544 页。
⑥ 田鹏颖：《历史唯物主义与"人类命运共同体"》，《马克思主义研究》2018 年第 1 期。

正的共同体"是马克思揭示的人类社会发展的必然逻辑和基本规律。马克思指出资本主义社会仍处在"以物的依赖性为基础的人的独立性"① 的第二大形态，资本主义国家不平等的物质利益占有和人的自由普遍缺失的客观事实揭示出资本主义国家是"虚幻的共同体"这一本质特征。马克思指出："由于这种共同体是一个阶级反对另一个阶级的联合，因此对于被统治的阶级来说，它不仅是完全虚幻的共同体，而且是新的桎梏。"② 继而提出建立"真正的共同体"的解决方案。同马克思共同体思想一致，人类命运共同体理念同样关注整个人类的前途命运，追求的也是人类生存发展的理想社会，被看作"虚幻的共同体"向"自由人的联合体"转变的必由之路，是科学社会主义思想在当下的中国化、现实化、具体化。

资本逻辑主宰下迅速扩张的全球化进程虽使得各民族、国家、地区相互依存程度不断加深，但是依旧未能造就"真正的共同体"，其原因在于资本扩张所需生产要素并非通过公正、合理、和平的手段获取，而是通过掠夺、战争、剥削的方式来实现的。资本主义生产方式的固有弊病使得发展的红利并未能在各国间合理地分配，相反使得世界贫富差距不断扩大，战争矛盾冲突不断，国际局势持续动荡。由此可见，在资本逻辑的宰制下，各社会有机体之间的相互依存实际上仍是"虚假的共同体"，例如日本提出的"大东亚共荣圈"，其实是为了满足自身扩张野心，于是打着"文明"的幌子肆意掠夺东亚、东南亚地区的丰富资源和广阔市场，生动展现了资本逻辑的贪婪本性。人类命运共同体理念本质上是对资本逻辑的纠偏，是"真正的共同体"思想在当下的具体实践。构建人类命运共同体遵循唯物史观所揭示的人类社会发展规律，以实现人类解放为最终指向，是在民族国家林立的时代必然采取的实践路径，也是爱好和平的国家和人民的共同价值追求。

人类命运共同体理想社会的实现离不开国际社会的认同支持，也离不开世界人民的共同努力。马克思主义唯物史观强调人民群众是历史的创造者，在人类社会发展过程中起着决定性作用，正如列宁指出："历史活动是

---

① 《马克思恩格斯文集》第 8 卷，人民出版社，2009，第 52 页。
② 《马克思恩格斯文集》第 1 卷，人民出版社，2009，第 571 页。

群众的事业，随着历史活动的深入，必将是群众队伍的扩大。"① 在这一思想的指引下，人类命运共同体理念强调世界人民都是构建人类命运共同体的实践主体，必须充分发挥各国人民的智慧和力量，共同为世界和平与发展和人类文明进步作出贡献。正如习近平指出的："世界各国人民都生活在同一片蓝天下、拥有同一个家园，应该是一家人。世界各国人民应该秉持'天下一家'理念，张开怀抱，彼此理解，求同存异，共同为构建人类命运共同体而努力。"② 构建人类命运共同体需要国际社会的通力合作，世界各国及其人民要积极响应这一伟大倡议，主动作为，团结合作，摒弃民族国家利益至上的单一中心发展思维，遏制单边主义、保护主义，霸权主义的狭隘行为，推动建立更加公正合理的国际政治经济新秩序，使全球化朝着更加开放、包容、普惠、平衡、共赢的方向发展，才能真正实现为各国谋发展、为人类谋福祉、为世界谋进步的理想目标。

三　实践推进：开创中国特色大国外交新境界

习近平指出："理念引领行动，方向决定出路。"③ 人类命运共同体理念是一种实践观念，是一套集理想主义和现实主义于一体的改造世界的方案，其构想指向生动的外交实践。在"两个大局"同步交织、相互激荡的时代背景下，"人类命运共同体理念以'五个世界'为总体布局，以推动构建新型国际关系为根本路径，以全人类共同价值为价值追求，以共建'一带一路'为实践平台，以全球发展倡议、全球安全倡议、全球文明倡议为重要依托，为人类命运共同体建设行稳致远提供了成熟完备的理论保障和框架支撑"④。

党的二十大报告指出："中国特色大国外交要推动构建新型国际关系，推动构建人类命运共同体"⑤。这一论断既为新时代中国特色大国外交设定

---

① 《列宁全集》第 10 卷，人民出版社，1987，第 338 页。
② 习近平：《携手建设更加美好的世界——在中国共产党与世界政党高层对话会上的主旨讲话》，人民出版社，2017，第 3 页。
③ 《习近平谈治国理政》第 2 卷，外文出版社，2017，第 539 页。
④ 《华春莹：人类命运共同体正从理念转化成行动，从愿景变为现实》，澎湃新闻，https://baijiahao.baidu.ccm/s? id=1762224737489794164&wfr=spider&for=pc，最后访问日期：2023年9月3日。
⑤ 习近平：《高举中国特色社会主义伟大旗帜 为全面建设社会主义现代化国家而团结奋斗——在中国共产党第二十次全国代表大会上的报告》，人民出版社，2022，第 3 页。

了明确的奋斗目标，也为构建人类命运共同体这一宏伟蓝图提供了具体实施路径。推动构建人类命运共同体，必须扩大同各国的利益汇合点，积极发展全球伙伴关系，打造覆盖全球的"朋友圈"，努力走一条"对话而不对抗，结伴而不结盟"的国与国交往新路。在国家交往层面，中国与越来越多的伙伴构建双边命运共同体；在地区合作范围，周边、亚太、中国—东盟、上合组织、中非、中拉、中阿、中国—太平洋岛国命运共同体等已结出丰硕成果；在全球治理领域，中方倡议构建网络空间命运共同体、核安全命运共同体、海洋命运共同体、人与自然生命共同体、人类卫生健康共同体等得到积极响应。构建人类命运共同体，核心要义就是要建设持久和平、普遍安全、共同繁荣、开放包容、清洁美丽的世界，"五个世界"的总体布局展现了人类命运共同体的现实图景，为人类发展指明了正确方向。

当前，中国经济和世界经济高度关联，推进"一带一路"建设既是中国扩大和深化对外开放的需要，也是人类命运共同体由理念到行动、由愿景到现实的宏伟实践。"一带一路"自提出以来便成为通向人类命运共同体的重要桥梁，构建人类命运共同体的关键平台，不断为推动构建人类命运共同体添砖加瓦。2017年12月1日，习近平在中国共产党与世界政党高层会议上发表主旨演讲时说："我提出'一带一路'倡议，就是要实践人类命运共同体理念。4年来，共建'一带一路'已成为有关各国实现共同发展的巨大合作平台。涓涓细流汇成大海，点点星光点亮银河。我深信，只要各方树立人类命运共同体理念，一起来规划，一起来实践，一点一滴坚持努力，日积月累不懈奋斗，构建人类命运共同体的目标就一定能够实现。"①"一带一路"高质量发展成为构建人类命运共同体的生动实践。它不是空洞的口号，而是一系列实实在在的推进沿线国家发展战略相互对接的项目和举措。这些项目和举措创造了一种新型全球化发展模式，在遭遇全球化逆流的现实背景下为推进全球化发展，造就更加均衡普惠的包容性全球化注入了强大动力。"一带一路"建设秉持共商共建共享的原则，通过政策沟通、设施联通、贸易畅通、资金融通和民心相通，在多维度赋予全球化新内涵，打造国际合作新平台，增添共同发展新动力，不仅在多个领域、不

---

① 习近平：《携手建设更加美好的世界——在中国共产党与世界政党高层对话上的主旨讲话》，人民出版社，2017，第4页。

同层次促进了沿线国家之间的合作与发展，还为推动构建人类命运共同体提供了合作基础和现实框架。

人类命运共同体创新理念的提出不仅推动了中国的全方位协同发展，而且通过先进外交理念的实践助力"中国梦"的实现。一方面，人类命运共同体理念展现了中国的强盛国力和大国担当，中国在成为经济强国和政治大国的同时，已成为全球多边体系中的重要一极、推动国际社会发展的关键力量，"中国贡献"可以繁荣世界，"中国理念"可以沟通世界，中国正依托于强盛的国力日益走近世界舞台的中央。另一方面，人类命运共同体理念的具体落实能助力"中国梦"的实现，人类命运共同体理念既是对我国独立自主和平外交政策的丰富和发展，又体现了鲜明的时代性、先进性和创造性，符合中国外交转型的需要，使中国外交的格局更加宏大、视野更加宽阔、境界更加高远，其实践将进一步提升中国的国际话语权和国际地位，为实现中华民族伟大复兴的"中国梦"造就和平稳定的国际环境和团结一致的合作基础。

近年来，百年变局加速演进，全球挑战层出不穷，国际社会比以往任何时候都更加深切体会到破解矛盾、团结协作、合作共赢的重要意义。人类命运共同体理念以全球发展倡议、全球安全倡议、全球文明倡议为依托，从中国理念变成全球共识，得到国际社会日益广泛的认同与支持。从2017年联合国社会发展委员会第55届会议首次将构建人类命运共同体内容写入"非洲发展新伙伴关系的社会层面"决议，到2021年11月将"人类命运共同体"写入第76届联合国大会裁军与国际安全委员会"不首先在外空部署武器"决议，联大决议已连续5年写入"人类命运共同体"理念。人类命运共同体理念及其承载的全人类共同价值、真正的多边主义、共商共建共享的全球治理观等丰富内涵，多次写入联合国、上合组织、金砖国家等多边机制决议或宣言，有助于使这一中国理念变成全球性共识，有利于通过国际法途径打造利益共同体、责任共同体、命运共同体，让人类命运共同体真正从理念转化为行动、从愿景变为现实，为携手建设更加美好的世界凝聚广泛共识、汇聚强大力量。

参考文献

一 著作类

（一）经典著作和文献

《马克思恩格斯文集》第 1~10 卷，人民出版社，2009。

《马克思恩格斯全集》第 1 卷，人民出版社，2002。

《马克思恩格斯全集》第 3 卷，人民出版社，2002。

《马克思恩格斯全集》第 4 卷，人民出版社，1958。

《马克思恩格斯全集》第 28 卷，人民出版社，2018。

《马克思恩格斯全集》第 31 卷，人民出版社，1972。

《马克思恩格斯全集》第 40 卷，人民出版社，1982。

《马克思恩格斯全集》第 42 卷，人民出版社，2016。

《马克思恩格斯全集》第 46 卷（上），人民出版社，1979。

《资本论》第 1~3 卷，人民出版社，1975。

《列宁选集》第 1~4 卷，人民出版社，2012。

《列宁全集》第 24 卷，人民出版社，2017。

《列宁全集》第 27 卷，人民出版社，2017。

《列宁全集》第 55 卷，人民出版社，2017。

《列宁专题文集》第 1~5 卷，人民出版社，2009。

《斯大林全集》第 5 卷，人民出版社，1955。

《毛泽东选集》第 1~4 卷，人民出版社，1991。

《邓小平文选》第 1~2 卷，人民出版社，1994；《邓小平文选》第 3 卷，人民出版社，1993。

《胡锦涛文选》第 1-3 卷，人民出版社，2016。

《江泽民文选》第1—3卷，人民出版社，2006。

《习近平谈治国理政》，外文出版社，2014；第2卷，外文出版社，2017；第3卷，外文出版社，2020；第4卷，外文出版社，2022。

习近平：《高举中国特色社会主义伟大旗帜 为全面建设社会主义现代化国家而团结奋斗——在中国共产党第二十次全国代表大会上的报告》，人民出版社，2022。

习近平：《坚定信心 勇毅前行 共创后疫情时代美好世界——在2022年世界经济论坛视频会议的演讲》，人民出版社，2022。

习近平：《习近平重要讲话单行本（2021年合订本）》，人民出版社，2022。

习近平：《在庆祝中国共产党成立100周年大会上的讲话》，人民出版社，2021。

习近平：《加强政党合作 共谋人民幸福——在中国共产党与世界政党领导人峰会上的主旨讲话》，人民出版社，2021。

习近平：《论把握新发展阶段、贯彻新发展理念、构建新发展格局》，中央文献出版社，2021。

习近平：《习近平在联合国成立75周年系列高级别会议上的讲话》，人民出版社，2020。

习近平：《深化文明交流互鉴 共建亚洲命运共同体——在亚洲文明对话大会开幕式上的主旨演讲》，人民出版社，2019。

习近平：《在纪念马克思诞辰200周年大会上的讲话》，人民出版社，2018。

习近平：《论坚持推动构建人类命运共同体》，中央文献出版社，2018。

习近平：《开放共创繁荣 创新引领未来：在博鳌亚洲论坛2018年年会开幕式上的主旨演讲》，人民出版社，2018。

习近平：《弘扬"上海精神" 构建命运共同体——在上海合作组织成员国元首理事会第十八次会议上的讲话》，人民出版社，2018。

习近平：《决胜全面建成小康社会 夺取新时代中国特色社会主义伟大胜利——在中国共产党第十九次全国代表大会上的报告》，人民出版社，2017。

习近平：《携手建设更加美好的世界——在中国共产党与世界政党高层

对话会上的主旨讲话》，人民出版社，2017。

《习近平主席在出席世界经济论坛 2017 年年会和访问联合国日内瓦总部时的演讲》，人民出版社，2017。

《习近平关于社会主义生态文明建设论述摘编》，中央文献出版社，2017。

《习近平关于社会主义经济建设论述摘编》，中央文献出版社，2017。

《习近平关于社会主义政治建设论述摘编》，中央文献出版社，2017。

习近平：《携手推进"一带一路"建设——在"一带一路"国际合作高峰论坛开幕式上的演讲》，人民出版社，2017。

习近平：《习近平在联合国成立 70 周年系列峰会上的讲话》，人民出版社，2015。

习近平：《携手构建合作共赢、公平合理的气候变化治理机制——在气候变化巴黎大会开幕式上的讲话》，人民出版社，2015。

习近平：《弘扬和平共处五项原则建设合作共赢美好世界——在和平共处五项原则发表 60 周年纪念大会上的讲话》，人民出版社，2014。

习近平：《出席第三届核安全峰会并访问欧洲四国和联合国教科文组织总部、欧盟总部时的演讲》，人民出版社，2014。

习近平：《在纪念孔子诞辰 2565 周年国际学术研讨会暨国际儒学联合会第五届会员大会开幕会上的讲话》，人民出版社，2014。

中共中央宣传部编著《习近平总书记系列重要讲话读本》，学习出版社，2016。

《十八大以来重要文献选编》（上），中央文献出版社，2014。

《江泽民思想年编 1989-2008》，中央文献出版社，2010。

《十六大以来重要文献选编》（中），中央文献出版社，2006。

中共中央党校哲学教研部编著《习近平关于读经典学哲学用哲学论述摘编》，中共中央党校出版社，2015。

中共中央宣传部编著《习近平新时代中国特色社会主义思想三十讲》，学习出版社，2018。

（二）中文著作

欧阳康：《马克思主义认识论研究》，北京师范大学出版社，2012。

马俊峰：《马克思主义价值理论研究》，北京师范大学出版社，2012。

王时中等：《构建人类命运共同体——应对全球问题的"中国方案"》，人民出版社，2022。

马俊峰、马乔恩：《构建人类命运共同体的历史性研究》，人民出版社，2019。

王公龙等：《构建人类命运共同体思想研究》，人民出版社，2019。

邓纯东主编《人类命运共同体思想研究》，人民日报出版社，2018。

陈岳、蒲俜：《构建人类命运共同体（修订版）》，中国人民大学出版社，2018。

张康之、张乾友：《共同体的进化》，中国社会科学出版社，2012。

刘建飞：《引领：推动构建人类命运共同体》，中共中央党校出版社，2018。

尚杰：《西方哲学史 学术版》第5卷，人民出版社，2011。

张红柳：《马克思社会共同体理论及其当代价值研究》，南开大学出版社，2019。

栾文莲：《交往与市场：马克思交往理论研究》，社会科学文献出版社，2000。

范宝舟：《论马克思交往理论及其当代意义》，社会科学文献出版社，2005。

周建超：《马克思主义社会有机体思想研究》，社会科学文献出版社，2020。

许华：《马克思社会和谐思想研究》，中国科学技术大学出版社，2014。

王虎学：《马克思分工思想研究》，中央编译出版社，2012。

徐国民：《社会分工的历史衍进与理论反思——以社会主义和谐社会的构建为指向的研究》，中国政法大学出版社，2013。

高清海主编《马克思主义哲学基础》（下），人民出版社，1987。

李秀林、王于、李淮春：《辩证唯物主义和历史唯物主义原理（第三版）》，中国人民大学出版社，1990。

俞可平、黄卫平主编《全球化的悖论》，中央编译出版社，1998。

中国社会科学院民族研究所编《马克思恩格斯论民族问题》（上），民族出版社，1987。

中华人民共和国国务院新闻办公室：《中国的和平发展》，人民出版社，2011。

庞中英主编《全球化、反全球化与中国——理解全球化的复杂性与多样性》，上海人民出版社，2002。

资中筠主编《冷眼向洋：百年风云启示录》（下），生活·读书·新知三联书店，2000。

王宁：《全球化与文化：西方与中国》，北京大学出版社，2002。

李爱华：《马克思主义国际关系理论专题研究》，人民出版社，2013。

施芝鸿：《改革潮头鼓呼集》（下），人民出版社，2019。

黄立军编著《无影无形的"第五边疆"：信息边疆》，新华出版社，2003。

胡鞍钢：《中国进入世界舞台中心》，浙江人民出版社，2017。

靳诺等：《全球治理的中国担当》，中国人民大学出版社，2017。

任平：《当代视野中的马克思》，江苏人民出版社，2003。

冯契：《冯契文集》第10卷，华东师范大学出版社，2016。

《李达文集》第3卷，人民出版社，1984。

赵汀阳：《惠此中国：作为一个神性概念的中国》，中信出版集团，2016。

王曦：《国家环境法》，法律出版社，1998。

董楠：《携手构建人类命运共同体——应对当代西方民族主义思潮的中国方案》，长江出版社，2022。

中华人民共和国国务院新闻办公室：《中国的和平发展》，人民出版社，2011。

李德顺：《立言录——李德顺哲学文选》，黑龙江教育出版社，1998。

中国社会科学院语言研究所词典编辑室编《现代汉语词典》，商务印书馆，1983。

尚杰：《西方哲学史 学术版》第5卷，人民出版社，2011。

《论语·大学·中庸》，朱熹集注，上海古籍出版社，2013。

（西汉）戴圣编《礼记·礼运》，中华书局，2017。

（清）王先谦：《荀子集解》，中华书局，2018。

杨伯峻：《论语译注》，中华书局，2015。

《孟子·尽心上》，方勇译注，中华书局，2016。

《孙中山选集》（下），人民出版社，2011。

康有为：《大同书》，上海古籍出版社，2005。

（三）中文译著

〔古希腊〕亚里士多德：《政治学》，吴寿彭译，商务印书馆，2009。

〔英〕罗素：《西方哲学史》（上），何兆武、李约瑟译，商务印书馆，1963。

〔古罗马〕西塞罗：《论共和国·论法律》，王焕生译，中国政法大学出版社，1997。

〔英〕甘西：《反思财产：从古代到革命时代》，陈高华译，北京大学出版社，2011。

〔英〕J. H. 伯恩斯主编《剑桥中世纪政治思想：350 年至 1450》（下），郭正东等译，生活·读书·新知三联书店，2009。

〔英〕霍布斯：《利维坦》，黎思复、黎廷弼译，商务印书馆，1985。

〔法〕卢梭：《社会契约论》，李平沤译，商务印书馆，2011。

〔德〕黑格尔：《黑格尔法哲学原理》，贺麟等译，商务印书馆，1961。

〔德〕斐迪南·滕尼斯：《共同体与社会——纯粹社会学的基本概念》，林荣远译，商务印书馆，1999。

〔法〕埃米尔·涂尔干：《社会分工论》，渠敬东译，生活·读书·新知三联书店，2017。

〔英〕齐格蒙特·鲍曼：《共同体》，欧阳景根译，江苏人民出版社，2003。

〔法〕雅克·阿达：《经济全球化》，何竟、周晓幸译，中央编译出版社，2000。

〔英〕安东尼·吉登斯：《现代性的后果》，田禾译，译林出版社，2000。

〔美〕瓦西利斯·福特卡斯等：《新美帝国主义》，薛颖译，世界知识出版社，2006。

〔美〕塞穆尔·亨廷顿：《文明的冲突与世界秩序的重建》，周琪、刘绯、张立平、王圆译，新华出版社，2002。

〔德〕迪特·森格哈斯：《文明内部的冲突与世界秩序》，张文武等译，新华出版社，2004。

〔美〕赫伯特·席勒：《大众传播与美利坚帝国》，刘晓红译，上海译文出版社，2006。

〔美〕唐妮菈·米道斯、〔挪〕乔詹·兰德斯、〔美〕丹尼斯·米道斯：《成长的极限：三十周年最新增订版》，高一中译，台北脸谱出版，2007。

〔德〕黑格尔：《历史哲学》，王造时译，上海书店出版社，2006。

〔美〕罗伯特·赖克：《国家的作用——21 世纪的资本主义前景》，上海市政协编译组、东方编译所编译，上海译文出版社，1994。

〔美〕乔治·索罗斯：《开放社会：改革全球资本主义》，王宇译，商务印书馆，2001。

〔美〕约翰·罗尔斯：《万民法》，陈肖生译，吉林出版集团有限责任公司，2013。

〔英〕马丁·阿尔布劳：《全球时代——超越现代性之外的国家和社会》，高湘泽、冯玲译，商务印书馆，2001。

〔德〕乌尔里希·贝克：《风险社会：新的现代性之路》，张文杰、何博闻译，译林出版社，2018。

〔法〕卢梭：《社会契约论》，何兆武译，商务印书馆，1997。

〔英〕特里·伊格尔顿：《马克思为什么是对的》，李杨、任文科、郑义译，新星出版社，2011。

〔英〕赫德利·布尔：《无政府社会——世界政治秩序研究》，张小明译，世界知识出版社，2003。

〔美〕伯特尔·奥尔曼：《辩证法的舞蹈：马克思方法的步骤》，田世锭、何霜梅译，中国社会科学出版社，2007。

（四）英文著作

Richard Longworth, *Global Squeeze: The Coming Crisis for First World Nations*, Lincolnwood, Ill. : Contemporary Books, 1988.

Anthony Giddens, *Beyond Left and Right, The Future of Radical Politics*, Cambridge: Polity Press, 1994.

Y· Tamir, *Liberal Nationalism*, Princeton: Princeton University Press, 1993.

E. Adler & M. Barnett, *Security Communities*, Cambridge: Cambridge University Press, 1998.

United Nations Development Program, *Human Development Report* 1994, New York: Oxford University Press, 1994.

二 论文类

(一) 期刊论文

刘同舫：《构建人类命运共同体对历史唯物主义的原创性贡献》，《中国社会科学》2018 年第 7 期。

张沛霖：《坚持辩证唯物主义世界观的人类命运共同体核心要义》，《人民论坛·学术前沿》2020 年第 16 期。

娄伟、滕松艳：《价值哲学视域下习近平人类命运共同体理念探析》，《广西社会科学》2021 年第 2 期。

石云霞：《马克思恩格斯的社会共同体思想研究》，《马克思主义理论学科研究》2016 年第 1 期。

石云霞：《习近平人类命运共同体思想科学体系研究》，《中国特色社会主义研究》2018 年第 2 期。

石云霞：《论人类命运共同体与"自由人联合体"的关系》，《北方论丛》2019 年第 6 期。

张雷声：《唯物史观视野中的人类命运共同体》，《马克思主义研究》2018 年第 12 期。

李武装：《人类命运共同体的价值哲学审视》，《社会科学辑刊》2018 年第 6 期。

陈先达：《论普世价值与价值共识》，《哲学研究》2009 年第 4 期。

衣俊卿：《历史唯物主义与当代社会历史现实》，《中国社会科学》2011 年第 3 期。

张郭男：《认识论视域下"人类命运共同体"理念的哲学解读及其理论意义》，《重庆师范大学学报（社会科学版）》2018 年第 6 期。

张郭男、曾祥云：《人类命运共同体：理论定位、理论继承及特质——基于马克思主义认识论的视角》，《哈尔滨工业大学学报（社会科学版）》2019 年第 5 期。

黄云明：《习近平人类命运共同体理念的哲学底蕴和伦理意蕴》，《社会科学家》2018 年第 5 期。

陈少雷：《习近平"人类命运共同体"思想的哲学阐释》，《理论探讨》
2018 年第 4 期。

赵欢春：《"人类命运共同体"思想的哲学意蕴》，《江苏社会科学》
2018 年第 5 期。

杨建坡：《马克思哲学视域中的"人类命运共同体"》，《江海学刊》
2020 年第 5 期。

李学林：《人类命运共同体思想的哲学意蕴》，《云南社会科学》2018
年第 1 期。

万秀丽、陈学琴：《从马克思真正共同体思想到人类命运共同体思想：
指向、承继与发展》，《理论导刊》2020 年第 8 期。

徐丽葵：《人类命运共同体：历史、现实与未来——基于马克思主义当
代解释力的视角》，《大连理工大学学报（社会科学版）》2020 年第 4 期。

胡键：《马克思世界历史理论视野下的全球治理》，《世界经济与政治》
2012 年第 11 期。

徐进、郭楚：《"命运共同体"概念辨析》，《战略决策研究》2016 年第
6 期。

田小惠、杨羽茜：《法国国民阵线的转型及原因探析》，《当代世界与社
会主义》2018 年第 3 期。

陈曙光：《超国家政治共同体：何谓与何为》，《政治学研究》2017 年
第 5 期。

曹泳鑫：《国际秩序分层与新的国际关系体系——构建中国国际关系体
系的三个利益层面》，《现代国际关系》2005 年第 6 期。

项久雨：《看清"普世价值"的伪善本质》，《人民论坛》2018 年第
6 期。

闫学通：《无序体系中的国际秩序》，《国际政治科学》2016 年第 1 期。

李猛：《共同体、正义与自然——"人与自然是生命共同体"与"人类
命运共同体"生态向度的哲学阐释》，《厦门大学学报》（哲学社会科学版）
2018 年第 5 期。

郑一明、张超颖：《从马克思主义视角看全球化、反全球化和逆全球
化》，《马克思主义与现实》2018 年第 4 期。

林海虹、田文杻：《金融资本时代的战争与和平》，《当代世界与社会主义》2017 年第 3 期。

余金成：《马克思"集体力"思想与人类命运共同体建构》，《当代世界与社会主义》2019 年第 1 期。

贺来：《马克思哲学的"类"概念与"人类命运共同体"》，《哲学研究》2016 年第 8 期。

李学林：《人类命运共同体思想的哲学意蕴》，《云南社会科学》2018 年第 1 期。

杨宏伟、刘栋：《论构建"人类命运共同体"的"共性"基础》，《教学与研究》2017 年第 1 期。

王逸舟：《民族主义概念的现代思考》，《战略与管理》1994 年第 3 期。

郑保国：《人类命运共同体思想的辩证统一性》，《国际问题研究》2018 年第 6 期。

蔡亮：《试析国际秩序的转型与中国全球治理观的树立》，《国际关系研究》2018 年第 5 期。

蔡拓：《全球主义与国家主义》，《中国社会科学》2000 年第 3 期。

张亮：《欧洲多元文化主义的危机及其理论启示：从中国的视角看》，《探索与争鸣》2017 年第 12 期。

闫学通：《无序体系中的国际秩序》，《国际政治科学》2016 年第 1 期。

谢长安、崔华前：《习近平总书记"百年未有之大变局"重要论断研究——基于国际秩序及其变迁的视角》，《社科纵横》2020 年第 8 期。

李建国：《马克思主义视野下的"西方中心论"》，《思想教育研究》2017 年第 4 期。

孙伟平：《"人类共同价值"与"人类命运共同体"》，《湖北大学学报》（哲学社会科学版）2017 年第 6 期。

郎慧慧、张继龙：《新时代人类命运共同体的人民主体性意蕴及路径研究》，《重庆社会科学》2019 年第 1 期。

柳建平：《安全、人的安全和国家安全》，《世界经济与政治》2005 年第 2 期。

封永平：《安全维度转向：人的安全》，《现代国际关系》2006 年第 6 期。

张莉：《当前欧洲右翼民粹主义复兴运动的新趋向》，《欧洲研究》2011年第3期。

傅洪健、曹兴平：《马克思关于"人的全面发展"的思想及其现实意义》，《思想教育研究》2009年第6期。

钟晓宏：《马克思主义人类社会观对黑格尔市民社会观的批判——兼论人类命运共同体》，《马克思主义研究》2017年第12期。

邵发军：《习近平"人类命运共同体"思想及其当代价值研究》，《社会主义研究》2017年第4期。

卢德友：《"人类命运共同体"：马克思主义时代性观照下理想社会的现实探索》，《求实》2014年第8期。

王公龙、韩旭：《人类命运共同体思想的四重维度探析》，《上海行政学院学报》2016年第5期。

田鹏颖：《历史唯物主义与"人类命运共同体"》，《马克思主义研究》2018年第1期。

舒远招：《康德的永久和平论及其对构建当代人类命运共同体的启示》，《湖北大学学报》（哲学社会科学版）2017年第6期。

［意］安德烈·卡托内：《人类命运共同体与马克思国际主义》，《世界社会主义研究》2018年第12期。

（二）报刊文章

习近平：《中共中央关于党的百年奋斗重大成就和历史经验的决议》，《人民日报》2021年11月17日。

《习近平出席领导人气候峰会并发表重要讲话》，《人民日报》2021年4月23日。

习近平：《弘扬"上海精神"深化团结协作 构建更加紧密的命运共同体——在上海合作组织成员国元首理事会第二十次会议上的讲话》，《人民日报》2020年11月11日。

习近平：《在庆祝改革开放40周年大会上的讲话》，《人民日报》2018年12月19日。

《习近平会见联合国教科文组织总干事阿祖莱》，《人民日报》2018年7月17日。

习近平：《致第四届世界互联网大会的贺信》，《人民日报》2017年12月4日。

习近平：《共同构建人类命运共同体》，《人民日报》2017年1月20日。

习近平：《中国发展新起点 全球增长新蓝图——在二十国集团工商峰会开幕式上的主旨演讲》，《人民日报》2016年9月4日。

习近平：《携手构建合作共赢新伙伴 同心打造人类命运共同体——在第七十届联合国大会一般性辩论时的讲话》，《人民日报》2015年9月29日。

习近平：《迈向命运共同体 开创亚洲新未来——在博鳌亚洲论坛2015年年会上的主旨演讲》，《人民日报》2015年3月29日。

习近平：《弘扬和平共处五项原则 建设合作共赢美好世界——在和平共处五项原则发表60周年纪念大会上的讲话》，《人民日报》2014年6月29日。

习近平：《积极树立亚洲安全观 共创安全合作新局面——在亚洲相互协作与信任措施会议第四次峰会上的讲话》，《人民日报》2014年5月22日。

习近平：《在国际友好大会暨中国人民对外友好协会成立60周年纪念活动上的讲话》，《人民日报》2014年5月16日。

习近平：《在纪念孔子诞辰2565周年国际学术研讨会暨国际儒学联合会第五届会员大会开幕会上的讲话》，《人民日报》2014年3月30日。

习近平：《在德国科尔伯基金会的演讲》，《人民日报》2014年3月30日。

习近平：《在联合国教科文组织总部的演讲》，《人民日报》2014年3月28日。

《习近平会见21世纪理事会北京会议外方代表》，《人民日报》2013年11月3日。

习近平：《共同创造亚洲和世界的美好未来——在博鳌亚洲论坛2013年年会上的主旨演讲》，《人民日报》2013年4月8日。

习近平：《顺应时代前进潮流 促进世界和平发展——在莫斯科国际关系学院的演讲》，《人民日报》2013年3月24日。

胡锦涛：《坚定不移沿着中国特色社会主义道路前进 为全面建成小康社会而奋斗——在中国共产党第十八次代表大会上的报告》，《人民日报》2012年11月18日。

胡锦涛：《高举中国特色社会主义伟大旗帜 为夺取全面建设小康社会新胜利而奋斗——在中国共产党第十七次全国代表大会上的报告》，《人民日报》2007 年 10 月 25 日。

和音：《携手守护全人类共同价值》，《人民日报》2021 年 1 月 15 日。

丁立群：《人类命运共同体承载全人类共同价值》，《中国社会科学报》2020 年 10 月 29 日。

苏长和：《坚持共商共建共享的全球治理观》，《人民日报》2019 年 3 月 27 日。

李淑梅：《人与自然和谐共生的价值意蕴》，《光明日报》2018 年 6 月 4 日。

张茉楠：《保护主义能逆转全球化吗?》，《华夏时报》2017 年 3 月 27 日。

《"逆全球化"开错了方向》，《人民日报》2016 年 12 月 29 日。

中华人民共和国国务院新闻办公室：《中国的对外援助》，《人民日报》2011 年 4 月 22 日。

梁周敏、姚巧华：《"人类命运共同体"与共同利益观》，《光明日报》2016 年 10 月 2 日。

后　记

马克思曾指出："任何真正的哲学都是自己时代的精神上的精华"①，这也就意味着哲学必须同时代紧密相连，能够精准把握时代主题，深刻揭示时代问题，科学指导这一时代的具体实践才能被称为"真正的哲学"。"真正的哲学"要求及时发现并卓有成效地回应时代最为需要、最为迫切也最为现实的问题。构建人类命运共同体的伟大设想立足于世界紧密联系的社会现实，全面统筹国际国内两个大局，是在深刻把握人类社会发展规律的基础上，针对时代问题所提出的全球治理方案。它从哲学理念走向外交战略，从抽象到具体，从理论到实践，在理念规范与现实构建的活动中不断深化发展。因此，唯有从马克思主义哲学的视域去理解和剖析人类命运共同体理念，批判地扬弃以往的共同体，才能不断深化人类命运共同体理念的理论内涵，推进人类命运共同体的现实构建。

人类命运共同体理念并不是简单的口号，而是充满着丰富时代内涵和深厚哲学底蕴的实践观念。马克思主义共同体思想所内含的理论精髓同人类命运共同体理念的重要内涵在本质上具有一致性，奠定了人类命运共同体理念的理论底色，展现出人类命运共同体理念的哲学意蕴。中国共产党人长期以来贯彻的全球治理理论及其实践则为人类命运共同体伟大战略的提出提供了极为丰富的理论准备和宝贵经验。中华民族传统文化中的"和合"思想、"大同"理念和"天下"情怀作为中国传承千年优秀文化特有的精神禀赋，为人类命运共同体的构建赋予了极为重要的思想根基和文化源泉。基于马克思主义哲学视域对人类命运共同体理念进行解读，即通过马克思主义世界观、历史观、价值论和认识论的分析昭示出该理念提出的必然性、科学性、战略价值和实践本质，为造就人类命运共同体提供了极具

---

① 《马克思恩格斯全集》第 1 卷，人民出版社，1995，第 220 页。

价值的理论审视和哲学引思，继而为人类命运共同体从理念走向现实指明了奋斗方向。因此，每一个中华儿女都坚信中华民族伟大复兴的"中国梦"即将实现，人类命运共同体的"世界梦"也终将实现！

精业笃行，砥砺奋进。以习近平同志为核心的党中央提出的人类命运共同体理念是一个思想先进、内容丰富而又错综复杂的理论体系，对其进行哲学探索和理论解读的过程不免会遇到阻碍。一方面，"人类命运共同体"并非固定不变的概念，而是一个动态变化、不断丰富、持续发展的概念，伴随着国际环境的变化和中国话语权的提升，"人类命运共同体"也必将获得更加深刻的内涵和更为宽广的外延，构建人类命运共同体的具体实施过程也注定会以多种方式呈现，这些都是本书所难以涉及和全面覆盖的内容。另一方面，人类命运共同体这一伟大的战略设想涉及领域众多、范围甚广，单从现有条件进行的解读必然会出现概括性和全面性不足的问题，使得本书的研究缺乏足够的思想深度和理论厚度。因此，本书在内容和观点上尚存在许多不足，需要专家们持续对其进行深入探讨。由于作者水平有限，尽管数易其稿，也难免存在一些纰漏和不当之处，恳请各位专家、学者批评指正。

图书在版编目（CIP）数据

人类命运共同体理念的马克思主义哲学基础研究／
董楠著. -- 北京：社会科学文献出版社，2024.6
　ISBN 978-7-5228-3728-4

　Ⅰ.①人… 　Ⅱ.①董… 　Ⅲ.①马克思主义哲学-研究
Ⅳ.①B0-0

　中国国家版本馆 CIP 数据核字（2024）第 110872 号

人类命运共同体理念的马克思主义哲学基础研究

著　　者／董　楠

出 版 人／冀祥德
责任编辑／吕霞云
责任印制／王京美

出　　版／社会科学文献出版社·马克思主义分社（010）59367126
　　　　　地址：北京市北三环中路甲 29 号院华龙大厦　邮编：100029
　　　　　网址：www.ssap.com.cn
发　　行／社会科学文献出版社（010）59367028
印　　装／三河市龙林印务有限公司

规　　格／开　本：787mm×1092mm　1/16
　　　　　印　张：14.25　字　数：233 千字
版　　次／2024 年 6 月第 1 版　2024 年 6 月第 1 次印刷
书　　号／ISBN 978-7-5228-3728-4
定　　价／98.00 元

读者服务电话：4008918866